让管理落地

U0955916

如何赢得大项目

禹国印 著

中国宇航出版社
·北京·

内容简介

《如何赢得大项目》论述了一个大项目的成功营销过程，阐述了大项目营销方法论，揭示了大项目营销的智慧、思维、方法、管理、科学和艺术。本书总结了大项目营销遇到的现象及问题，第一次系统地提出了大项目营销模式，揭示了大项目营销是模式与模式的竞争，详细阐述了如何赢得大项目的关键活动内容，即需求营销、价值营销、人性管理、心理营销、差异化营销、接触管理、团队营销、关系营销、方案营销、产品演示、整合营销、精益营销和过程营销。本书将大项目营销过程划分为四个阶段：项目准备、需求创造、项目推进、商务签约，并论述了每个阶段的目标、任务等内容，提出了如何进行项目状态评估、项目控制管理，阐述了如何依据实际情况设计大项目路线图，最终赢得大项目。本书有助于大项目营销的规范性、系统性和科学性管理，增强为客户创造和创新独特价值的能力，提高营销能力，促进大项目制胜。

图书在版编目（CIP）数据

如何赢得大项目／禹国印著. -- 北京：中国宇航出版社，2015. 5

ISBN 978-7-5159-0864-9

Ⅰ. ①如…　Ⅱ. ①禹…　Ⅲ. ①企业管理-市场营销学
Ⅳ. ①F274

中国版本图书馆 CIP 数据核字（2014）第 302149 号

策划编辑　董　琳　　**封面设计**　文道思
责任编辑　董　琳　　**责任校对**　李　立

出版发行　**中国宇航出版社**

社　址　北京市阜成路 8 号　**邮　编**　100830
（010）68768548
网　址　www.caphbook.com
经　销　新华书店
发行部　（010）68371900　（010）88530478（传真）
（010）68768541　（010）68767294（传真）
零售店　读者服务部　北京宇航文苑
（010）68371105　（010）62529336
承　印　北京中新伟业印刷有限公司

版　次　2015 年 5 月第 1 版
2015 年 5 月第 1 次印刷
规　格　787 × 1092
开　本　1/16
印　张　26
字　数　552 千字
书　号　ISBN 978-7-5159-0864-9
定　价　58.00 元

前言 PREFACE

一、本书读者群及读者发心

当有大项目竞标时候，所有的对手都会到来。但是，如何从一轮又一轮的表现中脱颖而出？当大项目出现危机时候，如何扭转乾坤和反败为胜？

当我们想取得既定目标与重大利益时候，我们有时需要将之视为大项目进行专门运作，但是，多种利益诉求和矛盾交织在一起，而搅局拆台者又很多，如何取得最终的胜利呢？

掌握大项目营销的成功之道，对我们每一个人的一生有哪些意义呢？

对个人来说，恋爱、升学、求职、竞聘、升迁都是一个个大项目。对企业来说，产品销售、项目招投标、业绩增长、企业经营也是一个个大项目。从国家层面来说，地区冲突与管控、国家间交往、重大外交谈判、核心利益维护、总统竞选、国家商贸谈判等也是一个个大项目，这些大项目都需要科学运作并最终实现“赢”。

那么，如何才能赢得大项目呢？

从看到本书的这一刻起，你就拉开了新的人生篇章！我们提供了大项目营销的指导思想、理论模型和工具方法，如果你深刻领会了其中的内涵和精髓，融会贯通，学以致用，不断认识和实践大项目营销的成功规律，将助你在未来发展中奠定坚实的基础。

本书有助于销售团队创造大项目营销的奇迹。本书适用于大型产品销售、大型合同招投标、项目类投标、大客户营销、方案营销、设计类项目投标、工程类投标、咨询项目投标、软件项目投标、建筑类项目投标、设备类项目投标、服务类项目投标、项目销售收入可持续增长和升级、项目型公司创业等。

本书也适用于每一个人的营销能力成长、公关谋略设计、职场竞聘、个人爱情与婚姻经营、客户关系发展与维护、合作谋略策划等。

本书对“国家级营销”具有重要参考价值，比如，奥运会申办、重大国际项目竞标、国家外交谈判与策略谋划、总统竞选、国家间营销、国际合作与发展、国际事务竞合、国际事务营销、国家间和平建设与冲突管理、国际格局与秩序重构、国际政治及文化营销、军事营销、军事外交、国际经济合作谋划、国际金融合作谋划、国内重大事项营销、商业合作谋划、重大矛盾与冲突管控、招商引资、重大活动公关、重大谈判策划、重大商业机会赢得与管控、重大竞合策略设计、重大舆情控制等。

对于国家来说，大项目营销能力非常重要。国家间营销、国家合作与竞争、国家外交谈判与博弈等等，都离不开大项目营销。在一定意义上说，国家间的合作与斗争、国家间的和平与战争就是一个个大项目营销的过程，因为国家间的利益争斗已经不能指望只靠武力来解决，而是要靠文明的方式去解决，并且，武力的军事斗争也是营销的一种特殊手段而已。因此，**一个国家的大项目营销水平决定了这个国家生存与发展的时空空间的大小、睦邻友好水平和持续繁荣昌盛的水平**。这也是本书的撰写目的之一，即期望本书的道理有助于提升国家的大项目营销能力，促进国际和平与繁荣。

本书揭秘了大项目营销的成功之道，论述了大项目营销方法论。**大项目营销是"以方法论、制胜体系、专业能力和正能量为核心，以少胜多，以弱胜强，以小胜大，以柔克刚，以刚克柔，刚柔相济，以公胜私，以多胜少，以强胜弱，以大胜小，以强胜强，以巧胜强，以智胜智，转化局势，转危为安，转安为胜，反败为胜，强者更强"的智慧**。

大项目营销不是与客户周旋，不是忽悠客户，不是欺骗客户，不是兜售"假冒伪劣产品"。**大项目营销的本质是洞悉客户需求，为客户解决问题和创造价值，全心全意为客户负责和服务，用爱心、美德和专业能力等让客户满意，用合法、合规和合适的方式，创造一流质量的独特服务，帮助客户成功**。

我们要树立正确的思想，端正内心，全心全意为客户创造价值。否则，心不正而欺骗客户，自己作茧自缚，自食其果，被客户和法律唾弃，大项目成功之梦将毁于一旦。

种瓜得瓜，种豆得豆，因果不虚，因果相生。好的种子，会生根发芽长成甜美的果实，而坏的种子，会长出恶果而毒害自己。我写本书的目的是为了帮助每一个人能够更成功，让大家帮助客户更成功。**当你看到这里时，我期望读者能够有一个善良的发心和动机：我们学习大项目营销方法论，不只是为了我们自己的成功，更是为了客户的成功，为了给客户创造更多价值，为了我们国家繁荣昌盛，为了全人类和全世界创造更多幸福和财富**。

二、本书籍的独创性和应用价值

本书籍的独创性和应用价值在于：

1. 创新地将"大项目"和"营销"作为整合课题进行立意研究

作为大项目营销人员，我们非常需要一个在理论与实践上对大项目营销过程进行系统指导的书籍。营销类书籍很多，但是，到目前为止，以大项目为立意的营销书籍还没有发现，许多人不得不以产品营销方法去尝试大项目营销。可是，大项目营销与产品营销是完全不同的。大项目营销具有独特的运作规律、方法和技巧。大项目营销比产品营销更复杂，其规律更难以寻找，而产品营销的许多方法根本不适合大项目营销，甚至会给大项目营销带来巨大风险和失败。

2. 首次系统提出了大项目营销方法论

在一定程度上说，大项目输与赢的背后是方法论的博弈。方法论的有与无、好与坏，影响着每一次双方接触交流的质量和成果，进而决定着最终的结局。

虽然大项目营销从业者很多，但是，盲人摸象者多，而具有大项目营系统思维和全面知识体系者少。许多时候，我们想到哪里就做到哪里，没有系统而细致的大项目营销思维。我们要在大项目营销方法论的指导下不断扬弃旧有模式，不断优化和创新新模式，使新模式不断领先。

在现实中，我们会经常遇到大项目挫折或失败，但是，我们往往并没有真正重视分析大项目失败的原因。这主要源于：第一，原因往往没有得到系统认识和挖掘。第二，教训和经验没有系统在实践中得到应用。第三，同一错误不能保证不再重犯，而旧伤可能再次复发。如何防止以上问题的发生呢？这就需要方法论。大项目营销亟待需要建立一整套科学而系统的方法论体系指导实践。

到目前为止，国内外学术界还远未形成完备的大项目营销方法论体系。本书通过大项目模式、模型、问题、过程、思想、方法和案例等手段，建立了大项目营销方法论。

大项目营销方法论是大项目营销成功的方法工具。大项目营销方法论的建立，有利于大项目营销人员按图索骥和顺蔓摸瓜，有利于促进大项目营销管理的规范化、标准化、系统化、科学化和持续升级化，有利于持续地提升大项目营销水平和管理水平。

3. 首次建立大项目营销的系统框架，有利于培养框架式思维

一个“具有清晰而框架式思维的大项目营销团队”，比一个“粗放而散乱思维的大项目营销团队”成功几率更大。

大项目营销本身就是一个层层嵌套绞合的立体式框架，只有经过层层剥皮，才能看到大项目营销的本来面目。本书从顶层设计的角度，在横向上全面展现大项目营销的主题范围；从分层设计的角度，在纵向上系统展现大项目营销的纵深活动；从总体上，建立了大项目营销的立体式框架。这有利于大项目营销团队成员，系统地理解、解剖和洞悉大项目结构和各层次活动，建立系统化的、严密的运作思维，防止碎片化、漏洞化的实践。

4. 第一本指导大项目营销实践的体系化、可操作化的指南

大项目营销的可操作性系统指南较少。本书的价值在于，建立了大项目营销操作的体系化，提升了可操作性，为大项目操作的表单具体化设计奠定了坚实的基础。我们可以在

此基础上，结合自己实际情况，建立适应自己领域特色的大项目营销表单体系。

5. 系统总结了大项目营销遇到的现象及问题

许多时候，看不出问题和找不到问题才是大项目营销最大的问题。如果能提前将这些问题思考透彻，就不会在行动中不断冒出这样或那样的问题，而被问题所包围和禁锢住。本书的每一章节几乎都是从现象和问题着手描述，这便于我们进行提前深入思考和预案准备，防止重复问题和低级错误的再次发生，让给我们少出漏洞，少犯错误，少走弯路。

6. 第一次提出美德营销

只有美德营销，组织才能是可持续的，客户才会得到最负责、最无副作用的高质量满意服务。美德营销是高尚的、专业的、美丽的、文明的、合法的、受人尊敬的和富有魅力的营销。“诚信缺失、道德沦丧、贿赂、充满诡诈之术的营销”等现象，将为组织未来的发展埋下祸根，早晚有水落石出的风险，最终难逃“法律和道德”的审判，进而被客户唾弃。

但是，有的传统类销售书籍教人“尔虞我诈、自私自利和不择手段”，而本书摈弃“丑恶营销”，弘扬“美德营销”，呼唤“营销文明”，教人“走正路”，弘扬大项目营销的正能量。本书引导人们用最专业、最文明、最高层次、最高效、最合法、最美好、最无副效应的方法，赢得大项目。

7. 从多维度进行大项目营销的新思想启迪

营销思想老化和落后，营销意识就容易落伍，营销行为就很难取得好结果。本书从多维度描述了大项目营销的新思想和新理念，比如，需求营销、价值营销、人性管理、心理营销、差异化营销、接触管理、团队营销、关系营销、方案营销、产品演示、整合营销、精益营销等。这有利于突破传统习惯思维，开拓视野，丰富营销人员的营销思想，树立新意识，创新营销行为。

8. 促进大项目营销从“一次成功”到“可持续成功”

一次赢得大项目，并不是成功。几次赢得大项目，也不是真正的成功。成为常胜将军而持续获得成功，才是最难能可贵的。

大项目营销方法论的孰能生巧和持续应用，有利于提高大项目的成功率，降低失败几率，造就可持续成功的营销者和营销团队！

9. 增进大项目营销的核心能力建设

能力决定成败。大项目营销的核心能力建设是一个庞大而复杂的系统工程。有什么样的能力，就有什么样的大项目营销未来。而培养什么样的能力是我们需要关注的。本书向读者展现了大项目营销成功的关键要素，这些要素是能力塑造的重要对象。能力有多高，大项目营销攀登的成果就有多大。我们需要不断锻造这些能力，使这些能力不断晋级。

10. 实现大项目营销的闭环升级管理

本书描述了大项目营销的整个生命周期过程，其包括项目准备、需求创造、项目推进、商务签约、项目状态评估、项目控制管理。本书阐述了如何依据实际情况进行大项目路线图设计、实施、评估、优化与控制，最终实现大项目营销的落地。这有利于促进经验、教训、难题、问题的循环治理，堵塞管理漏洞，增强目标达成能力，提高自我净化能力，强化指挥与控制，提高过程管理水平，促进大项目营销管理的不断优化升级。

11. 促进大项目营销难题的攻关，打造进取型团队

在大项目营销过程中，这样或那样的难题会不期而至。如果我们建立了大项目营销方法论及框架式思维体系，我们就能增进我们思维的广度、高度和深度，强化知识的深层次管理，提升教训与经验的共享和共识，识别、挖掘、扬放和整合大项目营销智慧，实现递进式思维，促进难题的持续思考和彻底破解，打造进取型团队，为攻克大项目运作过程中的重重难题奠定基础。

12. 为大项目营销的精细化管理奠定基础

本书描述了大项目营销所涉及的基本活动和基本要素，而这些基本活动和基本要素是重要的管理对象，是我们推进精细化管理的抓手。我们可以在此基础上，进行层层分解分级，实现深层次管理。

三、如何使用本书？

如何使用本书，为你创造更大价值呢？

1. 当第一次初步了解本书内容时候，先看目录和每章第一页内容

那么，你可以浏览本书目录和前言，先了解大体内容。然后，仔细观看和思考每一章的第一页内容，在这里，本书主要介绍了每一章的最关键观点和主要内容。但是，浅尝辄止对你是没有价值的，只有下决心深刻领悟此书，其妙用的力量才会体现出来。

2. 当第一次全面阅读本书时候，要实现从“点滴理解”到“系统化理解”

要彻底掌握本书内容，就得让大项目营销方法论在你的头脑中生根发芽！但是，只有安静、谦虚和耐心，才能够真正掌握本书的方法论，而一颗浮躁而东张西望的心，是不能掌握本书的奥妙的。为此，我们要找到时间，非常有耐心地、非常心静地，一页页理解和思考，直到逐步掌握。

几乎没有人熟读一遍就能掌握本书。你要真正理解本书，至少要熟读三遍。此外，还要多看、多思考和多应用，在这个过程中，本书的整体框架和许多内容将是越体会越有滋味。

本书涉及的细分专业领域内容较多，要系统理解是很难的，而理解到位也是不容易

的。对许多人来说，看不懂、看不透、不会用、用不上、用不到位、不会系统应用、不能精细化应用是正常现象。如果能攻克以上问题，你的大项目营销水平就接近“天下无敌”的大智慧境界了。

3. 当第一次运用本书解决实践问题时候，要从“碎片化应用”到“融会贯通”

本书讲解了大项目营销方法论。即使你已经掌握了本书的理论体系，但是，将方法论用得恰到好处，还是很难的。那么，如何让大项目营销方法论在实践中发挥真正威力呢？当遇到大项目时候，我们应该如何做呢？

其实，一个大项目营销的过程，就是大项目营销方法论的应用过程，就是本书剧本的现实导演和演播过程。你只需将本书作为该大项目的指导剧本，按图索骥去从第一页到最后一页，分析即将遇到的每一个问题，预测即将遇到的相关风险，设计预案，建立大项目营销的整体框架，挖掘大项目运作智慧，寻找最佳路线图。一边思考，一边实践，不断提升大项目营销的思维缜密性和领悟能力，慢慢地你的思路和方案会脱颖而出的。

由于大项目是由众多要素和众多博弈方互动而形成的变局，大项目智慧和方案也是灵活应变和不断升级的。有时候，我们并不一定马上就能找到全面制胜方案，因为这个过程中的很多问题并不一定马上得到破解，而需要持续思考、尝试或深入实践，有时候需要绞尽脑汁系统研读本书，才能实现智慧从量变到质变的突然醒悟。

请记住：理解了，并不代表会运用，也不代表会熟练应用，更不代表会灵活应变。一定要努力尝试再尝试，深入实践再实践，促进理论与实践的紧密结合和持续升级。

4. 个人能力不断提升，进入“心明妙现”的境界

由于本书是大项目营销方法论，而方法论是可以重复利用的。大项目营销方法论用得次数越多，你越是懂得大项目营销，运作规范性越来越强，运作智慧越来越多，个人能力提升得越来越快，成功离你越近。

当你对方法论融会贯通而又能在实践中灵活应变时候，你就容易进入一个能力不断增长的微妙境界。这时候，大项目运作的预见性和计划性提高，变数和风险得到掌控，行动漏洞和弯路会大大减少，处理复杂事项的胸有成竹能力得到提升，大项目营销的高级智慧不断涌现，成功的几率大大提升。

随着进一步的发展，失败对自己也已经很难发生了。对于许多落魄的项目，自己可以绝处逢生、东山再起和扭转乾坤。这时候，你将体会到大项目营销的幸福感。

5. 打造规范化、科学化、不断晋级而无可匹敌的大项目营销团队

大项目营销的成功一定是团队协作的成功，而大项目营销方法论是打造卓越大项目营销团队的最快、最有效的方法工具。

对有的大项目营销团队来说，失败是必然的，如果他们能够成功才是不可思议的。为什么呢？因为他们只是一群乌合之众，他们缺少先进而体系化的方法论，他们的理论、方法等是残缺不全、浅层次、散乱而无章法的；有时他们即使有了方法论，但由于不能及时进化，方法论失去了比较优势。

作为领导者，要鼓励大项目营销团队成员认真学习和实践本书，建立和应用规范的大项目营销方法论，并在整个组织体系内实施。

当你领导的下属团队和每一个员工都会用此方法论进行思考时候，每一个员工、每一个团队成员都具有严密的系统思维，团队智慧就会像雨后春笋般涌现出来，整个团队就会形成自动的、环环相扣的体系化作战能力。这时候，就能最大化减少大项目的混乱、迷茫、低级重复失误和挫折，大项目失败几率就会大大降低，大项目存活率就会大大提高。

本书写了许多模型，这些模型是大项目营销成功的基石。任何一个模型学会应用了，你就了不起。所有模型都能精通了，你就无往无不利。

但是，模型应用到位，需背后巨大工作量的辛勤付出，如深入调研、系统分析、充分的资料准备、缜密的设计、刻苦的演练等工作。也就是说，模型应用的深度、高度、准确度、全面度、熟练度决定了脱颖而出的成功度。

我们要不断提升与创新大项目营销技能，持续细化和升级大项目营销方法论的应用，推动整个团队的不断自我净化和涅槃升级。随着技能的不断提升与创新，大项目营销方法论的不断细化与升级，我们的领先制胜能力就会不断提升。

请记住，大项目营销的成功者往往只有一位，而并不是所有的大项目，都应该是你所追求的机会。有了大项目方法论，你在刚开始进入时，就应该很快识别和快速决策是否跟进，而不是耗费大量时间、人力和财力，去陪太子读书和水中捞月，而不是到索然无味时，才不得不忍痛割爱。

四、本书缘起

本书初稿在2005年年底撰写完毕，从此书稿一直封存近九年。在此期间，我一直在实践和验证其中的内容，以防止其存在重大错误而给他人造成误导。直到2014年我才决定出版此书，并对书稿内容进行了修正和完善。由于本人经验不多，认识有限，如果大家在读阅本书时发现错误，敬请凉解并给予批评和指正，我将及时作出更正。

本书不仅是我多年来对大项目洞察、探索、相关经验、知识的积累及总结，同时，本书也得到了众多朋友和众多世事的启发。历史是我师，现实是我师，未来是我师，众师是我师，人人是我师，事事是我师，万物是我师，一切是我师。在此，我向他们致以崇高的敬意和诚挚的感谢，期望世界上所有正义、美德、合法的大项目愿望都能实现，期望所有的大项目能够一帆风顺、马到成功。

需要我们注意的是，由于篇幅内容限制，本书许多部分内容是从企业的大项目营销角度撰写和举例的，以诠释大项目营销方法论。对于国家级营销或个人事务营销来说，我们不要局限于特定的情景，要举一反三、灵活运用和灵活应变。

当然了，本书论述的大项目营销方法论并不是任何情况下制胜的灵丹妙药，我们需要结合大项目的实际情况进行具体分析和灵活应用。期望本书能抛砖引玉，为各位读者开启一扇通往大项目成功之路的大门。也希望读者在大项目实践中能够为客户创造更多、更大、更好的价值，期望本书的内容能够助力你将大项目做好，实现营销方、客户方、大项目本身的三者共赢。

期望见到本书之人，都能有正义之心。希望本书能度化不正之人，使他们能省悟，并转化为对国家、社会、客户及大项目有正义价值贡献的人。希望不正而顽固不化之人，远离本书并与本书无缘。仅以此书献给拥有正义梦想的青年！仅以此书献给正义进取的人士！仅以此书助力正义的国家、企业、各类组织和大项目能持续成功！

禹国印

2015 年 2 月于北京

目录 CONTENTS

第3章 大项目营销的概念与模式 / 45

产品营销与大项目营销是不同的。

大项目营销是一个严谨严密的系统过程，是一个层层嵌套的严密体系，是一个领先的制胜模式。大项目营销是模式与模式的比拼与较量。要取得大项目营销的成功，就要建立大项目营销模式，并使之不断升级。

第4章 需求营销是大项目营销的起点 / 77

需求的理解程度和满足程度决定着大项目成败的程度。

不懂得客户需求，就容易射箭对不准靶子；不懂得需求营销，就会打乱仗和失败之仗。需求管理模式 FIAIM 是需求营销的重要内容。在一定程度上说，需求就是成功要素，核心需求就是关键成功要素。

第5章 价值营销是大项目营销的核心 / 101

客户为什么要选择我们？我们能为客户创造价值的程度，决定了大项目营销成功的程度。价值群布局是大项目营销赢的重要秘密。

第6章 人性管理是大项目营销不可忽视的艺术 / 111

大项目运作是对于人性的洞察、识别、激发、引导、管控和妙用的过程。人性管理主要是对人性的习性、人性的行为和人性结果的管理。

“美德营销”是人性管理的重要内容，也是大项目营销的至高境界。一个不懂得“美德营销”的人，永远是低级的销售。

第7章 心理营销是大项目营销的主旋律 / 123

大项目营销的过程就是与客户谈恋爱的过程，追到客户的最好办法就是让客户紧紧追你，最终赢得她的心，让客户爱上你。这是心理营销的秘密。

心理营销模型(SMEB)是指卖点不仅要与客户买点平衡匹配，并且，卖点还要超越客户买点，这是心理营销的成功原则。卓越的大项目营销，注重销售的卖点要超越客户的买点，达到了客户与竞争的平衡。

第8章　差异化是大项目营销优势建立的源泉 / 139

差异化营销就是确定唯一性的优势定位，以恰当的方式传播给客户，让客户认知之和信任之。

第9章　接触管理是大项目营销的关键 / 147

有时候，为什么与客户接触次数越多，效果越差，丢单几率越大？

客户的购买过程是一个被充分尊重和重视的过程，在这个过程中，我们要重视关键时刻的接触管理，我们要控制好这个度，它是一个快慢相间、刚柔相济、根据项目进展情况不断变换内容和策略，不断控制和引导进展方向和形势，科学响应客户热点与关注点的过程。这也是一个接触界面友好、步步为营、环环相扣、精益求精、进入新境界的过程。

团队管理模型是团队营销取得成功的关键。我们要建立以项目愿景为理想，以价值观为导航，以战略为龙头，以路线图为指导，以项目运作管理、团队管理、创新管理三条主线为核心的管理机制，实现团队不断升级。只有人文能力和业务能力同时进步和升级换代，组织规模和发展质量才能真正升级换代，组织才是可持续的，才是不可战胜的。

卓越的关系营销，造就的是利益相关者之间的和谐发展、可持续互生、共生及共赢。关系营销模型(DAMII)描述了一个关系发展的整个过程。

第12章 大项目营销的成功支柱——方案营销 / 193

方案营销最忌讳的是没有看清和诊断出客户的真正病痛和需求点，就拿着标准解决方案去“套”客户。

在方案营销过程中，我们要找到客户和大项目的“阿是穴”。所以，找到穴位，点准穴位，就能引起客户的共鸣，为客户真正解决问题及痛苦。

第13章 大项目营销的成功支柱——方案演讲 / 205

好的演讲像一部音乐谱曲线，是对听众进行心理调试的过程，是对听众进行激励的过程。如何才能将正反激励运用得恰到好处，使演讲有张有弛，获得最佳效果呢？

第14章 大项目营销的成功支柱——产品演示 / 215

产品演示六步模型(DRFFVV)是产品演示的套路，是一个完美的论证过程，是一个全方位展示产品的工具。

第 15 章 大项目营销是整合营销 / 225

整合营销就是调配、集成、监控和管理项目所涉及的所有因素，形成无缝对接而又环环相扣的递进合力，打造一个连贯的、统一的整体，促进项目最终的成功。

第 16 章 大项目营销是精益营销 / 237

精益营销就是降本增效、减亏为盈、开源节流，以最小成本和最微妙的营销，创造最大效益和价值，从粗放式经营到精细化和内涵式发展。

精益项目的实质是大项目管理运作内核的不断升级换代，不断提升大项目的运营效率和效益。

第 17 章 大项目营销是过程营销 / 255

大项目营销过程主要分为以下四个阶段：项目准备、需求创造、项目推进、商务签约。

对于已经存在而需要申报申请的大项目，我们在该阶段的主要任务是成立筹备组，找到客户，建立联系，初步沟通和确认项目意向，提交项目申请，进行初期准备工作。

对于已经具有成熟解决方案及产品的公司，需要不断开发大项目，因此，这类公司在项目准备阶段的主要任务就是快速挖掘目标需求的潜在客户，规模化发现客户，快速发现高质量客户，富有魅力地吸引目标客户。

在需求创造阶段，主要目标是在客户内部启动项目的立项需求。该阶段主要解决的问题是：如何在客户内部进行需求启动？

在项目推进阶段，主要目标是创造有利于我方的领先优势，最大化消除不利影响，推进项目进行顺利招标，实现客户对我方方案的认可。该阶段主要解决的问题是：如何快速推进项目，并实现我方决定性领先优势？

第21章 商务签约阶段管理 / 305

在商务签约阶段，主要目标是促进顺利谈判，实现双赢。该阶段主要解决的问题是：如何快速实现高价值签约，避免节外生枝？

第22章 如何进行项目状态评估？/ 319

在大项目运作过程中，对手往往不会给我们犯错误的机会。一个转瞬即逝的错误可能带来大冲击。如何前瞻性洞察项目态势，洞悉营销方向，进而展开有机的项目组织和运营？如何进行卓越的项目评估？

任何营销和销售的源头是爱。任何营销和销售取胜的秘密是爱。任何营销和销售的手段、技巧等都是爱的衍生品。在“爱”面前，任何营销和销售的手段、技巧等都显得苍白无力和多余。只有真正懂得了对客户的爱，才真正懂得大项目营销之道。

大项目营销需要核心能力。核心能力是在别人意识不到的地方，你能生根发芽；在别人做不到的地方，你能做得最到位；在所有人最难做好的地方，你能突破瓶颈而独占鳌头；在别人都习以为常的地方，你能出奇制胜；在与别人一样的地方，做出不一样的东西；在别人非常好的地方，你能做得更胜一筹。

大项目营销的成功是一个系统体系，大项目营销本身就是一个生态的系统，大项目生态系统越优秀，成功的可能性越大。

什么是大项目生态系统？如何打造大项目生态系统？如何持续修炼到最高境界呢？

第 1 章

人人需要大项目营销

1.1　大项目营销至关重要。

1.2　揭秘诸葛亮如何利用大项目营销之道，隆重出山和合纵连横，进而奠定三国鼎立局面？

1.3　奥巴马如何利用大项目营销之道，取得总统竞选的连胜？

什么是大项目营销之道？

大项目营销之道就是大项目营销方法论。本书系统介绍了大项目营销方法论。

大项目营销方法论是研究大项目营销成功的一门学问。在一定程度上说，大项目营销就是将微乎其微的希望变成100%的成功！大项目营销就是赢！

光靠热情、经验、感觉和良好主观愿望来做大项目是远远不够的。我们还要进行需求规划与方案设计，研究大项目发展规律，提高专业能力，改善客户体验满意度等等。

大项目营销方法论就是研究如何按照一定的程序、一定的步骤、一定的策略方法，将项目活动更精益求精地做好，为客户创造独特价值，成就客户，获得客户信任，最终赢得大项目。

大项目营销方法论也是人生成功的艺术、哲学和科学，是研究发挥自身优势，创造价值，并借此取得最大化成功之“道”。

1.1　大项目营销至关重要

1. 人人需要大项目营销！

人生是由一系列的大项目组成的。爱情与婚姻、求职、升学、岗位竞聘、升职、竞选、社会交往、企业经营、产品销售、项目招投标、项目型公司创业、销售收入增长、重大活动公关、重大谈判、重大商业机会获取与管控、重大博弈等，都是我们人生必然要遇到的大事。

我们要将它们看成一个一个的大项目去精耕细作，运用大项目营销的智慧，有的放矢，准确提升每一次活动的质量，提高每一个大项目的成功几率，争取一次又一次的成功。因此，人生就是不断做大项目营销的过程！只有不断赢得成功，我们才能笑到最后。

一个人的一生，充满着防不胜防的变数和沟沟坎坎，这些变数和沟沟坎坎就是我们必须攻克的大项目，要跨越和战胜它们，需要高超的智慧。因此，人生的挫折跨越和幸福获得，也需要大项目营销之道！大项目营销是我们一生都要精心研究的学问。

在人生激烈的竞争中，不懂得大项目营销，就不得不接受命运的摆布，不能主动控制和主宰自己的人生之路，很难摆脱不断失败的命运！不懂得大项目营销，即使侥幸一时成功，但很难保证基业常青式的可持续成功。因此，大项目营销有助于我们取得可持续成功！

工欲善其事，必先利其器。在这个竞争异常激烈的时代，我们要想脱颖而出，要想大展宏图，要想立于不败之地，就要花费心思和时间去研究和实践大项目营销的学问。

2. 赢得爱情与婚姻经营是每个人一生最值得做的大项目营销活动

每一位年轻人都渴望得到美满的爱情。但是，爱的缘分是需要自己主动去创造的，美满的爱情并不会从天而降。赢得爱情同样包含着大项目营销的思想和技巧。比如，如何取得对方的认可和好感？对方的需求是什么？对方的即时需求是如何变化的？需要通过什么样的方案去赢得对方的心？如何使爱情步步升华？什么是正确的方法？什么时候积极主动出击，什么时候又守株待兔？如何将自己的优点展示给对方？如何捕捉恰当的机会与对方见面？如何做好接触管理？如何转变对方的拒绝和怀疑态度？

婚姻的幸福也同样需要大项目营销的智慧。男女双方缔结婚约后，幸福并不会自然而然如期到来。婚姻也需要作为大项目进行精心经营才行。当代社会离婚率逐步攀升，其背后的重要原因之一就是我们并没有将婚姻后的爱情加以重视，没有将之作为重要的人生课题进行研究、设计和实践，而是随着自己的个性、习惯、情绪和欲望在随波逐流。许多时候，我们并没有真正认清自己，也没有真正认识配偶，在矛盾、冲突与个性中迷失了相应的权利、责任及价值。面对婚姻中遇到的现象及问题，如何才能成为成功者？幸福的婚姻非常需要大项目营销。我们需要将需求营销、价值营销、人性管理、心理营销、差异化营销、接触管理、方案营销等理论运用到婚姻的经营之中。总之，每一个婚姻上的幸福者和成功者都会自觉或不自觉地运用一些方法或技巧。这都需要在有意无意间运用大项目营销的思想和策略，以实现自己在各个阶段的目标，步步为营，最终成功！

3. 企业竞争离不开大项目营销

“大项目营销”是通往财富和幸福的基石。许多行业，如管理咨询业、ERP 软件行业、建筑行业、设备制造、大型生产线销售、大宗商品采购等，这些行业的运作往往以项目为核心，企业能否发展得好，首先取决于项目管理的质量和速度。如果企业在项目营销阶段具有成熟而科学的大项目竞争体系，大量项目能够很快签约下来，就能实现企业的长久发展。

在商业竞争和项目竞争中，如果项目运作体系处于竞争的至高点，赢得成功的几率就高；否则，项目就经常失败，既浪费了时间，又浪费了金钱和资源，还打击自信心，长此以往则陷入恶性循环中。

4. 商业贸易离不开大项目营销之道

每一次商业贸易的机会，就是大项目营销的机遇。只有把握住机会，才能赢得成功。

面对价格、技术、应用功能等日益激烈的竞争，从某种程度上说，大项目营销的成败决定着商业贸易的成败。在商业贸易中不懂得大项目营销，很难摆脱掉丢单的风险与损失。

在商业贸易中，如果自己的项目运作体系较为完善，项目营销能力较强，赢的几率就很高，否则，商业贸易会经常陪太子读书，既浪费了时间，又浪费了金钱和资源。

5. 国家竞争离不开大项目营销

无论是国家间的商贸往来，还是金融与经济合作与博弈；无论是奥运会申办，还是外交谈判；无论是国家主权核心利益之争，还是国家间的和平建设、冲突与战争，都是一个个大项目。对于一个国家来讲，大项目营销能力是至关重要的。大项目营销做得好，就容易获得多赢和可持续发展的稳定局面；大项目营销做得差，就容易顾此失彼，陷入被动和失败的局面。每一个国家都应该将大项目营销能力作为核心能力进行培育和增强。大项目营销能力强，有助于国家在各个领域的大项目赢，有助于增强国家实力，有助于国家繁荣昌盛。

6. 从现在开始下决心：一定成为大项目营销高手

成功人士大多是大项目营销高手！我们也可以观察和考察一下身边的较为优秀的商业成功人士，是否在他们身上能够发现有一些营销智慧在闪现？

一个人要想取得持续的大项目营销成功绝非偶然，它取决于生命过程中点滴智慧的长期醒悟和积累，而如何从生活中的点滴智慧中醒悟和反思，从量变到质变？

我们必须要找到系统的成功理论，去提升自己！本书是帮助我们通向财富和幸福的成功之路，如能融会贯通、灵活应用，并不断创新，将为我们的美丽前程助一臂之力！

读此书，行万里路，系统吸收书中内涵，认真阅读，并努力实践“大项目营销”，助大项目赢！

1.2　揭秘诸葛亮如何利用大项目营销之道，隆重出山和合纵连横，进而奠定三国鼎立局面？

大项目做得好，就容易享受人生成功的喜悦，不断跨越财富与职业生涯的新顶峰。

我们可以从三国时代的诸葛亮说起，诸葛亮就是大项目营销的高手。看看诸葛亮是如何利用大项目营销之道，隆重出山、合纵连横、联孙抗曹，进而奠定三国鼎立局面的。

1. 三顾茅庐的故事——大项目营销之道帮助诸葛亮实现职业生涯的腾飞

三顾茅庐，这个被世代传唱的经典故事不管是否虚构，但类似的现象在现实社会经常发生，其中的经验值得我们借鉴。

刘备曾三次到诸葛亮的茅庐，拜请诸葛亮出来辅佐自己打天下。刘备前两次都没有见到诸葛亮，第三次再去时，关羽忍不住劝阻刘备说：诸葛亮也许是徒有虚名，未必有真才实学，就别再浪费时间了。而张飞却想干脆用绳子把诸葛亮捆过来算了。刘备批评了这二位的错误想法，三个人一起第三次去拜请诸葛亮。到达时，诸葛亮正在睡觉。刘备不去惊扰，静等诸葛亮醒来，终于见到了第一面。

通过著名的“隆中对话”，诸葛亮成功激起了刘备的雄心壮志，定位了刘备终生的目标。接着，诸葛亮精辟分析了当时燃眉之急的形势和未来的大趋势，提出了首夺荆、益作为根据地，对内改革政治，对外联合孙权、南抚夷越、西和诸戎，等待时机出兵北伐，最终统一全国的战略蓝图。至此，诸葛亮顺利成为了刘备集团的“军师”。

其实，让刘备三顾茅庐，是诸葛亮的巧妙设计，是对刘备进行的心理营销、需求营销和方案营销。目的是给自己的初入职场增加神秘感，提升身价和要价。诸葛亮很会营销，他不仅造势而自比于管仲乐毅，还找了知名的“托”托自己，徐庶和司马徽都宣传其有学识才能。

在刘备邀其加盟后，他并未急着亮相。为什么诸葛亮前两次一直不露面见刘备呢？

其实，这正是诸葛亮的精明。他有两个目的。第一个目的就是，他要试探刘备的诚心和毅力，为此，欲擒故纵。否则，伴君如伴虎，他必须避免刚上岗就被快速“下岗”的危险。同时，他还要在此过程中增加谈判和出山的砝码。

第二个目的是什么呢？第二个目的也是他最重要的目的，那就是他必须充分备课。他应该备什么课程呢？他需要对刘备进行统揽全局的战略分析与定位，以此制定出针对刘备的个性化解决方案纲要。他知道，刘备现在势单力薄，正处于走投无路的状态。但刘备的出路在哪里？刘备这个职业发展平台好不好？与刘备合伙干事业是否真有发展前途？刘备白手起家脱颖而出的秘诀在哪里？他是雄心勃勃的英明之主，还是徒有虚名的平庸之辈？刘备的抱负有多大？他有能力承担未来的重任吗？他能实现跨越式发展而崭露头角吗？刘备这个职业发展平台值得我托付一生吗？

诸葛亮心里明白，纵使刘备有诚心诚意，但是，如果刘备无大才大德，到头来只能是荒废了自己的一生，不但干不成惊天动地的大事，还可能被平庸之主的自私狭隘所拖累抑制而贻误了自己。

在关键事件上，诸葛亮绝对不打无准备之仗，因此，他对“上岗”进行了非常仔细的思想和战略对策准备，在最合适的时机闪亮登场，并及时向刘备交流了隆中对策。隆中对策是诸葛亮对刘备的方案营销。在此方案营销中，诸葛亮很准确地表达了“上岗后的战略意图和实施路线图”，一下子完全抓住了刘备的“心”，让刘备顿时豁然开朗。

诸葛亮的第一次面试就让刘备心服口服而顺利过关。其实，隆中对话也是双方第一次相互试探和摸底。通过这次交流，诸葛亮对刘备的志向和性格一清二楚，觉得可以鞠躬尽瘁来帮助刘备实现梦想。

三顾茅庐只是诸葛亮大项目营销的初试锋芒，这为他奠定了自我职业生涯的高起点。而“联盟孙权抗曹”故事更闪烁着诸葛亮将大项目营销智慧充分应用到外交公关领域，使刘备转危为安和取得联盟胜利。

那么，诸葛亮如何成功“联盟孙权抗曹”呢？

2. 联孙抗曹——大项目营销帮助诸葛亮扭转劣势并取得外交谈判的胜利

当时，曹操率领几十万大军南征荆州，刘备依靠的地方官迫于形势不战而降。刘备不得不向南退去，曹操弃辎重，带五千精锐骑兵南下追击刘备，两军在当阳长坂相遇，刘备军队大败，向东逃窜，退守夏口。如果不能联盟孙权抗曹，刘备必定难以立足。但要实现“联孙抗曹”战略，必须对东吴进行外交公关。而刘备方属于最弱小的一方。诸葛亮知道“弱国无外交”，自己根本没有实力与东吴进行平等谈判。

但是，诸葛亮深知大项目营销之道，他深刻地认识到，外交的本质是基于需求、价值与利益等的大项目营销，如果能够运用大项目营销之道，就可四两拨千斤。诸葛亮知道，必须将“联孙抗曹”当作大项目运作，并且只能成功不能失败。诸葛亮决心拿下这个大项目，尽管这个项目困难重重，但他必须千方百计克服一切障碍。

这时，曹操基本统一了北方，唯独剩下南方的刘备和孙权，曹操大军压境。在东吴，主张投降求和的群臣占大多数。这时，曹操派人拿着他的书信去东吴，想和孙权联手消灭刘备。刘备岌岌可危。孙权手下的重要谋士大都主张投降曹操而求自保，只有鲁肃主张联刘抗曹。但鲁肃自己知道难以说服孙权和东吴的大臣们。

虽然诸葛亮认识客户内部的重要高层人物鲁肃，并且将他培养成为了亲密内线，但是，刚刚出使东吴之时，根本见不到东吴的最高决策团队和决策人员，孙权也由于曹操大军压境而心急如火、忐忑不安，没有心思见诸葛亮。

诸葛亮一时也没有良策，只能等待。但是，诸葛亮并不听天由命，主动出击，巧妙通过鲁肃联系上了孙权，孙权答应见一下诸葛亮。这是千载难逢的机会，如果不能抓住机会而说服孙权，刘备将无立足之地。

但是，能否说服孙权建立统一战线，着实是道难题。因为不仅需要说服孙权自己，更要说服整个孙权的决策团队，这是一场面对客户决策团队的营销。

诸葛亮深深感到，这个大项目难做啊！他要去赶考呀。只有知己知彼，才能百战百胜。为此，他做了充足的准备，认真分析了战略局势。通过内线鲁肃同志，了解了孙权内部决策班子各位成员的思想动态，知道了哪些是主战派，哪些是投降派，哪些是摇摆的中间派，明确了谁是支持者，谁是反对者。如何统一这些人的观点呢？这将是一次严峻的挑战。

诸葛亮意识到，要赢得这个大项目，需要综合运用需求营销、心理营销、价值营销和方案营销等各种方法。也就是要依据目前状况，找到孙权方的需求，洞悉各方心理，分析利害关系，确立价值点，找到认可的制胜方案，消除客户方的疑虑，化解反对派观点，扫清“联孙抗曹”路上的各种障碍，赢得客户内部团队的信任。同时，还要准备给决策团队做一次精彩的讲标。如果讲标做得好，将一讲定乾坤。

第二天上午九点，诸葛亮来到了朝堂上准备拜见孙权。诸葛亮心里清楚：这将是一场激烈的舌战群儒之战。但是，他已做了充分准备，他已经没有退路，他必须取胜！

可是，在朝堂上，诸葛亮只见到张昭等文武官员二十余人，而东吴的最高统帅孙权并没有出现。诸葛亮意识到：要见一把手必须先过“老臣”这一关。

诸葛亮正在低头思考之际，客户决策团队成员就迫不及待发问了。讲标和质问正式开始了。

孙权手下的第一大谋士张昭首先走出来质问诸葛亮。张昭是东吴的第一大谋士，他对诸葛亮的名气和能力并不佩服。

张昭带着挑衅而鄙夷的口气问：“我是江东无名之辈，但是，我很久就听到你居住隆中而闻名天下，你把自己与管仲、乐毅这样的将相才干相媲美，自己炫耀自己，是否真有这件事情呢？”

诸葛亮知道张昭是想打压自己，他不慌不忙地说：“我平常确实把自己与管仲、乐毅相比较，这件事情是真的。”

诸葛亮的话引起朝堂上一片嘘唏和嘲笑之声。有的人在私下嘀咕和指责诸葛亮太恬不知耻了。张昭接着又开始发问：“刘备为了占据荆州等地，才三顾茅庐去拜请先生，原以为能够如鱼得水，披荆斩棘，独霸一方，但是，现在这些地方已经被曹操大军占领，你是如何看待这件事情的？”

诸葛亮一愣，心里想：张昭是孙权手下第一谋士，他自高自大，非常狂妄。但是，张昭的话代表了老臣们的普遍心态，如果不能马上驳倒他，这第一关就过不去，根本就不可能见到孙权。

诸葛亮镇定地回答：“我们要占领这些地方，易如反掌，但是，我主刘备真善美，不忍心夺取同宗之基业，因此，主动拒绝得到这个地方。而地方官听信谗言才投降曹操。”

张昭傲慢而又幸灾乐祸地质问：“如果是这样，与你所标榜的言行就大相径庭了。你将自己的才能与管仲、乐毅相比较，但是，管仲在齐国作为宰相，称霸诸侯各国，使齐国迅速强盛起来。而乐毅扶持虚弱的燕国，攻下齐国的城市达到 70 多座。这两个人都是真正的旷世之才。先生未辅佐刘备之前，刘备还能占据一方，纵横驰骋，但是，自从得到先生之后，本以为刘备可以如虎添翼，汉朝复兴，曹操将败，全国人民都拭目以待，大家非常仰慕你。令我们失望的是，曹兵一出，弃甲抛戈，望风而窜，丢弃新野，败走樊城，逃跑于当阳，现在刘备连个落脚地方都没有。刘备得到你的辅佐后，反而不如当初。你还将自己才能与管仲、乐毅相比较，这不让人笑掉大牙吗？恕我直言，请不要介意我所说的话。”

诸葛亮感到心中一震，看来今天的大项目讲标将是一场异常激烈的混战。他们咄咄逼人将难题直接地抛向我。要想赢得大项目，首先要让他们认可我，特别是认可我的专业才能，消除客户对我的怀疑和不信任。客户能提出这样刁钻的话，也能理解，因为客户并不熟悉自己，也不深入了解自己，自己刚刚出山，真正的业绩还没有出来，还需要社会的认可，而这需要时间。自己的蜀国团队也只是此领域初起的新秀，还没有形成三足鼎立的局面，别人不重视也可理解。但是，第一次交锋时我不能束手待擒，否则，为后来埋下麻烦也许会更多。

诸葛亮微微一笑，大声说：“燕雀安知鸿鹄之志？国家治理是一个系统工程，这就像治疗一个身体虚弱的病人，有猛药和慢药的不同疗法。这时，如果用猛药，病人本已经虚弱无力，气脉堵塞，处处亏气，猛药根本消化不了，甚至会起副作用，使体力更加透支，身体更加衰弱。而这时，最需要慢慢调理，先用粥等养之，用少量药物调服，等到脏腑调和，身体逐步恢复之后，再吃肉食才能补进去。这时候，再用猛药医治才能奏效，病根才能退去。”

诸葛亮知道，要让客户认可，还要用成功案例证明自己。成功案例是大项目营销的重要支撑，成功案例运用得好，将会使客户建立信任感。

诸葛亮接着说：“我主刘备以前失败于汝南，依靠刘表而暂时存身，大将只有关羽、张飞和赵云三人，而军队只有千余人，士兵也缺少操练，粮草也不够，这就像虚弱之人呀。但是，在博望坡击退曹兵，就是管仲、乐毅用兵，也不过如此。关于地方官投降曹操，我主刘备并不知晓，并且，由于我主刘备的慈善，并不愿意主动去夺取其城市。”

诸葛亮眼睛轻轻一瞥，他发现：客户团队已经被他的讲话吸引住了，都在目不转睛地盯着他。客户团队似乎开始对他感兴趣了。

但是，诸葛亮心理清楚明白，自己也有失败案例，而失败案例正在被客户紧抓不放。如何面对客户提出的失败案例呢？对失败案例装糊涂而不解释肯定不行，故意绕开不讲更不行。只有对失败案例进行诚实的合理解释，才能打消客户的疑虑。

接着他提高嗓门大声说：“不错，当阳之战是失败了，但是，曹操只是残胜。当阳之战存在特殊情况，当时有几十万群众愿意跟随我主刘备，一天才行走十里地，我们宁愿失败也不愿意甩掉群众，这正体现了我主刘备的大仁大义和为客户全心全意的服务思想。”

为了加强对客户团队的心理宣传效果，诸葛亮接着反问一句：“寡不敌众，胜败乃兵家常事。想当年，汉高祖刘邦曾经多次被项羽击败，但是，垓下一次大战役，就击溃项羽而建立新国家，难道我们还要怀疑韩信这样的高超谋略吗？就是韩信辅佐刘邦高祖，也不是常胜将军啊。”

此时，客户团队的怀疑目光已经完全被瓦解，二十余双眼睛紧紧盯着诸葛亮。诸葛亮进一步反击说：“国家战略涉及到社稷安危和长远发展，需要高超的谋略，但是，谋略家不能坐在朝堂之上，夸夸其谈，而一旦遇到国家危机之大事，不能临机应变，不能远见卓识，出不了高超谋略。这样夸夸其谈的谋略家即使很多，对国家有什么用呢？只能让人耻笑。”

诸葛亮的这些话让张昭自感无趣而无言以对。这时候，一个声音从客户团队中传了出来：“今天，曹操屯兵百万，以秋风扫落叶之势而大兵压境，你有什么良策去面对？是主动投降还是逃跑？”

诸葛亮听了这些话，心里暗自高兴，终于要直入正题了。这个说话人原来是虞翻。在诸葛亮来这里之前，诸葛亮已经请教了鲁肃，对每一个客户决策团队成员的个性和观点倾向了如指掌。虞翻并不是一个支持我方的友善之人，已经被敌方搞定，因此，对于他的问题，需要谨慎而巧妙地回答。诸葛亮说：“曹操的军队虽有百万并不可怕，他只是叛兵和散兵的乌合之众，是经不起强击的一盘散沙。”

令诸葛亮措手不及的是，他的话令虞翻暴跳如雷。虞翻急匆匆走到诸葛亮面前，指着他的鼻子反问道：“你刚刚被击败，不得不退守夏口，连个藏身之窝还没有，还要来我们这里搬救兵，现在却大言不惭地说‘不怕曹兵’，你太荒唐了，真是个大忽悠，别再忽悠我们了。”

诸葛亮感到心中一震，看来来者不善。诸葛亮赶忙答道：“刘备只有千余人，怎么能抵挡住百万军队？暂时退到夏口，是抓紧备战而等待时机反击。而现在你们东吴有雄厚财力、人力和长江天堑保护，兵强马壮，大家却要让你们的一把手选择下策而投降，这才让天下耻笑。真正不惧怕曹操的人是我主刘备！”虞翻听了诸葛亮的话虽然很生气，但并不能找到更好的理由再次反驳。

这时候，一个人站了出来，急冲冲地向诸葛亮发问：“你难道要效仿大秦帝国的宰相张仪游说众国，而来忽悠我们吗？”

诸葛亮看了看，该人胸牌挂的名字是步骘。诸葛亮了解，步骘是一个中间派，需要进行争取为我方支持者，但是，交流言辞应该缓和些。

诸葛亮清了清嗓子说道：“步骘经理，我们一般人只是认为张仪是游说之徒，但是，张仪才是真正的大谋略家呀。张仪两次成为秦国宰相，有匡扶国家的大战略和大本领，并不畏惧任何霸强。我听说，曹操已经发给了你们劝降令，你们都想投降，还哪有资格去谈张仪。”步骘听后自感心中有愧，默然无语。

此时，整个朝堂顿时沉默起来，几乎鸦雀无声。忽然，一位名叫薛综的急不可耐地问道：“你想抗衡曹操，你如何看待曹操这个人呀？”

诸葛亮知道，在大项目讲标过程中，客户会非常挑剔，经常抛出一些奇怪问题去考我们，我们要巧妙答好这些题，有时候还必须据理力争。

但是，薛综是投降派，难道他此问题是埋了一个炸弹？诸葛亮肯定地答到：“曹操是汉贼也，这还用问吗？”

薛综回答：“你说错了。汉朝到今天，曹操已经占领天下三分之二，天下人心归向曹操，而刘备不识时务，不适应统一的大趋势，要逆天下大势而以卵击石，哪有不败的？”诸葛亮非常生气，厉声责问：“你怎么会有如此不忠不孝的言论，你身为汉臣，就应该忠诚于国家之君主，而见到不忠之人，应该千方百计去讨伐之，这才是作为臣子应该遵循的规则。曹操的祖宗历代都吃官粮，本应该报效国家，但是，却挟天子以令诸侯，怀篡逆之心，引起天下人共怒。而你却要背叛汉朝，这是不忠，你还有脸说话。”

听了诸葛亮的话，薛综虽有气愤，但是，并无好的言辞去反击，不得不退至一旁。

这时候，一个名字叫陆绩的人辩解说到：“曹操也是原来丞相曹参的后代。其刘备虽然说是中山靖王苗裔，却无法考察，原来只是织席贩履的凡夫，又如何与曹操百万大军抗衡呢？”

诸葛亮认识陆绩，非常了解陆绩的底细，早就制定了很好的抨击对策。诸葛亮满怀自信地说到：“你不是曾经辅佐袁术吗？在辅佐袁术时，就劝主投降，现在到了东吴，又要劝主投降，真是可悲呀。曹操确实为原来丞相曹参的后代，其应该感恩成为忠君的汉臣。但是，曹操今天大权独揽，欺君控臣，已成为人人喊打的汉贼了。而刘备是堂堂皇叔，怎么会无据可查？汉高祖刘邦也曾经出身低下，却最终雄霸天下。而刘备织席贩履，又有什么可笑的呢。你这是小人的见识，还敢说话。”陆绩听了诸葛亮的话，无可奈何并无还手之力。

一个名叫严畯的人跳了出来马上又问：“诸葛亮，你所说的话，都是强词夺理，是经不起推敲的，不要再讨论了。我想问你一句，你的联孙抗曹策略来自哪个经典?”

诸葛亮更是熟悉严畯，早进行了摸底调查，已有预案准备。诸葛亮胸有成竹地答道：“遇到问题只知道寻找书本知识，不知道知识的灵活应用，不知道如何结合实际进行创新，这是本本主义，是迂腐的书呆子所为，这又如何能够复兴国家？像邓禹、耿弇等，都有治理国家的智慧，也没有听说他们是抱着哪本书和哪本经典去治理国家的？我们不能仿效书呆子只会舞文弄墨，而不知道实践应用。”听了诸葛亮的话，严畯感到非常沮丧，不再说话。

忽然，一个人大声喊道：“诸葛亮，你就喜欢吹牛说大话，你也未必有真才实学，恐怕被学者所耻笑。”

诸葛亮看了看此人，此人是程德枢。诸葛亮反驳说：“学者也有君子与小人之分。作为君子的学者，忠君爱国，正直诚实，憎恨邪恶，好名传扬后世。而小人之学者，只知道作诗写赋，虽然能够写出千言万语，但是，对于国家大政却没有一个策略和落地方案谋划出来。”

诸葛亮对于每一个人的提问，对答如流，让这些老臣们惊慌失色。这时，张温、骆统两个人一起站起来，气势汹汹地向诸葛亮奔来，准备继续发问。

这时候，诸葛亮感到有些后怕，他感到自己捅了马蜂窝而犯了大项目营销的忌讳，这些老臣们心高气傲、很不服气呀。今天来时候，他本来计划用循循善诱的谨慎方式，化解敌意和瓦解投降派，而不正面激烈对抗，去招惹仇恨和激起敌意。但是，老臣们太顽固固执己见，没想到自己刚一上场，就被他们步步紧逼，自己不得不据理力争，他真是身不由己呀。

诸葛亮感受到，在这个大项目运作过程中，每一位老臣均是难以逾越的高山，都必须跨越才能前行。对于他们的质问，如果自己言辞太缓和，会让他们无动于衷，自己的目的不但不能达到，还会招来肆无忌惮和许多蔑视自己的眼光。如何牢牢把握住谈判的主导权呢？是刚，还是柔？是锋芒毕露，还是奉迎附和？这个“度”真是难以拿捏呀。

正在诸葛亮思考之际，忽然从门口传来震耳欲聋的惊雷声，“你们不要再吵了!”一个身高一米八五的老头也气势汹汹地闯了进来并直接奔向诸葛亮。这个老头正是黄盖，头发已经苍白，但是精神矍铄，两眼炯炯有神，熠熠发光。据客户内线鲁肃所推断，黄盖可能是主战派，有利于统一战线的促成，如果有好的策略争取，黄盖有可能会成为我方的坚定支持者，但是，黄盖性格刚强而脾气暴躁，让人捉摸不定。

左边是张温和骆统恼羞成怒奔向自己，右侧是手提宝剑、身穿金盔铁甲的老将黄盖正愤怒地大踏步冲了过来。最让诸葛亮担心的是黄盖，他不知道黄盖葫芦里卖的是什么药，也不知道事态会向哪个方向发展，难道自己还要面临一个更激烈的批评吗？

黄盖停到诸葛亮面前，又转过头面向群臣，激动地说："今天，我迟到了，就没有进来，但是，我站在门口一直在听。曹操大兵临境，你们不去想退兵之策，却在这里打嘴仗，可悲呀，令人非常失望啊。"

黄盖的话让诸葛亮不知所措，黄盖是在批评大家。还没等诸葛亮反应过来，黄盖接着大声说，"诸葛亮是当世奇才，你们却如此刁难，真是无礼。"

令诸葛亮没有想到的是，姗姗来迟的黄盖却直接肯定了自己，他这么快就成为了自己战壕的同志。诸葛亮恍然大悟，心里感到欣慰和惊喜。

黄盖转过头来，面向诸葛亮又继续说："联盟抗曹意义重大，任务艰巨，我们对此要有清醒的认识。曹操逼迫太甚，我们需要抱团取暖。我听了你的话很受益，你应该将这些有价值的观点直接告诉我们的主公，跟这些人辩论干啥？"

诸葛亮马上回答："各位同志不了解大趋势，相互责问，我不得不答呀。"

黄盖紧紧抓住诸葛亮的手，大声说："走，找我主公去"。

诸葛亮在朝堂上的力排异议却获得了黄盖的青睐赏识。诸葛亮意识到，大转机出现了。他心理的高度紧张一下子松弛下来，他顿时感到喜出望外，信心倍增。随后，黄盖将诸葛亮带进了孙权的房间，主动向孙权推荐诸葛亮。

诸葛亮知道自己要取得大项目胜利，必须对孙权进行方案营销，因为大项目营销就是方案营销，方案的好坏决定最终成败。方案要充分满足客户关键需求而不能被客户否定。幸运的是，诸葛亮已经提前设计了万全之策的方案，他将自己策划的万全方案交给孙权。

与曹操是战还是降，孙权以前还一直在犹豫和摇摆，但是，当孙权看了万全方案之后，已经被诸葛亮的方案所折服了，孙权的众多思想疙瘩被彻底解开了，孙权同意两家联盟抗曹。

那么，诸葛亮向孙权兜售的万全方案包含了哪些秘密呢？他设计方案时，考虑了哪些规则呢？请见本书的后续内容，我们将对方案营销等内容进行详细论述。

就这样，诸葛亮以其超人的胆识同东吴的群儒展开了舌战，并以其滔滔辩才使对手一个个皆成"口"下败将，最终说服了孙权，使"孙刘联盟、共抗曹操"的局面得以形成，奠定了三国鼎立的基础。

从刘备的三顾茅庐到联盟孙权抗曹的舌战群儒，无不闪烁着诸葛孔明的营销智慧。诸葛亮将每一次重大机会都看成大项目来运作，他把大项目分为项目分析、项目立意、项目

推进和项目成交等几个阶段，他分析各个阶段、各个人物的心理特点、把握各个角色的需求，根据自己要达到的目的去设计实施路线图，通过最到位的准备工作、灵活而敏捷的策略和战术智慧实现了最终目标。

1.3 奥巴马如何利用大项目营销之道，取得总统竞选的连胜？

奥巴马也是大项目营销的高手。我们可以从奥巴马竞选总统的连胜中，看出他的大项目营销之道。

美国总统竞选，是最复杂、最难运作的大项目，每四年一次，由竞争者粉墨登场，向全国人民兜售他们的解决方案，投入数以千万计甚至是上亿的美元，最后只能有一个人胜出。从某种意义上说，竞选成功的道路，是由一系列成功的大项目活动造就的。只要其中有一、两次失误，他们就有可能下课，使所有投入付之东流。

大项目营销无疑是可以“左右”政治后果的。2004 年，美国大选以布什胜出，克里败北而告终，就是一场精彩绝伦的大项目营销战。在整个大项目营销过程中，双方使用了一切现代商业化的推销手段，比如为自己定位、播放广告、民意测验、电话推销、登门拜访和细分特定目标人群等手段，连用来选定政党候选人的全国代表大会也成了竞选双方制定销售计划的一部分。他们的目的是一样的，都是把自己推销出去，赢得大项目成功。

在政治竞选中，竞选人就如同商品，竞选口号和竞选承诺是商品的功能广告和质量承诺。竞争双方会无限放大自己的“功能广告和质量承诺”，在竞选辩论过程中更是双方面对面地进行竞争和对比，微小的错误细节都会让自己的弱点暴露在大庭广众之下。在竞选活动中，竞选人都竭尽所能地在公众面前表演，树立自己的良好形象，向选民们展示自己的领导气质、人格魅力等方面的优势，为自己造势和增势。

1. 奥巴马利用大项目营销之道，如何实现第一次总统选择的胜利？

在 2008 年 11 月 4 日举行的美国大选中，民主党总统候选人奥巴马以压倒性选票数量当选总统，成为美国第一位当选为总统的黑人。而在一年以前，只有极少数人认为奥巴马会赢得总统选举。奥巴马自从宣布参加总统竞选以来，一路力挫民主党群雄，击败似乎不可战胜的希拉里，最终战胜共和党劲敌、美国英雄麦凯恩，夺取了白宫总统宝座。

奥巴马是黑人，当选总统时才47岁，他作为联邦参议员不到四年，没有任何从政经验与政绩可言，凭什么赢得了美国选民的信任，从而一鸣惊人、平步青云赢得总统选举呢？

其实，整个选举过程就是奥巴马成功导演大项目营销的过程，在这个大项目运作过程中，他通过成功的大项目评估分析、差异化营销、客户需求的愿景规划、恰当的心理营销等击败了竞争对手。

第一，做好大项目评估，把握选情、民情和国情。

大项目营销是对项目形势不断进行评估分析、决策和控制的过程。在竞选之初，奥巴马对选情进行了系统的战略分析，很透彻地把握选举形势、国民需求和竞争者动态，做到知己知彼。奥巴马系统分析和把握了金融危机、国内经济停滞、伊拉克战争、国民渴望改变的心理需求。(1)共和党执政八年，使国内经济停滞不前，多数人的生活质量下降，使美国的国际威望和影响下降。而共和党总统候选人麦凯恩的经历和政见都具有典型的共和党色彩，令选民感到没有新意，没有希望可寄托，美国多数选民都希望民主党的奥巴马上台，实行奥巴马所许诺的“变革”，给美国带来新气象，带领美国走出经济低谷，摆脱外交困境，提高人民生活水平。(2)在大选投票前夕爆发的金融风暴祸及全球，令美国经济雪上加霜，给了共和党总统候选人麦凯恩严重的打击。(3)伊拉克战争得不偿失，美国国际威望下降，但是，麦凯恩仍然反对从伊拉克撤军，要求继续打下去，并声称要在伊拉克驻军100年。而奥巴马在伊战之初就明确表示反战，开始竞选后则一直宣传其撤军主张，于是被视为反战主流民意的一个旗手。

第二，注重心理营销。

奥巴马根据选情分析，利用大项目心理营销之道，根据国民心理有的放矢，对大选竞争主题进行了巧妙设定。他设定的大选主题：(1)国内经济问题和民生问题；(2)国际伊拉克战争。这些大选主题说到了选民的心坎上，成为巨大影响力与号召力的重要因素。奥巴马指出共和党的经济政策导致美国经济停滞不前和爆发金融危机。他批评共和党给富人减税、削减百姓福利待遇的政策导致贫富差距扩大，物价上涨，中下层人民生活水平下降。奥巴马从伊拉克战争开始就反对美军入侵伊拉克，后来又主张尽快结束伊拉克战争。在竞选时，他呼吁美军从伊拉克撤军。奥巴马设定的大选主题及其观点，得到了多数选民的认同。

第三，充分利用差异化营销。

大项目营销是差异化营销。奥巴马巧妙地推出自己的差异化竞争亮点，取得了优异效果。奥巴马制定、实施了正确的竞选口号和策略。他的竞选口号是“希望”和“改变”。奥巴马打出了“改变”的旗帜，在竞选中以“改变”为主题，强调结束伊拉克战争、给富人加税和给穷人减税、普及医疗保险等，并承诺实现党派团结、在国际上重建同盟关系、恢复美国的领导地位。奥巴马具有平民主义色彩，最能代表他的平民主义政治观的是他的名言：“人类所要求的不只是自由的生活，而且是要一个有尊严、机会、安全和正义的生活。”然而，麦凯恩却声称要在共和党既定路线上，加以适当修正，继续前进，而不是改弦更张，这就令多数选民失望。此时，选民需要一位能够给与美国新希望和新信心的总统。

第四，充分利用方案营销。

大项目营销是方案营销，而方案营销也是未来愿景营销。奥巴马是名副其实的大项目方案营销高手，是依据客户需求进行设计解决方案的高手，奥巴马不是在推销某一套政策，而是在推销一种国民期望的愿景，尽管奥巴马没有开出如何改变与施政的具体方案，但美国梦的主题思想和愿景展示的是对信念的忠诚，对人们实现信念的力量的忠诚。而这种信念就是变革，这就是为什么人们并不关心其政策细节的原因，梦想的愿景本身就是他的解决方案。

第五，充分施展演讲才能。

演讲讲标是大项目营销支柱。好的演讲能起到“一讲定乾坤”的作用。在这次大选中，奥巴马更是将大项目演讲能力发挥到极致。奥巴马具有优秀的演说才能和集演艺巨星和政治明星的魅力于一身，集传道士和推销员于一身的演讲技巧。他演讲时脸上带有灿烂的笑容，口若悬河，既激情四射、振奋人心，又言简意赅、主题突出。奥巴马的竞选集会，参加者少则数千、多则数万，男女老少各种肤色的民众争相入场。只要奥巴马在台上振臂一呼，台下应者云集。这是在竞争对手竞选集会中难以见到的。在每次演讲前，奥巴马都会对演讲内容、演讲词和演讲礼仪等做精心准备，保证万无一失。

第六，扩大统一战线。

在总统竞选中，选民就像大项目评标委员会的成员，每一位成员都有投票大权。因此，为了赢得选票，就要建立尽可能广泛的统一战线。奥巴马的竞选策略包括弥合民众分裂，淡化种族肤色，借助肯尼迪提升自己等。弥合美国的“分裂”是奥巴马的一张好牌。从一开始，奥巴马阵营就避免打种族牌，刻意追求一种超越种族政治的竞选。在竞选初期，无论在什么场合，奥巴马都避免渲染自己“非洲裔美国人”的背景，而注重强调自己是改革和新生力量的代表。这种超然的定位使他从一开始就得到了相当一部分白人的支持。尽管，有些黑人开始对他持保留态度，但当他赢得一连串初选之后，黑人选民开始感到，也许黑人当选总统的机会真的来到了。在竞选进入关键阶段时，克林顿和败选于奥巴马的希拉里都亲自出面为奥巴马站台和助选。

总之，纵观整个选举过程，正是奥巴马展示大项目营销的成功学之道，使得他在短短两年多的时间里就在美国政坛造成一股强有力的“奥巴马黑马”旋风，一路顺风顺雨，最终赢得了美国选举。

2. 奥巴马利用大项目营销之道，如何实现第二次总统选举？

奥巴马在任第一任总统的四年时间里，原来提出的美国梦目标并没有达到，美国经济复苏乏力，并且失业率上升，奥巴马连任总统的希望本来非常渺茫。但是 2012 年 11 月 6 日，奥巴马却赢得了 2012 年的竞选，成功连任美国总统。奥巴马成功当选，使他成为自二战以来首位就任时国家失业率高达 7.9% 仍然成功连任的总统，延续了 2008 年他成为美国首位黑人总统的传奇。失业率如此高，为何奥巴马还能连任？

奥巴马的总统竞选过程就是一部大项目营销的教科书，奥巴马深谙大项目营销之道，精妙地运用大项目营销技巧是其成功连任美国总统的重要原因。

以下是奥巴马赢得选举的十大原因。

第一，提前进行充分准备，不打无准备之仗。

由于奥巴马是现任总统，比罗姆尼掌握更多的国家行政资源，更有利于提前准备和获取更有利的资源。奥巴马在赢得 2008 年总统大选后不久就开始布局 2012 年大选，2010 年年初就已经悄悄组建竞选班子。罗姆尼是奥巴马本次竞选的唯一对手，而奥巴马这些举措远比罗姆尼眼光长远，准备得早、行动得快。奥巴马提前说服民主党，成为民主党内唯一一名总统候选人。而罗姆尼还要和 4 位共和党党内对手竞争混战才能脱颖而出，这大大分散了罗姆尼的精力。共和党内候选人之间的“相互揭短批评”也给旁观的奥巴马提供了重要参考，便于他有目的地准备和调整竞选政策和竞选目标。

第二，充分了解选情。

需求营销是大项目营销的起点，是大项目成功的起点。懂得客户需求，才能避免盲目制订策略。而奥巴马非常重视需求营销，他将选民当作自己的客户，通过详细的市场调查收集民意，充分了解客户需求结构，对选情了如指掌。这是他赢得大选的前提和基础。

第三，准确立意与定位。

准确立意与定位就像大项目营销中的方案营销，只有巧妙立意、正确定位、解决客户的问题才能赢得客户。奥巴马就是依据选情，分类把握需求，迎合各类选情，对症下药，科学立意，准确定位施政纲领与政策主张，提出鲜明个性的政治口号，公开表达和传播政策主张。奥巴马与罗姆尼在许多方面政见不同，但是，奥巴马的政见主张更切合实际，更有效力。以经济为例，谁在经济治理上能说服选民，谁获胜几率将更大。奥巴马的竞选纲领基本上延续了自己上一届任期内的政策，这一政策虽不完美，但强调了继承性与稳定性。如果按此发展，美国经济不会出现大的震荡与波动。罗姆尼在竞选中只是一味抨击奥巴马，却没有提出什么有用的经济方面的主张，而且他主张要对美国经济和内外政策进行大改变，这不仅让一部分已经感受到经济回升的选民感到担忧，也让商界和经济界许多人士感到担心。比如，罗姆尼反复表态，当选后第一天就将中国列入"汇率操纵国"，这不是一个成熟的政治家思考问题的方式，即使是选举语言，言辞也显得过于草率，这引起了一些选民的怀疑和反感。

第四，积极扩大统一战线，赢得选票。

大项目营销就是对"投票决策团队"进行营销，因此要积极争取客户内部团队的支持，扩大统一战线。奥巴马打出一系列"组合拳"，依靠复杂精密的战术来调动此前一直是他最可靠支持者的选民群体：少数族裔、年轻人及女性选民。罗姆尼也不甘示弱，积极争取白人选民的支持，特别是工薪阶层男性选民的支持。但奥巴马更注重整合营销，积极争取主流媒体的支持，主流媒体舆论起到极其重要的支持作用，这是奥巴马真正能赢的重要原因。在大选的最后阶段，《纽约时报》《洛杉矶时报》《华盛顿邮报》等主流纸媒纷纷发表社论支持奥巴马。此种舆论造势影响了许多选民的投票倾向，并坚定了选民对奥巴马的信心。就在大选投票前一周，100 家美国主流媒体中的 62 家集体发声支持奥巴马。而声称支持罗姆尼的，只有福克斯电视台等传统右翼媒体。同时，奥巴马积极利用明星代言和幽默亲民等建立品牌沟通。

第五，引导选情，把弱点转变成机遇。

大项目营销过程是客户需求发掘、引导和激励的过程，把握住需求就能抓住客户的心。引导选情就如同在大项目营销中引导客户需求，能够成功引导客户需求，就相当于成功了一半。奥巴马利用自己的优势，尽量影响美国老百姓的心理导向，引发共鸣，求得他们的认知。回顾 2008 年，美国受到百年一遇的金融危机冲击，小布什执政时期发动的阿富汗、伊拉克两场战争，损耗了美国元气，使内政外交均陷入低谷。正是在这一背景下，奥巴马以其年轻俊朗的形象、出色的辩才和政治雄心，迎合了一大批年轻选民的求变心态，并顺利击垮对手而问鼎总统宝座。奥巴马执政四年，美国经济并没有完全走出低谷，失业率高居不下，但是，通过适当的传播策略，让选民觉得经济之所以这么糟糕，并不是因为奥巴马的原因，而是因为前任总统留下的烂摊子太难收拾。

第六，控制好大选辩论“决胜局”。

大选辩论就像大项目营销中的讲标陈述和质询回答。奥巴马与罗姆尼第一场辩论的主要议题是经济、就业与医改等问题。首轮辩论结束几个小时后，美国有线电视新闻网（CNN）所做民调显示，67% 的受访者认为罗姆尼赢得了首场辩论。在第二场辩论前夕，路透社和益普索 16 日公布的最新民调显示，罗姆尼的支持率已经上升到 47%，对奥巴马的领先优势扩大到 3 个百分点。背水一战的奥巴马与罗姆尼于 10 月 16 日在纽约州霍夫斯特拉大学展开第二场辩论。奥巴马一改首次辩论中温吞的表现，攻势凌厉，语言犀利，对罗姆尼大肆攻击。第二次辩论结束后，媒体机构展开的即时民调显示，更为积极主动的奥巴马在对决中占得上风。美国有线电视网（CNN）公布的调查结果显示，46% 的人认为奥巴马赢得第二场辩论，36% 的人认为罗姆尼胜出，奥巴马扳回一局。

第三场辩论将决定最终成败。在第三场辩论前夕媒体公布的多项民调显示，奥巴马与罗姆尼的支持率难分上下。媒体普遍认为第三场辩论或将决定大选的最终成败。21 日公布的美国全国广播公司（NBC）与《华尔街日报》联合民调结果显示，在可能参加投票的美国选民中，奥巴马与罗姆尼的支持率打平，均为 47%。在关键的摇摆州，罗姆尼的支持率略为领先。这项民调再次证明美国大选正趋向白热化，22 日的最后一场总统候选人辩论，对决定两周后的选举成败起了重要作用。在势均力敌的形势下，双方任何细微的差错都会影响最后的选举结果。在第三场辩论中，奥巴马及时调整第二场辩论时偶尔过火的姿态，从容不迫而又积极主动，更好地展现了总统风范。而罗姆尼并没有克服他只照顾有钱人的形象，同时，他脱离实际的空谈，使民众对他的负面印象增加。

第七，把握好关键时刻的关键机会。

在大项目营销中，同样有众多的关键时刻的关键机会，如果处理不好就会一失足成千古恨。赢得选民的过程是选民被充分尊重和重视的过程，在这个过程中，我们要重视关键时刻的接触管理，否则，与选民接触次数越多，效果越差，失败越大。在这次竞选中，不期而遇的飓风为救灾表现优秀的奥巴马赢得了分数。

2005 年，“卡特里娜”飓风来到路易斯安那州当天，正值休假的总统小布什不但未实时返回白宫指挥救灾，更是在两日后才乘“空军一号”到重灾区新奥尔良上空巡视一圈，敷衍交差，一时间引来恶评如潮。“桑迪”飓风来袭，奥巴马此番自然知道不能重蹈小布什覆辙，立刻暂停一切竞选活动，专心指挥救灾，反应之快令外界对他赞誉有加。虽然奥巴马中止拉票，并不代表他没好好利用自己的优势。一场飓风吹散美国两位总统候选人在最后一周的竞选计划，为选战再添变量，也给奥巴马带来无限曝光机会，发表民众希望和需要听到的心声，赢得了更多选民，甚至罗姆尼的铁杆粉丝、新泽西州州长也对奥巴马的作为大加赞赏，并称会和奥巴马“继续展开合作”。一直被称为中间派的纽约市长公开表示支持奥巴马，他的支持也让很多摇摆的选民将选票投给了奥巴马。奥巴马虽然没有出现在竞选集会上，但作为救灾总指挥官，他一直都站在镜头前面，形象大大提升。

第八，尽量少犯错误，提高成功率。

在大项目营销中，我们要尽量少犯错误或不犯错误，奥巴马就做到了。据美国媒体报道，在美国总统大选即将投票之际，自由派媒体已预言共和党总统候选人罗姆尼不敌现任总统奥巴马。与《新闻周刊》合作的网络杂志《野兽日报》(The Daily Beast)预测，罗姆尼将败选是因为他与竞选阵营连连犯错，使奥巴马团队得以利用其失误来掌控选情。《野兽日报》指出，错误因素包括竞选广告等，但更关键的可能是数月甚至数年前发生的事件。罗姆尼的失误首先可回溯到2008年11月18日，当时他在《纽约时报》专栏撰写了一篇标题为《让底特律破产吧》的文章，埋下了引发选民憎恶的种子。罗姆尼犯下的第二个错误是在遭到奥巴马批评时候，不能及时有效化解，眼睁睁看着其恶化。罗姆尼被不断批评为谋取暴利、剥夺就业机会的富豪，不懂老百姓疾苦，且不关心劳工家庭和中产阶级的奸商。另外，他并没有选取对俄亥俄州选情有利的“安全牌”联邦参议员作为竞选搭档。在总统大选辩论中，罗姆尼对策也有所失误，共和党只是不断强调，选民如果对经济不满意，“请给我一个机会”。奥巴马则将大选变成选择题，不断询问谁才是站在选民这边，包括税赋公平、为中产阶级奋斗、女权平等、美国人人平等、移民政策等。奥巴马在最后两辩积极应战，罗姆尼则始终没有找到正确的策略和方向。

第九，积极赢取摇摆选民和“摇摆州”是关键。

在大项目营销过程中，经常会面对客户投票决策团队内部成员的决策摇摆问题，如何争取摇摆成员成为大项目最终取胜的关键。在这场大选中，奥巴马一直保持着微弱的领先优势，而罗姆尼战斗到了最后一刻，大选情况一直与奥巴马难分高下。在几个关键州中，奥巴马最终凭借拿下至关重要的俄亥俄州而锁定胜局。俄亥俄州被视为美国总统大选的方向标，在过去12次总统大选中，只要能赢得该州的候选人，最终都能成功入主白宫，历史上几乎没有任何一位共和党总统在该州败选还能获胜的，罗姆尼未能逃过这一历史宿命。这时候，美国约有九个“摇摆州”，共和党罗姆尼最后只拿下一个，其余全部被奥巴马赢得。虽然，罗姆尼在选战的最后阶段扩大了竞选造势范围，与奥巴马展开激烈竞争，但是，奥巴马阵营在“摇摆州”的基层组织严密，通过广泛布点，积极开展拉票活动，摇摆州在最后时刻依然倒向了奥巴马。

第十，充分利用现代高科技手段，增强自己优势。

在大项目中，我们必须充分利用各种高科技手段，强化自己的优势。在对最后选民的需求调研上，奥巴马充分利用大数据挖掘技术，分析选民心理，及时推出相应举措，巧借互联网进行品牌沟通，强化了个人形象，赢得“不可控”选民或即将“流失”选民。因此，奥巴马的胜利也是高科技应用的胜利。

总之，奥巴马赢得总统的连任，其中包含了众多大项目的营销之道，例如：心理营销、需求营销、方案营销、差异化营销、整合营销、方案演讲、大项目过程管理、大项目评估与控制等。

那么，我们如何掌握这些技巧和方法来为自己奠定可持续发展之路呢？接下来，我们一起来展开大项目营销的美丽画卷。

自我检测

依据本章的内容，请进行自我检测和自我反思，分析优劣势和差距。依据本章的内容，进行实际应用的分析与思考。

休闲时光

该休息一会了！

大项目营销过程是心灵的历程。每一次大项目营销，都是一段难以忘怀的心灵旅程。在一定程度上说，一个人的心会影响大项目营销。也就是说，大项目营销的水平，也往往代表了你的心的水平。会调试自己的心，才容易做好大项目营销。

在大项目营销过程中，无论发生什么，都要保持平静、平常的心。让心宁静下来，让身体放松下来，实时处于身心平静、祥和的状态。

第2章

为什么不能赢？

2.1　案例：客户发来的项目落选通知。

2.2　销售的艰难困苦、煎熬和梦想。

2.3　我们必须反思的问题。

2.4　案例：北京申办2000年奥运会，从“胸有成竹”到“意外落选”的背后原因揭秘。

赢得大项目的过程，是帮助客户“赢”的过程，也是大项目利益相关者和大项目营销利益相关者共赢的过程，是客户离苦得乐和无苦之乐的过程。如果我们不能让客户赢，我们就很难赢。如果我们不能使客户离苦得乐，我们就容易陷入痛苦、挫折或失败之中。

大项目营销过程中，最常见的问题就是失败。失败并不可怕，最可怕的是不知道到底是什么原因导致了失败。

找到原因，梳理问题并不是结束，而是开始。下一次我们能否提前做好问题的事前管理，防止事中各类问题的集中爆发呢?

每一个人和每一个组织都有成功的梦想，但是，大项目营销的成功靠的是实力。那么，实力来自哪里，我们如何才能成功呢?

有些销售人员虽然主观上有奋斗的热情和冲劲，但现实中却时常感到迷茫而无从下手，经常遭遇客户不认可、项目失败、团队成员不满意等困局。

项目竞争失败并不可怕，最关键的是能不能快速找到成功的方法，使我们不再重蹈覆辙，继续前行。

或许这是人生中最艰难的阶段，但是通过智慧的积累、风雨的锤炼，我们会逐步品尝到成功的喜悦，体会赢得大项目的快乐和成就!

2.1　案例：客户发来的项目落选通知

销售代表 Maria 在一个项目上花费了三年的心血。客户内部的大多数人都认为她公司设计的方案能中标，Maria 也信心满怀。但是，最后的结果却是另一家公司中标：这个结果太出乎 Maria 预料，Maria 和项目团队付出了很多，需求调研和方案设计就花费了 500 万美元，却没有圆这个大项目梦。作为销售代表的她难掩悲痛，失声痛哭。

那么，客户发来什么样的通知引起 Maria 如此伤心呢？客户发来了项目评标结果通知内容如下。

尊敬的 Maria，

您好！今天我们公司项目组已做出决定，选择 A 公司。您的公司投标总分排名第二。我不忍心将这个决定亲口告诉您，您为我们公司这个项目付出了巨大的心血，我只能用 E-mail的形式告诉您。我从内心里非常喜欢您，但由于我们公司经营必须满足客户的需求，也只能做出这样的决定。我衷心祝愿您工作顺利!

NX 公司项目组　张丽

以上发生在Maria身上的事情，或许很多项目经理都会经常遇到。

值得我们思考的是：

客户为什么没有选择我，而选择了别人？

我们哪里不如竞争对手？

下一次我们如何赢？

2.2 销售的艰难困苦、煎熬和梦想

如果你已踏入销售相关的职业，你首先要认识到：销售之路充满艰辛、痛苦和快乐。销售人员是一群充满朝气、激情和理想的斗士！销售需要承受很大的压力，可能不是一般人所能承受的。

你是否喜欢销售？你如何认识销售？销售人员的生活状态如何？

销售让我欢喜，销售让我忧！

销售之路是一条布满荆棘之路，在这条道路上，到处都是酸甜苦辣。

只有付出勤奋、智慧、耐力和毅力，才能通往成功之巅；

只有经过千锤百炼，我们才会更加成熟；

只有经过风吹雨打，未来才会更加美好。

每一个项目都让我们充满成功的梦想，

每一次拜访都使我们充满憧憬和激情，

每一次进展都让我们产生惊喜和激动，

每一次意外都让我们焦躁和不安。

项目触动着我们的心，心绪随之波动起伏。

有时，我们孤独、无奈和无援；

有时，我们心灰意冷和深感窝囊。

失败使我们惆怅，丢单更使我们自责和醒悟。

我们多么期望，我们处处处于优势；

我们多么期望，不战而屈人之兵！

我们多么期望，凭一本方案就扭转成败；

我们多么期望，我们才是客户的最终选择！

销售因项目之忧而忧；

销售因项目之乐而乐。
也许有时我们做得很好，但得到的仍然是非议和质疑；
也许有时我们付出的太多，但却不是所有的花都结了果。

无论道路多么艰辛，我们都能忍受!
无论道路多么曲折，我们都能百折不挠!
因为我们心存目标，立志远航!
也许我们能力并不强，但我们会快速成长，制胜战场!

2.3 我们必须反思的问题

在大项目营销过程中，我们需要反思以下问题。

1. 为什么原本胜券在握的项目，却陡生变数?

看起来胜券在握的项目，却陡生变数，成了最没有把握的项目，要花费更多精力去公关。

需要我们思考的问题：

(1)发生了什么变数?
(2)什么事情引起了变数?
(3)能否提前预防或控制这些变数?
(4)变数发生后，如何力挽狂澜，控制这些变数?

2. 曾花费大量精力给客户做启蒙和培训，为何却为对手做了嫁衣?

有时候，我们花费大量人力、物力，不断给客户做启蒙和培训，好不容易客户想启动项目了，但却转向了竞争对手。

需要我们思考的问题：

(1)为何最后摘“果实”的是竞争对手?
(2)客户为什么没有选择我们?

(3)客户看重的是什么?
(4)我们犯了什么错误?
(5)我们究竟错在哪里?
(6)为什么事前没有意识到?
(7)如何才能事前改进?

3. 我们付出了很多，为什么不奏效，反而丢单?

我们采取了“主动取悦客户”的多个行动，也一直准时回应客户，对客户毕恭毕敬、有求必应，但却没有感动客户。

需要我们思考的问题:

(1)为什么原来的“加分项”行动变成了“减分项或无价值”的活动?
(2)什么才是客户认为的有价值的活动?
(3)客户最关注什么?
(4)为什么客户总说我们不懂他们?
(5)我们的行动如何随需而动?
(6)如何使我们的行动更有效?

4. 为什么每次项目沟通交流，自我感觉都很好，但却迟迟不能签约?

每一次与客户接触，销售人员和售前顾问都感觉客户很满意，自己做得也很好，但项目就是不能向前推进和签约。

需要我们思考的问题:

(1)为什么每次项目交流，自我感觉很好，但是项目却进展缓慢?
(2)为什么每次项目交流，客户评价很好，但是项目就是不能签约?
(3)究竟什么才是好的项目交流?
(4)如何评价项目交流的好坏?
(5)如何辨别客户是否真正满意?
(6)如何及时发现疏漏和检测成果?
(7)如何推进项目进程?
(8)如何从“自我感觉”向“客观评价”转变?
(9)如何洞察项目进展“看似顺利”背后的危机?

5. 为什么有时与客户接触越多，项目丢单的可能性越大?

在许多项目中，与客户接触次数越多、时间越长，客户越了解我们，越容易丢单。

需要我们思考的问题：

(1) 客户在想什么?

(2) 我们为什么猜不透客户?

(3) 我们的行动依据是什么?

(4) 如何策划好每一次接触的内容?

(5) 如何提升每一次接触的质量?

(6) 如何做到项目交流的有的放矢?

(7) 如何通过接触管理，使项目沟通内容达到递进性?

(8) 如何通过接触管理，降低丢单几率?

6. 为什么有时高层关系也不起作用?

有的项目中，虽然我们已经搞定对方最高领导者，但在最终评标过程中，评标团队成员一致选择了其他人。有时候，通过人际关系搞定了客户高层，可是项目最终还是花落他家。

需要我们思考的问题：

(1) 为什么此时高层关系不起作用?

(2) 高层关系何时管用呢?

(3) 关系营销奏效的背后还需要什么保证?

(4) 搞定人就一定能搞定项目吗?

(5) 为什么搞定人了，但项目没有搞定?

(6) 哪些事情比搞定人更重要?

(7) 搞定人就是搞定关系吗?

(8) 究竟需要搞定什么，才能搞定项目?

7. 为什么一个初次接触客户的对手能轻松搞定项目?

一个小荷才露头角的竞争对手，第一次与客户交流就给客户留下了深刻的正面印象，一下子就把客户搞定了，顺利拿下了订单。而此时可能这个项目我们已经跟进一年多了，竞争对手刚刚进入一个月就搞定了客户，他们用了什么方法?

需要我们思考的问题：

(1)怎样才能抓住客户的心？

(2)他们有什么突出的能力值得我们学习？

(3)这里边有什么秘密呢？

(4)我有什么失误吗？

(5)我为什么没有发现失误呢？

(6)我该如何反思？

(7)如何避免陷入束手无策的被动状态？

8. 项目运作过程中为什么四处碰壁？

项目运作过程中四处碰壁，不断出现难题，如：客户推托和拒绝、找不到关键人物、找错关键人物、搞错需求、谈不妥价格，等等。

需要我们思考的问题：

(1)客户推托和拒绝背后的原因是什么？

(2)如何防止客户推托和拒绝？

(3)我们在哪些方面需要做得更好？

(4)客户拒绝和异议后，怎样才能化解？

(5)如何使项目进展更顺畅？

9. 为什么行动还没有开始，项目的成败已经注定？

许多项目在行动实施前就已经埋下了失败的种子。项目规划预见性不足、缺少论证，对项目成功的各种条件估计不充分，项目路线图漏洞百出、不能有效指导组织进行高效的系统运作，最终导致项目运作提前败北。

需要我们思考的问题：

(1)为什么项目还没有开始实施，成败结果已经注定？

(2)项目方向和思路正确吗？

(3)如何提前设计好项目取胜模式？

(4)项目规划能保证“项目赢”吗？

(5)项目行动能保证“项目赢”吗？

(6)项目管理能保证“项目赢”吗？

(7)“项目赢”的程度有多大？

(8)项目前瞻性有多远？

(9)这个项目值得投入吗?

(10)对投入产出进行系统估算了吗?

(11)是否已经为项目开局做好充分准备?

(12)是否将项目作为“系统工程”而实施?

(13)项目失败的风险还有哪些?

(14)如何保障项目不失败?

(15)如何在项目起跑点就能领先?

(16)项目如何取胜?如何大胜?

10. 如何避免“超需求和超能力承诺”，为项目埋下隐患?

有时销售代表为了拿下项目，不得不以超过自己财力和能力的条件给客户空头承诺，欠缺推进商务进程的控制艺术，无法将需求的复杂性和工作量与价格平衡起来，为以后的项目实施埋下了后患。

需要我们思考的问题:

(1)超需求和超能力承诺背后的原因是什么?

(2)我方与客户的需求底线是什么?

(3)如何与客户进行需求谈判?

(4)如何进行准确的需求核算、能力核算和投入产出核算?

(5)如何找到有利于谈判的砝码?

(6)如何通过谈判创造一个共赢的局面?

11. 如何避免“大单小签”，亏损报价?

在激烈的项目竞争中，为了拿下项目，有时不得不打价格战，导致合同“大单小签”，项目投入产出严重不匹配，项目亏损。

需要我们思考的问题:

(1)造成“大单小签”的原因是什么?

(2)项目投入产出核算的临界点是什么?

(3)如何才能将价值战与价格战结合起来?

(4)如何通过“精益管理”，造就大的价格战空间或利润空间?

(5)如何在合同价格与资源投入上与客户取得共识?

12. 为什么在投票的关键时刻，客户完全倒向竞争对手？

在投票的关键时刻，客户评标决策委员会的成员竟然完全倒向竞争对手，而我们在离成功仅一步之遥处被迫止步。

需要我们思考的问题：

(1)是竞争对手有什么一招致胜的方法吗？

(2)到底出现了什么问题？

(3)我们应该从哪里进行反思？

(4)客户决策团队在想什么？

(5)什么才是客户最需要的？

(6)客户的选择标准是什么？

(7)难道我们的标书搞错了方向？

13. 到底什么因素决定着最终投票结果，我们能否对最后的票数胸有成竹？

项目营销过程需要整合各种复杂的因素，我们怎样才能抓住核心因素，最终赢得评标评委和客户的最终认可呢？项目推进过程中，我们能否各个击破，拿下一张张关键投票，从而对最终成果胸有成竹呢？

需要我们思考的问题：

(1)客户没有投赞成票的原因是什么？

(2)客户如何进行项目决策？

(3)影响客户决策的因素是什么？

(4)客户如何评价我们？

(5)客户如何评价竞争对手？

(6)我们的优势是什么？

(7)我们的劣势是什么？

(8)我们的机会在哪里？

(9)我们的威胁在哪里？

(10)我们如何改进？

(11)什么才是最终的制胜策略？

14. 销售有输赢，如何成为常胜将军？

大项目有时成功，有时失败，但我们并不知道输赢的关键是什么，如何才能成为常胜将军？

需要我们思考的问题：

(1) 大项目成功的关键要素是什么？

(2) 如何抓住大项目成功的关键要素，细分行动方案，步步为营获得成功？

(3) 大项目为什么失败？

(4) 从失败中能获得的经验和教训是什么？

(5) 我们具有大项目赢的系统思维吗？

(6) 如何才能赢？

(7) 如何才能持续赢？

15. 如何提升大项目营销业绩？

有很多销售人员常苦恼：自己工作多年，但业绩就是不好，有时赢单，有时丢单，总是没有充分的把握。

需要我们思考的问题：

(1) 什么是成功的大项目营销？

(2) 从事销售工作多年的人是不是也需要了解大项目营销？

(3) 如何使销售能力和业绩有质的飞跃？

(4) 同样的工作态度和销售技能，为什么不同的人取得的业绩不同？

(5) 作为销售人员，如何在业绩指标上立竿见影？

(6) 如何找到大项目制胜的可靠性规律？

(7) 如何快速获得竞争优势？

(8) 如何获得客户的信任和选择？

(9) 作为销售老总，如何进行卓越的大项目运作？

(10) 作为销售人员，如何小单大签，慢单快签？

(11) 作为销售人员，还需要具备哪些素质？

16. 什么是好的项目管理体系？

许多组织的项目管理体系存在问题，例如，管理粗放，管理水平低，管理无层次性，管理要素之间逻辑关系不清晰，项目实施成果差。还有，由于没有完善的项目管理体系，项目规划、项目实施、项目评估、项目控制、项目绩效等没有形成良性循环。

需要我们思考的问题：

(1)项目管理要素是什么？

(2)什么是理想的项目管理体系？

(3)项目管理有哪些不足之处？

(4)什么是大项目生态系统？

(5)如何建设项目管理体系？

(6)项目管理体系如何持续优化和升级？

17. 我们的项目管理处于什么水平？

项目管理能力不足、项目管理水平低是现代组织普遍存在的现象，组织需要强化科学的项目管理，通过提升项目管理水平，保证项目制胜几率。但是，对于许多组织来讲，对项目管理的理解还存在模糊现象，主要问题是：不知道自己的项目管理水平如何？不知道如何建设项目管理能力？不知道如何提升项目管理水平？这些问题会直接影响组织的可持续发展。

需要我们思考的问题：

(1)现有项目管理能否达到客户的期望要求？

(2)我们的项目管理差距在哪里？

(3)我们的项目管理水平有多高？

(4)什么是项目管理的理想境界？如何达到？

(5)如何提升项目管理水平？

18. 如何实现卓越的项目领导力？

项目领导力是项目成功的首要保障。一个项目的成功与项目领导者有着非常密切的关系，项目领导力的高低直接影响着项目的成败。项目越大，对领导力要求越高。因此，我们要重视项目领导力的塑造和提升。

需要我们思考的问题：

(1)在各级领导者中，有多少人能真正“带兵打仗”？

(2)项目管理对各级领导者的要求是什么？他们能否达到？

(3)在项目管理过程中，组织各级领导者应该扮演什么角色？

(4)什么是卓越的项目领导力？如何规划和实现这种领导力？

(5) 如何成为轻松、愉快和可持续成功的领导者?

(6) 如何保证项目领导力与时俱进?

2.4　案例：北京申办 2000 年奥运会，从“胸有成竹”到“意外落选”的背后原因揭秘

奥运会主办权的争夺是一场复杂而激烈的国家与国家之间的竞争。其复杂性在于，国家实力、政治意识、经济利益、文化传统、种族关系、社会建设、奥运会设计等因素相互交织在一起，错综复杂，使申办结果带有很强的不确定性。奥运会申办涉及到申办城市及其国家的方方面面，是一项庞大的系统工程，对大项目策划、组织、运作和管理有很高的要求。

对任何一个国家来讲，奥运会申办都是一个特大型项目。每一届的夏季奥运会主办城市的争夺就是一场国家与国家之间比武的大项目营销。奥运会申办过程就是大项目的营销过程。从提交申办奥运会申请开始，各个城市就开始了一场大项目营销比赛。从申办口号策划、奥运会硬件准备、奥运会软件准备、申奥市场活动开发、迎接国际奥委会考察评估，到最终答辩，各个城市都施展了自己的最大才智，就是要不断创造自己的优势，不断抛出自己的亮点，成为赢家！

奥运会主办城市竞争之中包含着大项目营销之道。在这场营销比赛中，只有实力最强者才能笑到最后。比如，第 30 届奥运会的国际奥委会全体委员投票选举中，在莫斯科、纽约和马德里先后出局后，伦敦与巴黎在第四轮中进行最后投票，伦敦击败了巴黎，成为 2012 年奥运会的主办城市。比如，第 31 届奥运会主办城市竞争中，巴西的里约热内卢在国际奥委会的投票中击败美国芝加哥、日本东京和西班牙马德里，成功获得 2016 年奥运会的主办权。而在 2013 年 9 月 7 日，日本东京最终击败了西班牙的马德里和土耳其的伊斯坦布尔，最终获得了第 32 届 2020 年夏季的奥运会举办权。在第一轮投票表决中，共有 94 名国际奥委会委员参加投票，东京获得 42 票，伊斯坦布尔和马德里均获得 26 票，伊斯坦布尔和马德里进入附加投票，伊斯坦布尔获得 49 票，马德里获得 45 票，马德里出局。第二轮投票表决共有 97 名国际奥委会委员参加投票，东京获得 60 票，伊斯坦布尔获得 36 票，另有 1 票弃权。

中国北京的申奥之路，也曾经经历了申办 2000 年 27 届奥运会的失败，才取得申办

2008 年 29 届奥运会的成功。北京是如何从失败走向成功的呢?

北京在申办 2000 年奥运会时，曾经雄心勃勃、志在必得，过多相信自己的判断，许多工作也做得非常优秀，但是，最后只以两票之差失败，令人痛惜。到底什么原因导致失败呢？哪里出现漏洞了呢？犯了什么关键错误呢？我们应该吸取哪些大项目营销教训呢？

北京申办 2000 年奥运会开始于 1991 年年初，最后成败结果出现于 1993 年 9 月 23 日，共经历了近三年的时间。让我们来分析北京申奥的历史历程，梳理申奥的脉络，从中剖析大项目营销之道的秘密。

让我们回到 1991 年。在当年的 2 月 13 日，国家体委、外交部、财政部、北京市人民政府联合向国务院报送《关于申请在北京承办 2000 年奥运会的请示》，这标志着中国申办 2000 年奥运会这个大项目营销的启动。

1991 年 2 月 22 日，北京市人民政府向中国奥委会首次提出举办 2000 年第 27 届奥林匹克运动会的申请。2 月 26 日，中国奥委会讨论和审议了北京市政府的申请，一致同意北京市为举办第 27 届奥林匹克运动会的候选城市。2 月 28 日国家总理在《关于申请在北京承办 2000 年奥运会的请示》上做出“同意申请”的批示。

1991 年 4 月 1 日，北京召开奥申委第一次主席办公会议，宣布北京 2000 年奥运会申办委员会正式成立；5 月 13 日在惠侨饭店举行了“北京 2000 年奥林匹克运动会申办委员会”挂牌揭幕仪式。

1992 年 4 月 16 日，国际奥委会宣布，北京等 8 个城市被确定为第 27 届奥运会候选城市，这 8 个城市分别是：北京、柏林、巴西利亚、伊斯坦布尔、曼彻斯特、米兰、悉尼、塔什干。

1992 年 6 月 26 日，《人民日报》《北京日报》刊登申办奥运会口号。申办奥运会主题口号：开放的中国盼奥运。其他口号为：中国的机遇，北京的荣誉；亿万颗心暖人间；和平进步迎接新世纪；历史名城，时代盛会；北京欢迎你。

1993 年 1 月 11 日 北京奥申委在洛桑国际奥委会总部向国际奥委会正式呈交了《申办报告》。

随后进入到了国际奥委会赴京考察阶段。1993 年 3 月 6 日，国际奥委会考察团一行 12 人抵达北京，开始对北京为期 3 天的考察。下午，考察团在国际会议中心听取了北京奥申委关于竞赛日程、场馆设施、电视、通讯、信息网络、新闻、财政和市场开发等方面的情况汇报。7 日上午，国际奥委会考察团参观了首都体育馆、中日友好医院、国家奥林匹克体育中心、中国体育博物馆、华北计算技术研究所。7 日下午，听取了关于奥运村设施、安全和文化活动等方面的情况介绍。8日上午，国际奥委会考察团考察了丰台体育中心、彩电中心、国际通讯局和兴奋剂检测中心。下午国家总理在中南海紫光阁会见了国际奥委会考察团全体成员。他重申，中国政府全力支持北京申办2000年奥运会。如果北京申办2000年奥运会成功，中国有能力、有条件办好这届体坛盛会。中国政府将在财力、物力和人力等方面给予充分的保证和支持；北京将以更加美丽、更加现代化的面貌迎接来自五大洲的朋友。9日，国际奥委会考察团乘机离开北京。1993年5月9日至5月12日，国际奥委会主席、副主席等人乘飞机抵达北京，对北京申办工作进行再次深入考察。应该说，北京对国际奥委会赴京考察等准备工作做得很优秀，国际奥委会主席对北京的奥运申办准备工作做了高度评价。

这时距离1993年9月23日奥运会投票只有4个多月时间了。应该说，这时的北京在各个方面做的工作都很出色，比如，前期准备、《申办报告》设计、国际奥委会赴京考察评估工作等做得都很出色。如果不出意外，北京赢得2000年奥运会申办是板上钉钉的事情，这也让北京感到欣慰和兴奋。

但是，在最后决赛冲刺阶段，北京有些过于乐观，而对竞争的激烈性和突发事件显得始料不及，对隐藏的风险问题有些麻痹大意，对竞争对手采取的手段估计不足。

北京志在必得，但是，没有意识到危机。第一件令北京头痛的事情发生了。这是什么事件呢？

1993年6月10日，美国众议院外交委员会人权小组委员会通过口头决议，借人权之名反对在北京或中国的任何地方举办2000年奥运会。由美国国会通过反对一个国家申办奥运会，这在美国历史上也是很少见的。不仅众议院通过决议，参议院的60个议员也给国会写信，反对北京申办。紧接着，联合国人权大会于日内瓦召开，中国人权问题再度成为被攻击的对象。这些事情对北京造成极大的负面影响，北京成为众矢之的。这一系列的动作，给北京申奥造成极大的麻烦。

能否顺利通过这个关口进而赢得胜利，成为北京是否取得最后胜利的关键。6月18日，中国奥委会发言人指出，美国众议院外委会人权小组委员会借口所谓人权问题反对北京申办和举办2000年奥运会，是粗暴干涉中国人民的正当权利和践踏奥林匹克原则。同时，北京积极争取国际奥委会的支持。6月19日，在洛桑参加国际奥委会第100次会议的执委们讨论了美国众议院人权小组6月10日通过反对中国主办2000年奥运会的决议，执委们普遍认为这一决议是违反奥林匹克原则的，是不能接受的。

6月23日中国国家主席致信国际奥委会委员，重申中国政府和中国人民将不遗余力地支持北京申办2000年奥运会。正在洛桑的北京奥申委代表团向国际奥委会各位委员转交了中国国家主席亲笔签名的信：我本人以及中华人民共和国政府和全体中国人民，将不遗余力地支持北京市的申办。如果北京得到举办2000年奥运会的荣誉，我们保证将把该届奥运会办成迎接新世纪、弘扬奥林匹克精神真实含义的盛会，从而对增进奥林匹克运动的普遍性以及世界人民的友谊、和平与进步，给予有力的推动。

北京的真诚感动了国际奥委会，北京的"危机公关"奏效了。6月24日，国际奥委会主席在瑞士洛桑正式表态，美国国会应该尊重国际奥委会的独立性，并放弃反对北京申办2000年奥运会的活动。

到这时，北京通过优秀的"危机公关"，打赢了美国众议院反对北京申办奥运会的运动，增强了国际奥委会成员的信心。北京继续昂首阔步向最终目的地前进，此时的北京离奥运会主办权只有一步之遥。

但是，这时候，北京却没有意识到更大的危机已经悄然袭来，表面风平浪静之下是暗流涌动。北京虽然胸有成竹，但是，北京显然低估了有人不断阻挠中国和制造中国负面消息的强度和激烈程度。

在大项目营销过程中，有时候，离成功越近，危险也越近。到底还会发生什么事情呢？危险将在何时发生呢？

在大项目营销过程中，越是临近终点，越容易出现差错。就在奥委会对2000年奥运会举办城市投票前一周，突然有人散布假新闻对北京抹黑："中国要抵制1996年亚特兰大奥运会"。这种假新闻风波突然冲击而来，令北京防不胜防。这件事在蒙特卡洛，马上被"哄"成了最大新闻。几家电视台一小时一次地播放"中国要抵制亚特兰大奥运会"的新闻，还播出了澳大利亚电视台采访时的一些镜头来证明"北京的罪证确凿"。西方几大通讯社不断重复播发有关中国要抵制的消息，有的消息更加添油加醋，说中国从来就把政治利益放在奥林匹克理想之上，以往就有过抵制1956年墨尔本奥运会和1980年莫斯科奥运会的历史，还说北京在打政治牌来胁迫国际奥委会。一时之间，流言四起，使北京处于另一场危机之中。

原来是几家通讯社分别从悉尼和蒙特卡洛发出消息，说北京市副市长于8月31日在北京接受了澳大利亚特别广播公司电视台的采访。还说，如果因美国国会的阻挠而使北京申办失败，中国要抵制1996年亚特兰大奥运会加以报复。

事后了解，8月31日澳大利亚记者采访了时任北京市副市长，其对美国国会明目张胆地违反奥林匹克原则、干涉中国人民申办奥运会的权利，表达了十分愤慨的心情与个人观点："我们完全有理由对美国进行报复，但我们不会那样做，因为我们一贯支持奥林匹克运动。"澳大利亚记者把这段讲话掐头去尾地改变，在蒙特卡洛申奥表决前夕播出，并且把内容事先透露给西方各大通讯社，其真实动机就是在临近主办城市表决之时，突然投下重磅新闻而混淆视听，使北京措手不及地陷入混乱，而难以在短暂时机内具有扭转之力。

中国代表团知道这件事后，马上安排新闻发布会，对此事进行澄清。“抵制风波”虽然已经顺利被中国申奥代表团澄清了，但是它是否将对奥运会申办的表决带来很大的消极影响呢？应该说，在一定程度上，对北京造成了不利影响。

这件事给了我们一个教训：在大项目决赛阶段，我们不要擅自接受任何媒体的采访，不要允许大项目组织的任何人擅自发表任何观点而授人以柄和抓小辫子，防止竞争对手利用任何可乘之机编造谎言，因此，我们要对媒体采访和信息传播进行统一管理。而这正是大项目营销中的整合营销内容。但是，许多大项目团队的整合营销做得并不好，引起客户的疑惑和怀疑，逐步失去了客户信任，最终丢掉了项目。那么，什么是整合营销呢？

整合营销是以项目赢为最终目标，建立健康的项目生态体系，在项目的每一个阶段、每一次接触、每一个客户地点，面对不同的客户人员，传递一致的理解和递进的信息，整合各类资源，协同各类手段，产生循序渐进的冲击力，发挥最大的合力，为客户创造最佳价值，赢得客户满意，取得最佳竞争力。

有时候，在最后关键时刻发生被“冤枉打击”是坏事情，也是好事情，关键在于你是否能够抓住有利时机将坏事情变成好事情，暴露“始作俑者”，利用“悲情牌”解决“燃眉之急”，增强自己的优势。令人惋惜的是，北京并没有抓住这次机会向幕后的竞争对手进行反击，也没有利用舆论机器对自己的“冤情和悲情”进行宣传，进而赢得更多人的同情和支持。

可以说，“抵制风波”已经顺利被北京奥运代表团给予及时澄清了，挡在北京申奥路上的“大石头”被移开了。但是，北京没有意识到更大危机又来临了，另外一个更大的危机已经在幕后上演，更大“阻碍”已经挡住了北京冲击奥运会的目标，而北京对此毫无准备和毫无知晓，并在这次将不得不“中招”，因为这次是竞争对手背地里悄悄进行的，这件事情直到 6 年之后才被发现。

到底发生了什么事情呢？是谁造成了“阻碍”呢？

北京被竞争对手发起的“贿赂门事情”毒害了，贿赂门事情直到 6 年之后才被发现。在 2000 年奥运会主办城市的投票前夕，澳大利亚的一位官员以 7 万美金收买了非洲两个国家的委员，这两位非洲国家的代表原本要支持中国申办奥运，但是，支持北京的板上钉钉的这两票却不翼而飞了。北京遭到了非法竞争黑手，北京对这些情况却一无所知，这都是在暗地里实现的，而这关键两票的流失将会使北京失去奥运会主办权。这件事告诉我们，在大项目过程中，我们既要重视“明枪”，还要对“暗箭”明察秋毫。

1993 年 9 月 23 日，各申办城市进入了最后一天的决战时刻。在决战时刻，各申办城市要进行“最后讲标”，也就是申请陈述。申请陈述是各申办城市最后正式亮相表演的时刻。表演的技术和效果决定了最终的成败。陈述演讲相当于大项目营销中的方案演讲和产品演示。各个竞争对手顺序登场，将自己的亮点展示出来。如果展示的好，将会“一讲定乾坤”。

柏林、悉尼、曼彻斯特、北京和伊斯坦布尔是申办2000年奥运会的五个城市，这五个城市开始依次上场表演，谁表演的好，谁将赢得最后最热烈的掌声。

第一个开始陈述的是柏林。国际奥委会的德国委员介绍柏林代表团的成员。然后由柏林市长表达了推倒柏林墙后的德国以及奥运会在统一后的柏林举办的政治意义。紧接着播放了电视短片，其以东西柏林的分隔、柏林墙的竖立和推倒开始，然后详细介绍了城市面貌。随后是柏林奥运会申办公司的总经理和奔驰汽车公司总裁先后发言，分别介绍柏林文化、体育等设施。著名网球女运动员做了的简短讲话。之后播放介绍奥运场地设施的电视片。另一名曾经是奥运会击剑金牌获得者的德国委员，专门介绍柏林为运动员准备的比赛环境和条件。一位年仅15岁曾经巴塞罗那奥运会上获得游泳比赛金牌的女运动员最后登场。她欢迎全世界运动员到柏林。陈述报告的最后部分是以比赛胜利后的欢乐为主题的短片。整个陈述报告深刻表达了东西德的分裂和重新统一、奥运会在这样的国家举办所含有的巨大和平与政治进步意义。

悉尼是第二个作陈述报告的城市。国际奥委会两名澳大利亚委员之一走上讲台。开始先播放介绍悉尼风光的短片。悉尼风光的短片策划得非常好，很有吸引力，让人留连忘返。随后，他强调澳大利亚的奥林匹克传统，澳大利亚是少数几个从未间断地参加过历届奥运会的国家之一，而这次是他们连续第三次申请举办奥运会。悉尼保证将为参赛运动员提供最好的条件。接着一名奥运会游泳冠军上台演讲，她强调悉尼奥运会将非常重视运动员的自由、安全和舒适。随后一个11岁的女学生上台了，她以天真烂漫的气质表达了澳大利亚少年儿童希望看到奥运会在他们国家举办的渴望和憧憬，并抛出一个观点，奥运会的举办应该有利于促进世界未来的环境保护。这是悉尼提出的差异化竞争理念。随后，澳大利亚总理进行了颇具煽动力的陈述。他强调悉尼的申办得到了全体澳大利亚人的支持。他指出在即将来临的世纪中亚洲和太平洋地区将发挥日益巨大的作用，而澳大利亚正属于这一地区。澳大利亚具有非常良好的奥林匹克传统，并且一定保证奥运会的安全。澳大利亚总理夫人也到会讲话。夫人说自己是荷兰移民，在澳定居已20年。她以亲身经历说明澳大利亚是一个开放、包容、多元文化的国家。申办委员会总裁最后上台讲话。在此，我们可以看到，悉尼陈述报告是经过充分而细致准备的，悉尼在全方位突出自己的优势亮点：政府的充分重视，奥林匹克传统的弘扬，第三次申办，社会稳定，注重环境保护，多元文化，以运动员需求为中心等等。在悉尼陈述后，有4名委员进行了提问，主要涉及开幕式及闭幕式运动员的座位、文化节目的安排、对各参赛国的援助等。

第三个做陈述报告的是曼彻斯特。英国首相亲自来到现场，表达英国最高层的重视，期望赢得更多的支持。英国首相的讲话也很有吸引力。他首先宣称自己是体育迷，强调英国全力支持奥林匹克运动，他也强调为促使联合国网开一面允许南斯拉夫运动员参加巴塞罗那第 25 届奥运会，英国做出了特殊的贡献。英国的两名女性奥委会委员都参加了陈述报告，随后苏格兰风笛手和一班身穿古老盛装的吹鼓手在会场内进行了表演。曼彻斯特委员会的主席以“你们可以信赖我们”作为他陈述报告的结束语。报告后，也有 4 名委员提出了几个问题。

当天下午 2 时 30 分，北京申办城市代表团在国际奥委会第 101 次全会上做陈述报告。北京的陈述以国家主席的电视致意开始。中国人民真诚地期望北京市能获得举办第 27 届奥运会的荣誉，为人类社会迈向和平、友谊、进步的新世纪做出自己的贡献。接着是北京奥申委主席讲话，他着重从中国人民崇尚和热爱奥林匹克精神角度，描述了全国人民的强烈愿望。这个愿望是通过举办奥运会，增进同各国人民的友谊与合作，携手进入新的世纪并普及奥林匹克运动，把它推向一个新的阶段。接着播放的录像片介绍了北京悠久的历史、中国灿烂的文化以及第 11 届亚运会等盛大体育活动等。随后奥申委体育主任强调北京为各国运动员准备的比赛和生活条件，并为此播放了短片。这以后是副总理代表中国政府郑重保证财政上的全力支持、所有参加者的安全保障、记者的自由采访等。北京代表团的陈述结束后，5 个委员和 4 个单项国际组织的主席提了问题。北京被提问的问题最多，这也从侧面说明了许多奥委会委员对北京的兴趣和关注。

伊斯坦布尔做最后申奥申述。伊斯坦布尔是一个人口众多而美丽的城市，伊斯坦布尔具有悠久的历史风貌和人文景观；同时，伊斯坦布尔具有独特的地理位置，横跨亚欧大陆，是东西方的交汇点，奥运会在伊斯坦布尔举办将是穆斯林世界的第一次奥运盛会。这是伊斯坦布尔申奥的最大亮点之一，如果伊斯坦布尔成功，将成为奥运会将第一次同时在两个大洲(欧洲和亚洲)举办，也将第一次在以穆斯林人口为主体的国家举办。为此，土耳其政府承诺将在财政、基础设施、安全等方面提供强大的支持来保证奥运会成功。

在各个城市完成申请陈述后，奥委会委员投票时刻终于来临了。所有的投票采用秘密无记名方式。当天的投票出人意料的激烈，一共进行了四轮投票。在第一轮投票中，伊斯坦布尔仅得 7 票而被淘汰出局。在第二轮投票中，德国的柏林被淘汰。在第三轮投票中，北京、悉尼和英国的曼彻斯特三个城市的得票数分别为 40、37 和 11 票，曼彻斯特被淘汰。在前三轮投票中，北京的得票数分别为 32、37 和 40 票，一直处于遥遥领先地位。在第四轮决赛时，只剩下北京与悉尼。北京能否继续领先进而奠定胜势呢?

尽管在最后冲刺阶段，北京曾一路领先，但是，最后北京得到 43 票，悉尼得到 45 票。很遗憾，北京仅以两票之差丧失了 2000 年奥运会举办权，没有成为最后的胜利者。

教训分析：

面对眼看到手的胜利，到底什么使北京在最后决胜局痛失机遇呢？北京在哪里犯了错呢？

总的来说，北京准备较为充足，但是北京风险忧患意识差，对形势估计得过于乐观，进而麻痹大意，对决战的激烈性、困难性和风险性估计不足。北京没有必胜把握，却抱着侥幸心理，忽略了很多隐藏的问题。

第一，本来板上钉钉的两票却不翼而飞。据知，埃及代表和中国关系很好，表示参加投票支持中国的，但临行前身体抱病没有参加。保加利亚代表要投中国票的，但保加利亚政局变化，这位代表受到牵连，没能参加投票。

第二，对决胜局的支持票数过于乐观。北京显然对秘密投票和每轮投票后的新投票流向估计不足，并没有依次做好充分准备去应对“变数”。原本收入囊中的票可能出现风险。最有竞争能力的申奥城市是北京和悉尼。北京的主要支持者是亚、非、拉美第三世界的委员，这三大洲共有46名委员，其中大部分将支持北京。此外，还会有部分欧洲及北美委员支持北京。悉尼的主要支持者是欧、美、大洋洲的委员，但这些人也不一定是悉尼的坚定支持者。北京要获胜，必须拿下第三轮投票，否则，进入第四轮时，北京将处于胜负难辨的境地，北京与悉尼的票数将很接近。在曼彻斯特被淘汰后，原来支持曼彻斯特的欧美票中的大部分都转向支持了悉尼。悉尼在最后一轮投票比上一轮投票多赢得了8票，而北京在最后一轮投票比上一轮投票只多赢得了3票。显然，北京的工作并没有做到位，北京没有对投票流向进行准确预测，也没有对“新变动票”进行相应的“公关”。

第三，客观现实的差距。首先，北京对大国政治较量的激烈性准备不足，在最后冲刺阶段，一些国家利用人权等手段对北京进行了攻击，即使都已经顺利“摆平”，但是依然造成了消极影响。其次，北京对奥运会的需求分析不到位。如北京在交通、通信等方面还面临着诸多难题，而当时北京的空气质量与悉尼相比确实有差距。再者，北京宣传造势方式落后。北京过于渲染城市的古老历史和悠久文化，却相对忽略了奥运会文化和文明。最后，悉尼有的放矢击中北京的软肋。悉尼把北京作为最大的竞争对手，针对北京刻意设计了差异化的竞争亮点，准备工作十分充足和具有针对性，不但在运动场馆和运动员食宿等方面具有出色、系统的规划，在环境保护上也做了大量“精雕细琢”的工作，吸引了国际奥委会官员眼球，赢得了国际奥委会的认可。

2000年的申奥之梦壮志未酬，但是，北京的申奥梦依旧，北京并没有灰心丧气，没有停息前进的脚步。北京为下一次申奥积蓄新的制胜力量，终于在2001年7月13日18时11分，如愿以偿地赢得了2008年第29届奥运会的主办权。

北京是如何取得成功的？其中包含什么秘密呢？哪些经验值得我们学习呢？

请见本书第 3 章的案例：北京赢得 2008 年奥运会主办权，隐藏了哪些鲜为人知的大项目营销之道？

自我检测

依据本章的内容，请进行自我检测和自我反思，分析优劣势和差距。依据本章的内容，进行实际应用的分析与思考。

休闲时光

该休息一会了！

大项目成败，容易让人患得患失、耿耿于怀、情绪起伏、心情沉重。但是，平和的心，谦逊地认知自己，快速总结经验教训，快速走出失败阴影，是非常重要的。

第3章

大项目营销的概念与模式

3.1 什么是大项目营销?

3.2 大项目营销有哪些特点?

3.3 大项目营销与产品营销到底有何不同?

3.4 为什么用一般产品营销的方法去竞争大项目会落败?

3.5 从产品营销到大项目营销转型升级。

3.6 案例：ERP项目销售面临的问题。

3.7 大项目营销模式决定竞争成败。

3.8 大项目营销模式(DLVD、PDPC、TDPC、LIPW和PSGI)。

3.9 案例：北京赢得2008年奥运会主办权，隐藏了哪些鲜为人知的大项目营销之道?

大项目营销与产品营销是完全不同的。

用产品营销的方法去做大项目营销，可能会犯简单、粗放、不专业、不适宜的错误，成功几率很低。

现实中，许多公司的大项目营销做得不很理想，项目团队的思维模式、咨询和销售的运作模式落后，还处于产品营销或者准项目营销层次，大项目营销的绩效提升空间非常大。

要取得大项目营销的成功，就要建立并升级大项目营销模式，提升大项目营销能力，培养大项目营销人才，开发大项目营销技术。

大项目竞争是模式与模式的竞争。如果你的大项目运作模式是落后的，那么即使团队工作很忙很累，也可能是白白浪费资源。

有时，大项目还没有开始，胜负已有定数。只有在机制和模式上更加科学、更加有效，才能持续脱颖而出。

3.1　什么是大项目营销?

要了解大项目营销，首先要了解大项目的概念。那么，什么是大项目?

人生面对的难题、重大商业机会、重大工程、大型商品销售、大额贸易、重大矛盾与争议、重大矛盾与冲突管控、重大误解和冤屈的正面公关、核心利益谈判、商务谈判、外交谈判、国际合作、风险及危机公关、大型贸易、大型招投标、国家间交往、国家间合纵连横、总统竞选等，都是一个个大项目。

如何破解这些难题?如何把控和赢得重大商业或外交机会等?如何得到更好的结果?如何推动代表正义事业的大项目取得成功?这都是我们面临的大项目。

我们平常遇到事情或问题时候，往往是粗放型处理模式，没有系统化、精细化、深谋远虑的大项目营销思维，跟着感觉走，临时想到哪里就思考到哪里，事情干到哪里就思考到哪里，自己醒悟到什么程度就解决到什么程度，不能提前想通问题。这会导致大项目结局并不一定特别理想，并且大项目过程也不一定顺利，大项目运作成本增加，大项目运作时间周期加长，大项目问题顾此失彼。

如何才能做好大项目营销呢?

要做好大项目营销，让我们首先探讨大项目营销的概念。

什么是大项目营销呢?

大项目营销是需求营销、价值营销、人性管理、心理营销、差异化营销、接触管理、团队营销、关系营销、方案营销、产品演示、整合营销、精益营销和过程营销。本书将详细探讨这部分内容。

做好大项目营销，就要从以上多方面强化管理，培育实力。因此，大项目营销是实力营销。大项目营销不仅需要营销本身的实力，还需要营销背后的大项目交付能力的实力。

尽管本书从大项目营销的角度告诉大家如何淋漓尽致地将自己的实力与客户的系统需求对接，在这里，我们需要注意的是，大项目营销是将自己的能力与优势，恰如其分地表现出来，而不是夸张，也不是拙于表现。当然表现既是一门科学，也是一门艺术。但这种科学与艺术发挥的前提是恰如其分，也就是客观与诚实。因此，我们绝对不能应用忽悠和欺诈的手段争取大项目，否则，会弄巧成拙。

要赢得一个大项目，我们不仅要有出色的大项目营销能力，还要有与大项目营销能力相匹配对等的大项目交付能力(含售后服务能力)作为支撑。大项目交付能力是大项目营销之后的落地能力。没有大项目交付能力这种真正的实力，就没有真正的以此实力为基础的大项目营销!

当然，只有大项目交付能力，而缺乏相应的大项目营销能力时，大项目交付能力只是水中月和镜中花，大项目交付能力很难有用武之地，大项目交付能力的施展空间就会大打折扣。

大项目营销能力与大项目交付能力是两种不同的能力。两种能力相互促进、相互作用，形成递进的良性循环，不断产生越来越强的生命力。

虽然大项目营销是实力营销，但是，大项目营销并不是只有最强的实力(如大项目交付能力)才能获胜。

大项目营销是一种智慧，是以弱胜强、以少胜多、以柔克刚、转危为安、以"多赢"胜"自私"、以"合"胜"竞争"、以"美德"胜"邪术"、反败为胜、强者更强的智慧。关键在于我们是否拥有和掌握了这种智慧？我们是否具有这种本领呢？我们从哪里找到这种本领呢？

下面，我们从另外一个角度探讨大项目营销的概念。

在大项目营销中，我们要为客户服务。只有我们的服务让客户满意，我们才有希望赢得大项目。

但是，谁是我们的客户呢？

在大项目中，客户已经不是单一用户的概念，而是一个群体的利益相关者概念。客户一般包括选型决策团队、投资方、合作方、大项目实施团队、大项目运营团队、大项目最终使用方、大项目最终用户等利益相关者。有时候，这些客户角色是重叠或交叉的。

从实质上说，每个大项目本身是一个价值创造的过程，我们可以将大项目视为一个整体的价值链，我们称之为"大项目价值链"。"大项目价值链"与"大项目营销价值链"是不同的。

"大项目价值链"是以大项目产出物和大项目的最终客户的服务为终极目标，建立大项目的输入、价值生产、产出物输出及服务的整个价值创造流程。大项目价值链一般主要由客户运作和管理。

"大项目营销价值链"是以大项目赢为终极目标，建立有助于赢得大项目的价值创造链。大项目营销价值链一般主要由投标方或营销方及合作伙伴组成并运作。大项目营销价值链主要由"客户价值链、阶段控制链、项目保障链、持续赢利链"组成。这是大项目营销模式的重要组成部分。本书将在以下章节详细探讨有关内容。

与"大项目价值链"和"大项目营销价值链"分别相对应的是"大项目利益相关者"和"大

项目营销利益相关者”。“大项目利益相关者”和“大项目营销利益相关者”是不同的，我们要进行区分。“大项目利益相关者”是只涉及大项目价值链的利益相关者。“大项目营销利益相关者”是与大项目营销价值链相关的利益相关者。

大项目营销不能只是重视选型决策团队，还要让大项目价值链上的所有“客户”都能满意。这个“客户”就是大项目价值链上的各利益相关者。这正是大项目营销价值链需要关注的内容。

举例 1　以奥运会申办为例，奥运会申办不仅要重视国际奥委会，还要重视选票决定者，更要重视奥运会中的运动员、裁判、观众、各国政府官员中的直接参与者、记者、服务人员、志愿者、其他参与者的需求。只有奥运会中的各利益相关者的需求都能满足，奥运会申办方案才是及格的。

举例 2　以爱情与婚姻为例。爱情与婚姻是我们一生中最重要的大项目之一。我们不仅要在恋爱阶段使爱人钟情，还要让爱人的父母和亲戚也要钟情。如果只有自己的爱人满意，而爱人的父母和亲戚都极力反对，或者在婚姻的过程中，忽视了爱人的父母和亲戚的需求，反过来，自己的爱人也会承受重大的压力，最终影响婚姻的幸福。

举例 3　以一个大型设备的销售为例，卖方、卖方的供应商、大型设备的买方、买方的原料或配件供应商、大项目实施方、买方外部的产品使用用户等都是利益相关者。而大型设备的买方还可细分为买方内部的选型决策团队、买方内部的项目运营管理团队、买方内部的使用客户等。

举例 4　以地区冲突的外交和平谈判为例，直接冲突方是核心利益相关者，而在核心利益相关者的背后和周围还可能有支持方和间接利益相关者。核心利益相关者也是由决策团队、外交谈判团队、执行团队、参谋团队、直接冲突方的现场人员等组成的。

总之，一个大项目是由各利益相关者组成的。各利益相关者形成了大项目价值链。各利益相关者在大项目价值链上和大项目营销过程中所扮演的角色、利益诉求、权利等是不同的，也可能随着大项目进程在不断发生变化。我们绝对不能只顾去公关选型决策团队，而应该寻找让各利益相关者都能接受或满意的解决方案。只有这样，大项目营销才会带来美好的未来。

因此，大项目营销是关于大项目背后寓意的价值链的营销，是关于各利益相关者的营销，是各利益相关者共同经历的一个心理升级历程，是各利益相关者认识、碰撞、磨合、理解、觉悟、共识不断达成的过程。

让我们再来总结一下大项目营销的概念。

大项目营销是以大项目赢为终极目标，识别和遵循大项目运作规律，建立大项目所涉及的各利益相关者共赢的大项目生态系统，充分发挥各利益相关者价值，紧紧围绕大项目的机会及需求启动、可行性研究分析、立项、决策、谈判、共识或签约等活动，采取一系

列的营销策略、程序、方法及行动等，系统洞悉需求，找到适宜的解决方案，创造最独特和最佳价值，最终赢得大项目的过程。

对于招投标等竞争性项目来说，大项目营销追求的是，以大项目需求为中心，创造性解决问题和创新最佳价值，找到各利益相关者均能接受或满意的解决方案，全心全意为大项目负责和服务，扎扎实实将要做的事情做好和做完美，用爱心、美德和专业能力等让各利益相关者舒心和放心，用合法、合规和合适的方式，有实力让各利益相关者和最终决策者相信：我更有好的解决方案、更有能力、更有独特价值和更好地完成大项目所赋予的使命，真正实现大项目落地成功。或者，与我合作的风险最小、利益最能得到保证或利益最大、交付能力最强。

如果我们能够做到以上大项目营销概念所寓意的内涵，那么，大项目及大项目营销的未来是持久灿烂的。从这个意义上说，**大项目营销不是眼前的临时权宜之计，而是面对未来的营销。它应该是面向长远未来的、非自私自利的、造福大多数利益相关者、解决重大瓶颈及困难、推动大项目正向进步、可持续发展的、无副作用或极小副作用的文明营销。**

但是，文明营销的前提条件是不能对“非文明的大项目”进行营销。为此，本书中的大项目是指具有“正义”价值的事业等。即使有的大项目很让你赚钱，但是，如果这个大项目对人类及世界等是非正义的，请一定放弃，因为恶因结出恶果。即使侥幸赢得这个大项目，你将失去得更多。我们在翻开本书之时，要树立正义之心，不要有赚取任何不义之财的一丝想法。从这个角度来说，**大项目营销是帮助客户建立与壮大“正义事业”的过程。**

当有的人看到这里时候，不以为然，认为只要赚钱和大项目赢，什么都敢干。请你注意：你错了。在人的一生中，坚持正义的事比什么都重要。我奉劝大家：**非义之财，君分毫莫取；非义之赢，是短视而必败的。**本书也与“不择手段地追求不义之财”无缘。如果没有正义的发心，即使试图学习了本书的一些方法，也只会加速你的失败或最终自食其恶果，那是因为“非正义的种子只会长出腐烂的果实”。**善因才能得善果，要赢得大项目，首先要赢得“正义”。“正义”才是大项目赢的最稳固根基，否则，非正义的大项目营销就是必将坍塌的空中楼阁。**

3.2　大项目营销有哪些特点?

大项目营销与产品营销是不同的。

产品营销是以产品为中心的营销，是传统营销，是普通的市场推广和产品销售，是以普通产品为主的宣传、推广与销售，这里的产品主要指可以看得见、摸得着的有形低价产品。销售人员经过短期培训就能充分掌握产品的操作、功能等，客户一般经过产品演示就可以做出购买决策。产品营销一般采取广告、店面与销售人员结合的方式。在产品销售中，客户对自己的需求清楚；客户购买的方式一般采用电话咨询或上门采购，购买决策人少，只涉及单一部门，客户购买过程简单，时间短；客户由购买产品到运行所需的时间短；销售的方式一般为商场、超市、店面门市、网购、电话销售等；销售技巧采用导购、推销、广告等基本销售技巧，大部分产品是购买者自己直接选择等。

那么，大项目营销具有什么特点呢?

在大项目营销中，客户方项目需求复杂，需求范围涉及多个部门，对交付的产品和服务有特殊复杂要求，因此特别需要以用户的角度考虑如何解决用户的需求，对客户的销售并不是简单地销售产品，而是一个提供解决方案的销售过程。

在大项目营销中，许多是以产品为起点的，如政府大批量采购计算机、软件等，因为数目和交易额大，因此，可以将此类产品营销视为大项目营销。

在大项目营销中，项目投资较大，项目决策需要高层和中层等跨部门人员参与，项目决策过程、流程长而复杂，项目周期一般都较长。因此，大项目营销需要与客户建立长期和广泛的关系，它是一个营销团队对另外一个采购决策团队的销售，销售方是向一个采购决策委员会进行销售。

大项目营销往往是解决方案的销售，客户对自己的需求不一定清楚；客户购买的方式一般为招标选择；客户对项目成本预算较高；客户购买过程复杂，时间长；影响客户的层面涉及多部门甚至整个组织；购买决策人多；客户要求供应商提供个性化解决方案、项目实施服务、高层重视与关怀；销售技巧需要基本的销售技巧、专业知识、分析策划、执行能力及自我管理的素质；需要帮助客户确认需求，设计个性化解决方案并满足需求，帮助客户实施项目并获得成功。

产品营销与大项目营销的运作过程是不同的。大项目营销更复杂，是团队销售。正因为是大项目，涉及知识面广、销售周期长，需要专业人员和销售人员共同组成团队协同工作。售前顾问和销售人员角色分工清晰。销售人员一般主要负责识别和发展潜在用户、建立联系、发展关系；而售前咨询顾问一般负责进行需求调研，对用户进行方案营销。售前顾问是大项目营销中非常关键的角色，大项目营销过程需要售前顾问对销售人员进行持续支持。

大项目营销基本是顾问式销售，是专家型销售、咨询式销售、解决方案式销售。大项目营销不同于产品推销的说服购买，而是提供帮助客户解决问题的咨询服务。

大项目营销是销售和顾问的配合，更需要双方多层次的知识和经验。大项目对销售人员和售前顾问要求非常高，需要他们在知识结构、经验结构、能力和实际运作能力上有丰富的积累，而优秀销售人员和售前顾问的培养和成长也是一个系统的、循序渐进的过程，销售人员和售前顾问的能力成长与转型需要很长时间。

3.3 大项目营销与产品营销到底有何不同？

下面我们就来梳理一下，产品营销与大项目营销到底有何不同，如表 3 – 1 所示。

表 3 – 1 产品营销与大项目营销的区别

	产品营销	大项目营销
对象	产品	项目
价值	价格低，购买金额少	购买金额大
销售方式	产品推销	方案营销
市场方式	以产品广告、品牌宣传为主，进行大量的产品广告宣传等	以项目和解决方案为主，不侧重过多宣传
交付产品的方式	侧重于有形产品	包括无形产品、服务、有形产品
主要内容	交易式销售； 产品知识很重要； 现场引导说服客户很重要； 快速、顺畅交易； 客户容易多次重复购买	咨询式销售； 专业内容、诊断式咨询服务最重要； 要明晰项目所涉及的产品，还要深入理解客户的需求； 需要为客户提供量身定做的解决方案

（续表）

	产品营销	大项目营销
与客户关系	短期、局部	长期、广泛、高层关系非常重要
销售需要的人员	产品营销，销售人员单独就可以完成产品介绍和演示	顾问式销售，需要专业顾问和销售人员配合
客户决策过程	客户一般经过产品演示和介绍就可以做出购买决策； 客户个人决策成分大； 客户决策往往受价格和产品功能影响大	一般经过方案讲标、产品演示等多轮多层次接触和宣讲才做出购买决策； 客户决策为团队决策，由多位决策者、技术专家和影响者组成
客户对自己需求的清晰度	客户对自己的需求清楚； 即使不清晰，通过简单引导，客户就清晰需求了	客户对自己的需求不清楚； 客户需求复杂，往往需要多次论证
销售周期	短	长
内部支持客户	不一定有	必须有
顾客购买决定	决策者少	有多层次决策者
顾客购买过程	简单	复杂
销售队伍	个人型销售	团队型销售
二次销售机会	有，对于易耗品可以实现重复购买	一般为一次性购买； 需求的持续升级和扩展会带来二次销售机会
销售重点	产品功能	对客户需求和客户的经营
与客户高层的沟通能力	一般不需要	需要较强的客户高层领导沟通能力、影响能力、引导能力
对销售组织的要求	一般销售人员就可以； 在零售终端，有的只需要直销员	团队营销； 需要销售人员、售前顾问、团队领导的配合
复杂程度	简单	复杂

3.4 为什么用一般产品营销的方法去竞争大项目会落败？

一个大项目营销的成功，涉及的因素远远超过简单的产品营销。

一般来说，产品营销的路线图只有三个步骤：识别客户——产品展示——成交。

而大项目营销则需要经过：识别客户、需求启动、项目立项选型、商务谈判等阶段，每一个阶段又包含多层次的活动。

用产品营销的套路去做大项目营销，就会犯简单思维的错误，很难较好地把握商机和客户复杂的需求，并赢得客户的最终信任。

3.5 从产品营销到大项目营销转型升级

在许多企业，产品营销做得很出色。但是，随着企业的发展，产品结构开始升级，产品由原来的功能简单、价格低、即装即用的产品，转型为功能复杂、价格高、交付周期长、需要多专家现场服务的产品，这时候就需要大项目营销能力了。

如果企业还是沿用原有产品营销的模式去推动大项目运作，效果就会很差，必须实现从产品营销模式向大项目营销运作模式的升级，才能取得成功，如图 3－1 所示。

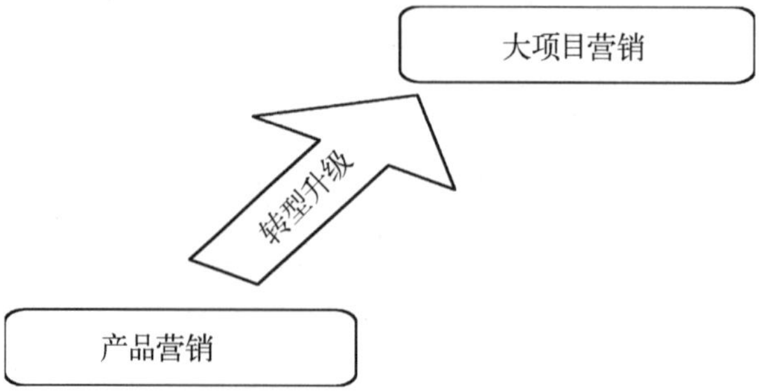

图 3－1 转型升级

我们要转变运作模式，原有的产品营销运作体系、产品营销模式和竞争模式需要转型，需要转变为大项目营销运作模式。

3.6　案例：ERP 软件销售面临的问题

A 公司是一家 ERP 软件公司，为企业提供企业管理软件的开发、咨询、实施等服务。A 公司发展到今天，在许多方面已经很成功，但是也走入了一些误区。他们已经习惯了随意和粗放型的打法，在销售竞争之中，由于很多竞争对手也处于同一层次，故而销售易陷入胶着状态。此时唯有凭人海战术"盯"单，而这又造成了成本的大幅度上升。

A 公司的总经理 L 认为："ERP 软件竞争太激烈了！许多分公司连续几年大项目营销占总签单数量比例总是很低。同时，随着经济危机的影响，许多企业推迟和取消了 ERP 购买计划，令销售收入一直呈下降趋势"。

经过实地调研考察，我们发现 A 公司主要存在三方面问题：第一，A 公司原来以营销财务核算软件为主，财务核算软件是一种标准化软件，属于产品型销售。经过几年的发展，产品由单一财务核算软件发展为以复杂财务管理、生产制造、供应链管理为主的软件。现在的销售方式以项目销售为主，但该公司的销售人员有一部分还停留在产品销售层次，资源配置也是基于产品销售。销售人员从产品型销售向大项目营销转型并不是一朝一夕就能完成的，能力转型需要知识经验等的积累和沉淀。第二，该公司虽然已经意识到大项目运作的必要性，但是其大项目运作意识、大项目运作模式非常落后，这也决定了他们目前的绩效结果。如果项目运作内在机制不变，销售业绩不可能大幅增长。即使增长了，也伴随着成本的大幅度上升，有时候增长越快，危机越大。第三，业绩突出的销售人员，大部分是深谙大项目营销技巧的人员。但是，随着业内竞争的发展，大项目竞争模式趋于同质化，其也很难脱颖而出，最后比拼的还是价格。从而造成了项目报价低、需求复杂、实施成本高，虽然抢了单，但却不能盈利的状况。

这些问题令 A 公司很苦恼，如何摆脱目前困境呢？哪里是突破点呢？

启示：

营销如逆水行舟，不进则退。有时，竞争还没有开始，胜负就已经决定了！销售模式存在问题，会导致销售业绩的滑坡。有没有一个方法，确保我们"既前进又不后退"，让我们"一劳永逸"？没有！

A公司需要从产品销售模式升级到大项目营销模式，原有的咨询模式、销售模式和竞争模式需要转变和升级。企业要取得大项目营销的成功，需要大幅度提升大项目营销能力，培养大项目营销人才，完善和创新大项目营销技术。

经济危机会使客户需求发生波动，客户需求的关注点也会发生变化，许多项目会被推迟或取消，大项目营销模式也要随着客户经济状况的波动而变化，要学会与客户同舟共济，更加关注客户需求的转移，更加有针对性、时宜性地提供精细化的解决方案。

对于以大项目营销为主的组织来说，大项目营销模式必须不断升级，不断精细化和系统化，才能保证业绩的持续提升。

3.7 大项目营销模式决定竞争成败

对于项目运作型组织，发展到一定程度后，或多或少都会遇到成长瓶颈，此时再上一个台阶是很难的。

大项目运作是一门艺术，涉及的因素较多，我们需要在需求调研、客户拜访、讲标、方案设计、商务谈判、关系发展等各个方面加强项目运作能力，科学设计各个环节的运作。

大项目营销竞争是模式与模式的比拼，需要不断评估和研究领先模式，不断整合流程、思维、行为模式。

在大项目营销时，只有在机制和体系更加科学、更加有效的前提下，我们才能持续脱颖而出。只有操作体系、销售模式、售前模式、方案理念、项目运作理念在整个领域或行业都能领先的情况下，成功几率才会高。

对此，我们需要反思以下内容：

(1)大项目的一线销售和咨询现状如何？

(2)我们存在哪些问题和发展瓶颈？

(3)我们现在的大项目运作模式是什么？

(4)什么是成功的大项目运作模式？

(5)决定大项目成功的关键因素是什么？

(6)项目阶段管理是否细化？

(7)与竞争对手比较如何？

(8)项目涉及的关键因素有哪些?

(9)在我们的项目体系中，哪个环节哪个元素占据竞争的最高点?

(10)在我们的项目体系中，项目绩效处于什么水平?

3.8　大项目营销模式（DLVD、PDPC、TDPC、LIPW 和 PSGI）

大项目营销模式是一个复杂的课题，为了能全面而清晰阐释大项目营销模式，我们从不同角度去考察大项目营销模式。大项目营销模式其主要包括客户价值链(DLVD)、阶段控制链(PDPC)、项目保障链(TDPC)、持续赢利链(LIPW)、金字塔构架(PSGI)。

当然，客户价值链(DLVD)、阶段控制链(PDPC)、项目保障链(TDPC)、持续赢利链(LIPW)、金字塔构架(PSGI)，需要紧密集成在一起，形成大项目营销的一体化的集成运作模式。

1. 客户价值链(DLVD)

客户价值链(如图 3 - 2 所示)主要是从客户选型决策的角度去分析、设计、追踪、影响和赢得客户，按照客户选型决策的价值链流程和价值创造来进行大项目营销。

客户价值链主要分为四个过程，它们分别是：需求营销(Demand Marketing)、蓝图设计(Landscape Design)、价值激励(Value Motivation)、差异化证明(Differentiate Proof)，我们将英文单词 Demand、Landscape、Value、Differentiate 的第一个字母组合成 DLVD，称之为客户价值链。如图 3 - 2 所示。

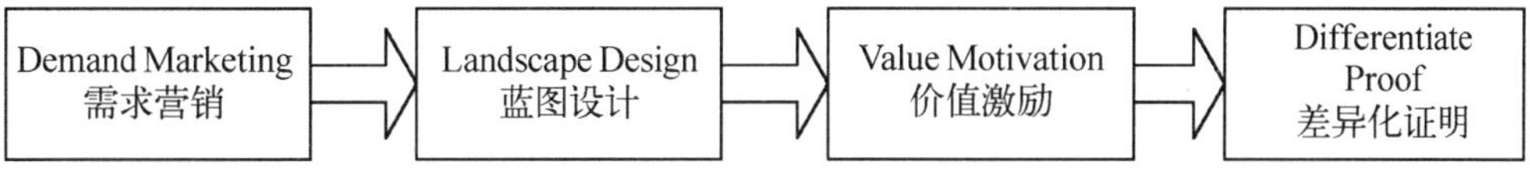

图 3 - 2　客户价值链

需求营销的主要内容在“第 4 章：需求营销是大项目营销的起点”详细论述。

蓝图设计的主要内容分别在“第 12 章：大项目营销的成功支柱——方案营销”“第 13 章：大项目营销的成功支柱——方案演讲”和“第 14 章：大项目营销的成功支柱——产品演示”详细论述。

价值激励的主要内容在“第 5 章：价值营销是大项目营销的核心”详细论述。

差异化证明主要内容在“第 8 章：差异化竞争是大项目营销优势建立的源泉”详细论述。

2. 阶段控制链(PDPC)

阶段控制链是大项目的核心运作过程。阶段控制链(PDPC)主要是从大项目运作的角度，结合客户的采购过程和供应商的销售流程，将大项目营销划分为四个阶段，每个阶段按照目标、任务等进行细分，最终实现大项目的成功营销。

阶段控制链主要分为四个过程，它们分别是：项目准备(Project Preparing)、需求创造(Demand Creating)、项目推进(Project Propelling)、商务签约(Commercial Contracting)，取每个阶段英文的第一个字母，组成为 PDPC，我们称之为阶段控制链。如图 3－3 所示。

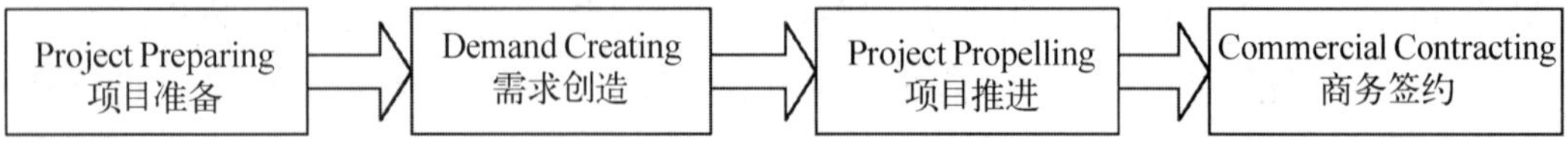

图 3－3　阶段控制链

阶段控制链涉及大项目的具体运作能力与水平，其能力与水平高，则大项目营销的成功几率就大。

项目准备的主要内容在“第 18 章：项目准备阶段管理”详细论述。

需求创造的主要内容在“第 19 章：需求创造阶段管理”详细论述。

项目推进的主要内容在“第 20 章：项目推进阶段管理”详细论述。

商务签约的主要内容在“第 21 章：商务签约阶段管理”详细论述。

3. 项目保障链(TDPC)

项目保障链就是要调动组织内外部的一切力量和要素，保证接触管理的成功。项目保障链(TDPC)也叫我方保障链，主要是从销售方的角度，从项目的特殊关键影响因素的角度，将项目的关键成功因素进行细分，这些关键成功因素都是大项目成功的保障因素，都是不能缺少的。如果做得不好，项目就很难成功。

在项目保障链中，我方保障链的过程主要分为六个主要内容，它们分别是：团队管理(Teamwork management)、竞争地图(Drawing Analysis)、人性管理(Person Nature)、关系促进(Propel Relation)、心理布局(Psychology Layout)、接触管理(Contact Management)，取每个阶段的第一个英文字母，组成为 TDPC，我们称之为项目保障链(或我方保障链)。如图 3－4 所示。

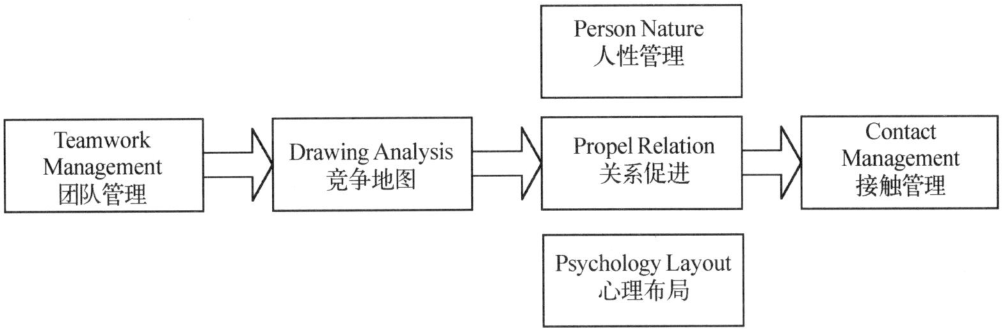

图 3－4　项目保障链

团队管理的主要内容在“第 10 章：大项目营销是团队营销。”详细论述。

竞争地图的主要内容在“第 22 章：如何时行项目状态评估”和“第 23 章：如何进行项目控制”详细论述。

人性管理的主要内容在“第 6 章：人性管理是大项目营销不可忽视的艺术”详细论述。

关系促进的主要内容在“第 11 章：关系营销是大项目营销的保障”详细论述。

心理布局的主要内容在“第 7 章：心理营销是大项目营销的主旋律”详细论述。

接触管理的主要内容在“第 9 章：接触管理是大项目营销的关键”详细论述。

4. 持续赢利链(LIPW)

持续赢利是大项目营销长期追求的理想目标。大项目营销结出累累硕果和持续赢得项目，是非常难以做到的。

持续赢利链(如图 3－5 所示)主要是从销售方的角度，考虑如何建立持续赢利的机制和实现持续赢利成果。赢利主要指共赢和互利。当然，互利包括大项目的盈利。而精益营销的水平、整合营销水平、持续修炼水平和持续赢项目的水平决定了“持续赢利”的水平。

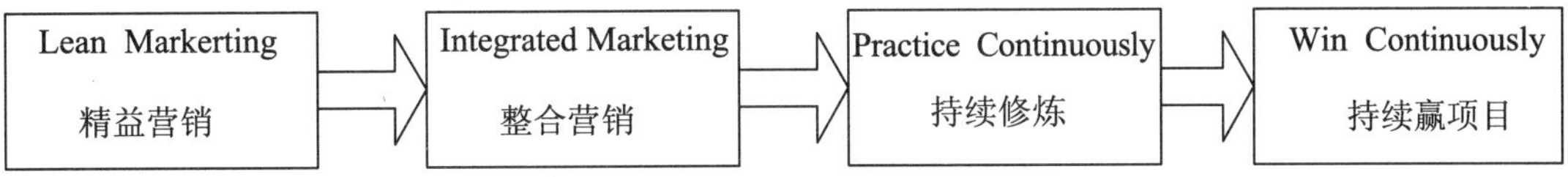

图 3－5　持续赢利链

在持续赢利链中，其主要包括精益营销(Lean Marketing)、整合营销(Integrated Marketing)、持续修炼(Practice Continuously)和持续赢项目(Win Continuously)。取每个阶段的第一个英文字母，组成为 LIPW，我们称之为持续赢利链。

“持续赢项目”描述了赢的资格条件，其决定了赢与败的前提。精益营销和整合营销决定了赢的程度。持续修炼(如大项目营销模式的修炼、销售人员的修炼、大项目生态系统的修炼）决定了赢的时间长短与否。

精益营销的主要内容在“第 16 章 大项目营销是精益营销”详细论述。

整合营销的主要内容在“第 15 章 大项目营销是整合营销”详细论述。

持续修炼的主要内容在“第 3 章 大项目营销的概念与模式”“第 24 章 如何成为最成功的销售人员”“第 26 章 大项目的持续修炼”详细论述。

持续赢项目的主要内容在“第 2 章 为什么不能赢”“第 25 章 只有爱、美德和专业能力才能持续赢得客户”详细论述。

5. 大项目营销模式总构架——金字塔构架模式（PSGI）

大项目营销模式是一个从上到下分解，又从下到上层层支持的立体结构，各级模式形成了一个金字塔构架，金字塔构架主要分为母模式（Parent Mode）、子模式（Sub Mode）、孙模式（Grandson Mode）、个人模式（Individual Mode），取每个阶段的第一个英文字母，组成 PSGI，我们将其称为金字塔构架模式。如图 3－6 所示。

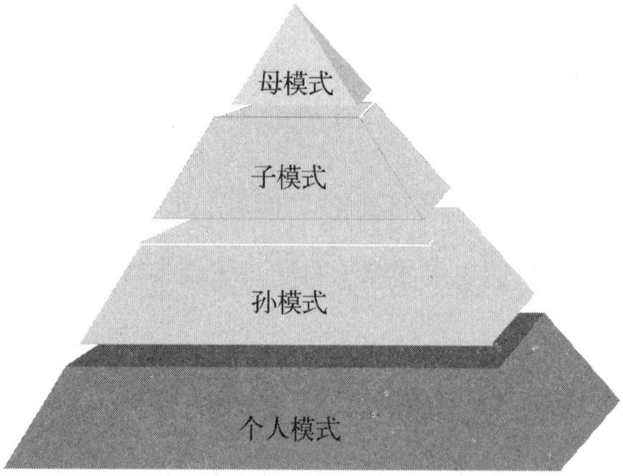

图 3－6 金字塔构架模式

在金字塔的最上层，我们称为顶层构架模式，也称为母模式。

顶层构架模式中的每一个模式都有自己的下级模式，我们称为子模式。

子模式又可以细分为更精细运作的模式，我们称为孙模式。

对于一个单一的独立单位来说，母模式对应项目的战略层；子模式对应项目的管理层；孙模式对应项目的操作层；而对于最底层接触项目一线的人员的行为模式，是个人模式。无论项目的垂直管理层次多高，最终都要落脚到个人模式，个人模式也是影响大项目成功的重要因素。

从大项目运作角度来说，母模式和子模式的规律性、可抽象性和覆盖性更强些，而孙模式因各单位和组织具体情况不同则具有较强的伸缩性和灵活性，因此，本书主要从母模式和子模式进行详细探讨，部分内容涉及孙模式。孙模式需要在实践中进行灵活应变。

顶层构架模式即母模式主要由四个方面组成，即：客户价值链（DLVD）、阶段控制链（PDPC）、项目保障链（TDPC）和持续赢利链（LIPW）。

每一个母模式又可细化为子模式，如客户价值链（DLVD）由需求、蓝图、价值、差异化组成，其中每一个环节又可以细分为子模式，如需求“D”又可以衍生细分为需求模式FIAIM，具体内容将在以后各章节中详细论述。

金字塔构架模式是从一个大项目营销组织自上而下的纵向管理角度来考察的。只有母模式、子模式、孙模式和个人模式都强，大项目营销生命力才是最强大的。而许多大项目营销组织在不同模式层次的能力参差不齐。我们要进行金字塔构架模式的持续修炼，提高大项目营销的总体能力和细节能力。

总之，大项目营销要取得持续成功，必须需要严密、系统、科学、规范的体系，这个体系就是大项目营销模式。

大项目营销模式决定成败。大项目营销模式的严密程度、全面程度、科学程度、规范程度，决定了大项目营销模式的水平高低，进而决定了大项目营销成败的几率的高低。

在大项目营销模式上，需要我们思考的问题如下。

(1)我们的大项目营销是否形成了一定的模式？形成了什么样的模式？

(2)我们的模式在竞争中处于哪个层次水平？

(3)我们的模式中，哪些环节有漏洞和脱节？

(4)我们的大项目竞争是否是最先进的模式？

(5)决定我们大项目成功的因素是什么？

(6)我们的大项目成功模式是什么？

(7)我们是否已经系统地建立了金字塔构架的营销模式？

(8)我们的模式细化到了第几层？最底层模式是否成型？

(9)我们的金字塔模式哪一层最科学、最有效率？

(10)在我们的金字塔模式中，哪个环节、哪个元素占据竞争的最高点？

(11)在我们的金字塔模式中，项目绩效水平处于什么层次？

(12)在我们的金字塔模式中，哪些地方需要改进？如何改进？

3.9 案例：北京赢得2008年奥运会主办权，隐藏了哪些鲜为人知的大项目营销之道？

尽管北京2000年的申奥之梦壮志未酬，但是，北京的申奥之心并没有气馁，终于在2001年7月13日18时11分，北京如愿以偿地赢得了2008年第29届奥运会的主办权。

2008年奥运会申办竞争更加激烈，其第一次申请城市达到十个，而经过国际奥委会第一轮评审后，就初步淘汰了五个，剩下五个具备最终资格的候选城市。这五个候选城市都具有很强的竞争力。它们分别是：北京(中国)、多伦多(加拿大)、巴黎(法国)、大阪(日本)、伊斯坦布尔(土耳其)。

北京是如何逐步脱颖而出而取得最终的胜利的?

下面，让我们一起揭示北京取得2008年第29届奥运会主办权的奥秘。北京在这次申奥中做了精彩绝伦的大项目营销，策划周密，步步为营。北京制胜的奥秘包括16大原因，其主要内容如下。

第一，积极备战，创造和夯实制胜条件。

1993年9月23日申办2000年奥运会失败后，北京并没有急着申办2004年奥运会，而是踏踏实实做好自身失败教训总结，对再次申办奥运进行资格标准和项目形势分析。经过项目形势分析后，为了使“胜算把握度”达到最大，北京决定进行长期备战，积蓄力量，创造和夯实制胜条件，使奥运会资格标准达标和超越，耐心等待和培育制胜时机的成熟。

一直等到五年半后，北京才决定第二次申奥。1999年4月6日，经中国奥委会批准，北京市市长赴瑞士洛桑国际奥委会总部，递交了北京承办2008年奥运会的申请书。北京代表着中国，又一次进入了申奥的新旅程。

北京选准2008年奥运会作为再次申奥时机，是因为中国已经在各个方面有了实质性的改善和进步，中国具备了许多申办优势，具体如下。

(1)政治优势。中国长期实行和平外交政策，在国际社会树立了和平友好、正义负责的形象，赢得了广泛的尊重和友谊，中国国际及国内的政治、外交环境大大改善，许多敌视国家与中国开始友善。

(2)经济优势。中国的经济实力具备举办奥运会的条件。高速发展和日益强盛的中国是夺取申奥胜利的根本保证。中国迅速增强的综合国力和欣欣向荣的发展前景，赢得了世界普遍的认可和信心。

(3)首都发展优势。首都综合经济实力迅速增强、城市面貌日新月异。北京在 6 年内发生了举世瞩目的重大变化，北京的软硬件得到了极大提升，部分达到或超过了举办奥运会标准，且将在 2008 年全部达到举办奥运会标准。

(4)人民支持优势。举办奥运会得到了全体中国人民的热烈渴望和大力支持。

(5)科技发展优势。中国在科技的各个领域取得了有目共睹的进步，比如，中国是在互联网和无线通讯领域发展最快的国家之一。

(6)中国体育发展优势。中国运动员的竞技水平已经逐步提升，并在国际上的许多体育领域有较大影响。

(7)机会优势。自 1988 年奥运会到 2008 年，20 年间没有在亚洲举办过奥运会了，亚洲城市申办奥运会具有很大机会。

第二，国家重视和中央领导的强力支持。

奥运会竞争是国家与国家的竞争，是国家之间大项目营销的比拼。每一个国家的最高领导在竞争中将发挥着重要作用。

国家领导人的支持是北京胜利的坚强后盾。本次申奥自始至终得到了中央和国务院的高度重视和直接支持，国家领导人在奥运会承办中发挥了重要作用。在申办进入关键阶段后，总书记、总理多次向国际社会表明中国政府和人民支持申办的坚定态度，在国际舆论界产生了十分积极的影响，大大赢得了国际社会的信任和支持。在奥委会对北京进行考察评估时候，总书记等国家领导人直接接见奥委会评估团，表达中国政府对申奥的高度热情、支持与郑重承诺。在北京申奥团队赴莫斯科申奥陈述之前，中央政治局常委集体听取和审核了申奥陈述，给予了申奥团队坚定的鼓励和支持。副总理亲自率领申奥团队出席莫斯科全会，向全体委员和全世界宣布中国政府对成功举办奥运会的庄严承诺。

第三，组建强有力的大项目团队。

大项目营销是团队营销。在大项目营销团队中，领导力是团队营销的重要组成部分，领导团队成员不是官职越高越多越好，关键在于领导团队能否集成大项目营销所需要的各类顶尖人才和专业智慧。

而北京在这点做得非常出色。在申办初期北京就组织了一个同心同德、团结拼搏、精干高效的奥运会组委会。如何建立超能力的申奥骨干队伍呢？奥运申办工作任务重、标准高、要求严。北京打破部门、地域界限等各种界限，广泛吸纳高素质人才，建立了高度专业化的骨干队伍，并充分利用专业人才和专业技术，集成智慧和经验才能。

例如，申办报告撰写是这次申办中最为重要的工作之一。北京调集了国内外相关领域 600 多位资深专家直接参与工作，形成了庞大、专业、可靠的人才智力保障。北京还邀请直接参与过以往奥运会的美国和澳大利亚专家和专业机构，为撰写申办报告和陈述报告提供技术指导和咨询意见，大大提升了相关报告的质量。

例如，迎接国际奥委会评估团考察，向全体成员做陈述是这次申办最为关键的环节之一。为了向评估团做出最高质量的陈述，北京对17个主题的陈述人进行了反复、严格的人才选拔、培训和演练。

例如，最后申办陈述中插播的三部影片，对增强整个陈述的感染力和吸引力起了非常重要的作用。北京为做好影片，聘请了国内著名导演和国际奥委会官方制片人、世界著名体育影片导演等人才。这些人为影片的丰富内涵、高水平、高质量做出了突出的贡献。同时，在这次申办中，北京注重大项目团队的学习、摸索和实践，促进核心团队成员不断总结经验和教训，强化大项目的知识管理，这些经验、教训和知识在以后的工作起了重要的作用。

第四，科学谋划大项目营销模式，明晰各阶段目标及活动。

大项目营销竞争是模式与模式的竞争！大项目营销模式决定竞争成败。能否找到科学、领先的大项目营销模式是成功的关键。大项目营销模式其主要包括客户价值链（DLVD）、阶段控制链（PDPC）、项目保障链（TDPC）、持续赢利链（LIPW）、大项目营销模式总构架，这是本书即将描述的重要内容。奥运会申办是一个由多目标、多活动、众多人组成的复杂系统的项目，能否清晰划分各个阶段，能否清晰定义各阶段目标和活动，成为制约奥运会申办大项目营销成功的重要因素，这也直接体现了大项目营销的谋划水平。而北京在此方面显得比其他竞争对手略胜一筹。

北京科学划分了“奥运申办”大项目阶段，瞄准“赢”目标，科学规划和明晰各阶段目标及活动，对大项目各阶段进行有效管理。北京奥运申办过程主要分为4个阶段：项目准备、项目申报、项目攻关、项目冲刺。

第一阶段是项目准备阶段。该阶段的主要任务是奥申委筹备、组织机构成立、组建队伍，征集会徽和口号，对奥运村进行初步规划等工作。1998年11月，国务院总理办公会议和中央政治局常委会先后对申办工作进行了研究，决定由北京再次申办2008年奥运会。当年11月25日北京市正式向中国奥委会递交承办2008年奥运会申请书。

第二阶段是项目需求明晰及申报阶段。该阶段的主要任务是对奥运会的需求进行调研分析，进行初步需求规划。在需求规划的基础上，北京提出“新北京、新奥运”的理念和“绿色奥运、人文奥运、科技奥运”三个主题。同时，北京对奥林匹克公园及主要场馆进行初步总体规划和设计，完成了《申请报告》撰写与申请，确保北京进入了申请城市。2000年2月2日，国际奥委会在洛桑宣布，在2月1日报名截止日期之前，有10个城市向国际奥委会提出申办2008年夏季奥运会的申请。这10个城市是：中国的北京、泰国的曼谷、土耳其的伊斯坦布尔、马来西亚的吉隆坡、古巴的哈瓦那、埃及的开罗、日本的大阪、法国的巴黎、西班牙的塞维利亚和加拿大的多伦多。经过奥委会初步评估，2000 年 8 月 28 日，北京与巴黎等其他 5 个城市一起，由申请城市进入候选城市之列。

第三阶段是项目推进阶段。该阶段的主要任务是解决方案即《申办报告》设计和提交，迎接国际奥委会评估团考察，完成向国际奥委会执委会的陈述。2000 年 12 月 13 日，北京奥申委代表团在洛桑国际奥委会总部向国际奥委会执委会作了北京 2008 年奥运会申办工作的初步陈述报告，积极听取国际奥委会执委会的意见和建议。北京奥申委主席、北京市市长在报告中表示，北京有信心、有条件、有能力出色地办好 2008 年奥运会。国家体育总局局长、中国奥委会主席在发言中表示，中国奥委会将全力支持北京申办 2008 年奥运会。北京奥申委秘书长在会上向国际奥委会执委会介绍了北京提出的“绿色奥运、科技奥运、人文奥运”的申办理念、奥运场馆规划等。2001 年 1 月 17 日上午 10 点，北京 2008 年奥运会申办委员会秘书长王伟一行 5 人，在洛桑向国际奥委会递交了北京 2008 年奥运会《申办报告》。

第四阶段是项目冲刺阶段。该阶段的主要任务是全力以赴做好申办陈述，面对全体委员展示新北京形象和新奥运蓝图，赢得最终胜利。

总之，北京通过合理划分大项目营销阶段，做好阶段控制链和项目保障链，从客户的角度去分析、设计、追踪、影响和赢得客户。北京按照客户价值链来进行大项目营销，为最终胜利奠定了基础。

第五，制定“不达第一不罢休”的最高目标。

在大项目营销中，只有冠军才是成功者，第二和其他落后者都是“被抛弃者”。如果不能成为第一，只能以失败告终。

为此，北京奥申委制定了追求第一的最高目标，一切工作交付成果以最高水平、最好质量为标准。例如，北京奥申委的同志始终按照最高、最好、最精的要求，对每一项工作不厌其烦，精益求精，反复论证，追求完美。从申请报告到申办报告，再到所有陈述稿都经过了 10 多次乃至几十次修改完善。最后的陈述稿修改了 20 多次。所有承担陈述任务的同志对陈述内容反复背诵演练，对举止表情反复练习，直到最满意的效果。中国副总理不断练习英语，在讲台上用流畅的英语向全体委员进行陈述，表达中国政府的庄严承诺，得到奥委会委员们的高度评价。

第六，确立奥运会关键优势要素(CAF)。

在一定程度上说，需求就是制胜成功的优势要素，核心需求就是关键优势要素(critical advantage factor：CAF)。如果要取得最终成功，首先要分析奥运会核心需求和关键优势要素(CAF)。

一个城市达到哪些标准才可以申办奥运会？这是奥运会关键优势要素(CAF)要回答的重要内容。在此，奥运会关键优势要素(CAF)至少需要考虑以下内容：交通、环保、场馆标准与建设、市场开发、国际奥委会知识产权保护、奥运村、星级宾馆饭店数量及床位、医疗卫生服务、比赛门票价格、媒体采访所需的软硬件、残疾人奥运会所需的专用设施、恐怖主义威胁防范、城市交通等硬件设施建设、空气质量、市政设施与建设、相关法律或法规、兴奋剂防范等。

北京进行了充分调查研究，全面系统洞悉了奥运会需求，抓住了奥运会核心需求，确立了奥运会关键优势要素(CAF)，为后来的胜利奠定了重要基础。

第七，注重差异化营销，塑造差异化优势。

大项目营销是差异化营销。知己知彼，进行充分的竞争分析，博采众长，寻找和塑造差异化竞争优势是脱颖而出和赢得申办成功的重要基础。

本次奥运会申办城市达到10个，数量多、实力强。在通过国际奥委会第一次严格筛选后剩下5个候选城市，其中巴黎、多伦多、大阪都是世界著名发达城市，拥有先进的比赛场馆和基础设施，拥有良好的生态环境和组织世界大赛的丰富经验，在经济实力、环境质量和基础设施等方面具有很强的竞争力。

北京要举办一届高水平、有特色的奥运会并不是容易的，需要进行大量的调研、规划和论证工作。为此，北京到以往奥运会申办城市进行调查、学习和取经。同时，北京充分分析各个竞争城市的优势，取长补短，在核心价值、高附加价值、服务水平等方面创造差异化新亮点，力求在各个方面不输对手。另外，北京充分集国内有关专家智慧和经验，认真吸取国内外专业机构的建议，博采众长，融合提炼，独具特色，自成体系。

第八，注重理念营销，建立最先进的奥运申办理念。

方案营销是大项目营销的核心保障，方案设计得好，能全面和科学解决客户的需求，提高客户满意度，赢得客户的信任和支持，获得制胜优势。而理念营销是方案营销的重要内容。有没有好理念，直接决定大项目营销的成败。那么什么是好的理念呢？一个好的理念要足够有价值、足够有内涵、足够覆盖整个大项目需求。

2008年奥运申办理念就比第一次2000年奥运会申办理念“高明和先进”。第一次申办理念是自我导向的。而第二次申办理念是客户导向的，站在利益相关者角度看奥运会的，是阐述北京能给奥运会、运动员和观众等利益相关者带来什么价值。

2008年北京奥运会提出了“绿色奥运、科技奥运、人文奥运”三大理念，“绿色奥运，科技奥运，人文奥运”三个主题，从环境、科技、文化三个方面突出了北京奥运会的特色是“新北京、新奥运”，强调了北京奥运会与奥林匹克倡导的体育、文化、环境三元素的一致性。这个理念将自己、客户、大项目、利益相关者等良好地结合在一起。自提出之日起，三大理念就成为北京奥运会的三大亮点，在世界范围内引起了密切关注、重视、赞赏和共鸣，体现了北京对于奥运会理解的深度和高度。而其他竞争对手的奥运申办理念都没有超越北京。因此，在奥运申办理念上，北京就已经遥遥领先于其他竞争对手。

2000 年奥运会申办奥运会主题口号：开放的中国盼奥运。其他口号为：中国的机遇，北京的荣誉；亿万颗心暖人间；和平进步迎接新世纪；历史名城，时代盛会；北京欢迎你。这个口号是自我的，只是基于自我的角度去考虑奥运会理念，而没有站在客户和奥运会价值本身的角度去设计之。

"绿色奥运"是 2008 年北京奥运会第一大理念。"绿色奥运"用保护环境、保护资源、保护生态平衡的可持续发展思想筹办奥运会，广泛开展环境保护的宣传教育活动，促进北京和中国环保基础设施的建设和生态环境的改善，倡导绿色健康的生活方式和消费方式。

"科技奥运"是 2008 年北京奥运会第二大理念。"科技奥运"紧密结合国内外科技最新进展，集成全国科技创新成果，让科学精神、思维和科技成就渗透到奥运会的每一个细节，使 2008 年北京奥运会成为被先进科技成果装备起来的体育盛会。同时，不断提高北京科技创新能力，推进高新技术成果的产业化和在人民生活中的广泛应用，使北京奥运会成为展示新技术成果和创新实力的窗口。

"人文奥运"是 2008 年北京奥运会第三大理念。"人文奥运"是北京提出的具有独特价值的创新理念，它依托有五千年悠久历史的中国文化，展示了中国对奥林匹克精神的开掘与发展，这是一个有强大生命力和巨大生成力的理念。"人文奥运"在筹办奥运会的过程中始终突出人文精神，以人为本，以文化人，通过筹办奥运会，促进人的全面、和谐发展。"人文奥运"传播现代奥林匹克思想，展示中华民族的灿烂文化，展现北京历史文化名城风貌和市民的良好精神风貌，推动中外文化的交流融合，加深各国人民之间的了解与友谊；促进人与自然、个人与社会、人的精神与体魄之间的和谐发展；突出"以人为本"的思想，以运动员为中心，提供优质服务，努力建设使奥运会参与者满意的自然和人文环境。

"绿色奥运、科技奥运、人文奥运"各有独立的内涵，但又是相辅相成、不可分割的整体。"绿色奥运"强调对环境的保护，主旨在于创造一个绿色、健康的环境；"科技奥运"注重在奥运会中广泛应用现代科学技术，推动奥运乃至人类社会更快、更协调地发展；"人文奥运"的宗旨在于不断提高人的素养，培育人文精神，促进人自身的全面、协调发展。这三个理念统一于一体，就是要在健康的环境中，依靠现代科技的推动，实现人的身心全面、和谐发展。从这一点上看，三大理念是一个有机的整体，共同引领北京奥运会筹办和举办的方向。

在北京奥运会的三大理念中，"人文奥运"是核心。无论绿色环境还是先进科技，都是为人服务的，统一于"以人为本"这个核心原则。并且人与自然的和谐、科学技术开发利用的方向也都必须以人文思想做指导和保证，从这个意义上看，“人文奥运”是三大理念的核心理念。同时北京将理念承诺落实到行动。以“人文奥运”为例，“迎奥运、讲文明、树新风、我参与、我奉献、我快乐”活动，是北京在筹办奥运会过程中，为贯彻实施人文奥运理念而开展的一项重要活动。这一活动由“迎奥运礼仪文明行动、迎奥运秩序文明行动、迎奥运赛场文明行动、迎奥运服务文明行动、迎奥运环境文明行动”共五大行动组成。

总之，在第一次奥运申办时，申办理念是站在自我向外看奥运会的，是阐述我想干啥。这时北京申办理念是肤浅的、基于自身看自身的、自我的、狭隘的、封闭的和落后的。而第二次申办理念是眼睛向外看的、全面的、先进的、开放的和抓住了奥运会本质的。

第九，重视方案营销，打造超一流的《申办报告》。

方案营销是大项目营销的关键活动。方案营销做得好，将为赢得大项目奠定坚实的基础。《申办报告》是奥运会申办的全面解决方案。

《申办报告》是国际奥委会委员评判申办城市条件与能力的重要依据，其包括经济、法律、文化、环保、财政、交通、医疗、安保、保证书等 18 个方面内容。

北京对《申办报告》精雕细琢。北京奥申委组织国内外大量专家全力投入到《申办报告》的撰写当中。在不到 100 天的时间里，北京奥申委抽调各路精兵强将夜以继日地工作，字斟句酌，精益求精，高质量完成了撰写《申办报告》的任务，《申办报告》达到了国际水平。本报告经历了中文本 10 次、英文和法文本 3 次的“颠覆性”修改，重 5.6 公斤、近 20 万字，《申办报告》全面展示了北京举办奥运会的条件和能力，清晰地描绘了未来 8 年新北京的轮廓和奥运会蓝图。

《申办报告》表达了中国政府和中国人民对参与和推动奥林匹克运动的真诚愿望；北京为申办奥运会所倾注的热情和决心；北京未来建设的规划和满足举办奥运会的条件和能力，北京保证在获得举办权后严格按照《奥林匹克宪章》和各国际单项体育组织的规定和要求，不折不扣地予以实施。

《申办报告》分三大册，共 18 个部分，总计 596 页，法文与英文相间，并配有大量精美的图表和照片，主要包括国家和城市的特点、法律、海关入境、环保、财政、市场开发、比赛日程、体育场馆、残奥会、奥运村、医疗卫生、安全保卫、住宿、交通、技术、新闻、文化和保证书。其中还包括 28 个国际单项体育组织的认证书等。

2001 年 1 月 17 日上午，北京奥申委代表团将申办报告交到国际奥委会总部，两天后，国际奥委会通知北京奥申委，北京的申办报告完全符合要求，可以将剩余的报告寄给 120 多名国际奥委会委员等人士和 28 个国际单项体育组织。从 1 月 21 日开始，北京奥申委向世界各地寄出 182 套北京 2008 年奥运会申办报告。

第十，打赢“奥委会评估团考察”关键战役。

在大项目营销过程中，经常会有客户参观考察等活动，参观考察是大项目中的关键活动，而作为大项目团队要格外重视并做好接待评估工作，打赢关键环节、关键活动的战役。

奥委会评估团来访就是大项目中的高层参观考察评估。迎接国际奥委会评估团考察，做好陈述报告是这次申办最为关键的环节之一。国际奥委会评估团于 2 月至 4 月先后对北京、大阪、多伦多、巴黎和伊斯坦布尔进行考察。

2001 年 2 月 19 日，国际奥委会评估团第一批成员抵达北京。北京市副市长、国家体育总局副局长、北京奥申委秘书长等到机场迎接。

2001 年 2 月 20 日，国际奥委会评估团主席抵达首都机场。迎接的有北京市市长兼北京奥申委主席、北京奥申委副主席、北京奥申委体育主任、北京奥申委秘书长和国际奥委会委员等。

2001 年 2 月 20 日，北京 2008 年奥申委在京举行新闻发布会，北京奥申委常务副主席向中外媒体的记者通报了国际奥委会评估团来京考察的有关情况和北京奥申委前一阶段的主要工作。

从 2001 年 2 月 21 日开始，国际奥委会评估团一行 17 人，对北京进行了为期 4 天的考察。在此期间，国际奥委会评估团通过听取陈述和考察、参观，充分了解和评估了北京和人民对举办奥运会的支持程度，了解北京举办奥运会的能力、条件和信心。2 月 21 日上午，国际奥委会评估团在北京饭店陈述厅听取了北京奥申委第一天的陈述报告，在陈述开始前，北京奥申委主席、北京市市长，中国奥委会主席、国家体育总局局长分别致欢迎词。当天，国家主席在中南海亲切会见了国际奥委会评估团成员，强调了中国政府对北京申办奥运会的支持和承诺。

2001 年 2 月 22 日，国际奥委会评估团在北京饭店继续听取北京奥申委的陈述报告，并观看申奥宣传片。

2001 年 2 月 24 日下午，国际奥委会评估团在京举行新闻发布会，国际奥委会评估团介绍了在京考察期间的整体情况，强调指出评估团对北京有深刻印象。评估团主席说，北京奥申委提供了一份调查结果，有 94.9% 的市民支持北京申办奥运会。国际奥委会在北京的考察，也证实了这个数据是准确的、真实的。评估团看到了一个真实的北京，北京申办奥运会得到了政府和市民的大力支持，北京奥申委的工作是积极有效的。他认为，北京提出了一个非常好的比赛规划以及场馆建设方案，这将给奥林匹克运动的发展和北京人民的生活留下一笔宝贵的财富。

2001 年 2 月 25 日下午，北京奥申委举行新闻发布会，北京奥申委主席、北京市市长及北京奥申委其他官员回答了中外记者的提问。

2001 年 5 月 15 日，国际奥委会评估委员会在对北京的评估报告中写到：“北京举办的 2008 年奥运会将给中国和世界体育留下独一无二的宝贵遗产”，“评估团相信，北京能够举办一届杰出的奥运会”。

应该说，到此为止，北京打赢了“奥委会评估团考察”关键战役，北京的努力得到了国际奥委会评估委员会的肯定。

第十一，注重心理营销，持续增强客户信心，不断消除客户疑虑。

大项目营销是心理营销。在大项目营销过程中，我们要清晰定义“客户”，知道我们的客户是谁，客户在哪里，客户心理需求是什么？客户的担心和疑虑是什么，如何不断消除客户的疑虑，如何持续强化客户信任？我们要针对客户的心理期望点、焦点和疑虑点，给客户送去其所需的“定心丸”，否则，我们的行动就可能成为“无的放矢”和“不能奏效”。

这时，北京清晰定义了客户范围，明晰利益相关者的需求，并将奥运会的整个申办过程看作心理营销的过程，通过各种实际行动和公开承诺，持续强化客户信心，逐步消除国际社会及利益相关者的各种疑虑。以下内容仅是部分举例。

在心理营销上，北京做了一件非常出色的事情。这是一件什么事情呢？北京主动邀请 28 个国际单项体育组织来京参观考察、评估和指导，并且借此机会获得了现有相关比赛场馆的认证书，并将之添加到《申办报告》中。同时，北京积极征询和借鉴他们的建议去规划未来的新比赛场馆。这样，北京为 2008 年奥运会 28 个体育项目准备的 37 个比赛场馆、59 个配套训练场地，所有场馆均符合国际单项体育组织的需求与规划。28 个国际单项体育组织的认证书就是对北京场馆等基础设施的认可，是对北京申办奥运的信任票，是给国际奥委会的投票委员们“ 信任北京”的定心丸。

在大项目营销过程中，我们要善于利用权威中介机构的专业性报告去佐证我们的优势，传播积极信息，影响利益相关者对我们的认知。北京选择一家中介公司对北京市民的申奥支持度进行调查。2001 年 2 月 2 日，盖洛普（中国）咨询有限公司进行的调查结果显示，94.9% 的北京市民支持北京申奥。同时，94% 的北京市民希望成为志愿者为奥运会服务。这次调查是在 2000 年 11 月由盖洛普（中国）咨询有限公司独立进行的。这项调查结果，写进了北京的《申办报告》中。

2001 年 3 月 5 日，国家总理在九届全国人大四次会议上作关于国民经济和社会发展第十个五年计划纲要的报告时再次表示支持北京市申办奥运，从政府书面保证角度向全世界表达了中国申办奥运的决心和坚定支持。

2001年4月1日上午，中国国家领导人来到北京奥林匹克公园，参加首都全民义务植树活动，为申办2008年奥运会和“绿色奥运”再次造势，以向国际社会表明中国在承办奥运上的积极行动承诺。

2001年4月4日，距7月13日在莫斯科召开的国际奥委会全会选定2008年奥运会主办城市还有100天时候，北京奥申委决定做最后的冲刺行动，将每个月确定一个申奥主题。4月的主题是“支持北京申奥月”，5月的主题是“科技奥运，科技北京”，6月的主题是“人文奥运”。北京奥申委提出了4月4日为全国支持北京申奥统一行动日的倡议。这个倡议得到北京和全国人民的积极响应。北京一个月一个申奥主题活动大大吸引了整个国际社会的眼光，赢得了国际社会的认可。

2001年5月15日晚，北京奥申委在瑞士洛桑接到了国际奥委会评估团的报告，北京奥申委新闻发言人就此发表评论说，我们对国际奥委会评估团的报告感到高兴，北京有信心继续展示主办2008年奥运会的条件与能力。

2001年6月12日，北京奥申委代表团出席在肯尼亚蒙马萨举行的非洲国家奥委会联合会第九次大会。北京市市长在会上指出，北京有充足的物力和财力办好2008年奥运会。北京如果申办2008年奥运会成功，将建立中国奥林匹克友谊合作基金。这个基金的来源是奥运会的经费盈余按规定分成的剩余部分，基金将用于促进各国运动员的交流，进一步推动发展中国家的体育运动。

2001年7月11日，中国国务院副总理在莫斯科会见了俄罗斯联邦政府副总理。他说：我这次来莫斯科，是代表中国政府出席国际奥委会第112次全体会议。中国政府坚定支持北京申奥，希望通过举办奥运会，加强与各国的体育、文化交流，增进与各国的友好交往与合作，为促进世界和平与发展作出更大贡献。应该说，中国副总理的讲话进一步向国际社会表达和传递着中国政府坚定支持奥运会申办的决心和信心，这也是一个重要的心理营销战。

第十二，注重北京申奥品牌的造势，大力开展对外宣传攻势。

造势是大项目推进阶段的主要工作。造势就是消除弱势和片面、歪曲报道的影响，将自己的优势广而告之，使自己的优势群和优势强度不断增强。

北京从哪些方面进行造势呢？北京通过扩大媒体网络，注重与媒体沟通，利用申奥形象大使，特色化的申奥展台等，科学开展对外宣传“造势”，向世界展示了中国、北京改革开放和现代化建设的巨大成就和广阔的发展前景，不断增强北京申奥的优势。

申办以来，北京一直是各国媒体高度关注的热点。据有关的统计数据表明，国际媒体对北京的报道量，比其他城市高出许多倍。其中，既有正面、客观的，也有片面、歪曲的。针对这种情况，北京通过多种渠道、采用多种形式，千方百计扩大对外宣传。奥申委与300多家境外媒体驻京机构建立了密切的工作联系，向他们提供大量的报道素材。同时，主动邀请国际主流媒体的“大牌”记者，包括美国《纽约时报》、英国《金融时报》、法国《费加罗报》的记者来北京进行专访，让他们亲眼目睹北京的真实情况。

采用申奥形象大使登台助阵。2000年12月，北京奥申委聘请香港著名艺人为申奥形象大使，随后又与四位杰出女性签订协议，她们和后来加盟的著名运动员等一道竭力宣传北京申奥，并利用各自的国际关系，帮助北京在申办2008年奥运会的竞争中增添亮点。

2001年北京时间7月10日，距国际奥委会投票还有3天时间，5个候选城市在世界贸易中心摆下展台，这是候选城市到达莫斯科后第一次面对面的较量。从展台的设计，到众多著名中国运动员的亮相，以及独具匠心的小礼品——红色中国结，中国给来到这个展台的所有人都留下了深刻和美好的印象。

2001年7月12日中午，北京2008年奥运会申办委员会在莫斯科斯拉夫饭店新闻中心召开新闻发布会。这是5个申办城市在莫斯科第112次全会投票产生2008年奥运会主办城市前举行的惟一新闻发布会，北京在此次新闻发布会又大放光彩，进行了强大的宣传造势。

第十三，创造“不败”资格及条件，确保万无一失。

在大项目营销中，我们既要创造“必胜条件”，还要防止“失败”要素的发酵、繁殖和冲击；我们既要努力争取胜利，还要脚踏实地敦实“不败”条件，让别人挑剔不出毛病来，让错误和偏差消灭到萌芽状态。为此，北京采取了各种措施，使北京在“硬件和软件”标准上力争达标和取得优异成绩。以下内容仅是部分举例。

例如，北京环境建设取得了突破性进展。北京实施了“绿色奥运行动计划”，开展大面积植树造林，新增林地10.5万亩，绿化隔离带建设已完成80%，全市林木覆盖率达到43%，空气质量明显改善。

例如，北京市容市貌得到了明显改观。北京拆除违章建设共计471万平方米，撤销占路市场181个，619所学校的周边环境得到清理整顿。整修和粉刷沿街建筑物面达2500万平方米。城市水系综合整治进展显著，从颐和园到高碑店湖的40公里河道实现了“水清、流畅、岸绿、通航”的目标。

例如，北京基础设施供给能力进一步提高。50项重点工程进展顺利。四环路、广安大街全线贯通，京开路北京段竣工通车，地铁5号线和机场轻轨工程正在进行之中。一些污水处理厂、城市污水回用、长安街及延长线整治和西单基础设施一期改造等一批建设项目已经完成。

例如，北京精神文明建设迈上新的台阶。在申办期间，北京在全市范围内开展了以

“千万市民齐参与，共建美好新家园”为主题的“公民道德宣传教育年”活动；在出租车行业开展向好司机学习的活动；在市民中开展“市民学外语活动”，在文化、卫生、旅游、园林等窗口行业开展达标评优活动，进一步激发了全体市民爱国家爱北京的热情，增强了全市人民的凝聚力，有力地推动了首都精神文明的建设。

例如，北京对奥运会“一诺千金”。兑现承诺是国际奥委会的要求，也是承办城市诚信和实力的体现。承诺不只是体现在奥运会的合同里和奥运会建设过程中，而且体现在奥运会申办过程中。北京提前谋划和准备，并逐项逐条兑现承诺。对于一时做不到的事项，北京组织攻关，采取措施做到。申办成功当天，北京奥申委主席与国际奥委会主席签订了《举办城市合同》，其中列举了国际奥委会对举办城市的各种要求。《申办报告》和《合同》被外界简称为“承诺”。它是北京的承诺，也是中国政府和 13 亿中国人民的郑重承诺。这些承诺，最终被凝练成“有特色、高水平”的奋斗目标。

第十四，建立最广泛的统一战线。

北京申奥的成功是统一战线的成功。统一战线的广与深、好与坏，直接决定了大项目的成败。强化多层次利益相关者关系，建立紧密团结的统一战线，充分发挥统一战线作用，是项目推进阶段的主要目标之一，是在最后冲刺阶段的主要工作之一。

首先，北京充分发挥首都优势，凝聚各方力量，协同配合，形成合力，最大限度地发挥整体力量。奥运申办得到了中央和国务院在京有关单位的全力支持和直接帮助。中央党政军在京机关充分利用各自的工作便利，提供了大量的策略、信息、工作渠道、政策法规等方面的帮助和支持。申办工作领导小组各成员单位，始终满腔热情，一丝不苟地履行自己的职责。北京市从人力、财力、物力、安全保障及其他方面全力支持北京奥运组委会的工作。国家体育总局充分发挥自己的专业优势和丰富经验，在高水平完成各项规定动作，广泛开展对外联络和宣传上充当了中坚和骨干，为申办城市做出了特殊贡献。

中国人民和社会各界的广泛支持为夺取胜利创造了极为重要的条件。申办以来，包括港澳台同胞和海外华人华侨在内的中国人民，不断以各种方式表达他们对申办的支持。人民群众的广泛赞同和热情参与，使北京的申办享有最高的民众支持率，成为北京申办最大的优势之一。中国人民在申办中表现出的真挚和热诚不但鼓舞了奥申委全体同志，而且使国际奥委会评估团全体人员备受感动，给他们留下了深刻的印象。

北京强化对外交流与合作。北京与国际体育界、文化界人士进行了广泛的接触与交往。共有 28 个国际单项体育组织的成员接受北京的邀请，对北京的体育场馆进行了考察；许多世界著名运动员纷纷前来北京参加相关活动。在文化交流方面，北京成功组织了“世界三大高音音乐家”演唱会，在莫斯科举办了北京文化节，这都进一步强化了北京“人文奥运”的内涵。

总之，北京申奥的胜利不仅得到了中央、国务院和全国人民的大力支持，得到了北京市各部门和全市人民的通力配合，还得到了来自国外的各界人士的理解和支持。可以说，北京申奥的成功是大家团结协作，密切配合的结果。

第十五，准确落实决胜局的支持票数。

“选票”是大项目最终赢的“定海神针”。在大项目营销过程中，我们应该对决胜局的支持票数，做到万无一失，不能有任何闪失，不能有任何侥幸的心理。为此，北京汲取了2000年奥运申办的教训，积极争取大多数具有最终决策权委员的支持，一一落实决胜局的票数。

争取多数委员的支持是赢得申办的先决条件。但是，大部分国际奥委会委员对中国不了解。在123名国际奥委会委员中，超过一半的人没有到过中国，即使来过的人，也因时间较早，对北京的新变化了解有限。同时，国际奥委会制订了严格要求，申办城市不得与国际奥委会委员接触和互访，不得向委员赠送礼品等。

如何不违反“国际奥委会委员不得直接接触和互访”的规定而要达到最终目的呢？这是摆在北京面前的一道难题。

为此，北京巧妙地利用国际奥委会组织的会议和活动机会，规范地开展委员的争取支持工作。北京组织团队先后出席了欧洲、非洲奥林匹克协会、亚奥理事会、国际单项体育组织执委会和国际体育记者协会等10个正式会议，通过会议规范地与大量委员进行接洽和交流。同时，中国国际奥委会委员同志充分利用工作便利，广泛走访，联络感情，争取支持。另一方面，为加深国际奥委会委员对北京的了解，北京直接向委员寄送反映北京申办的简报刊物和音像资料共100多种，8000多册。北京使用的文字，先是英、法两种，后又增加了西班牙文、俄文和阿拉伯文，达到5种，北京造势的资料寄送量由每月两次，增加到后来的每周两次。

第十六，做好方案讲标，打造最出色的申奥陈述。

“申奥陈述”是奥运会申办竞争最后、最关键的阶段。“申奥陈述”直接关系申办成败。“申奥陈述”就是方案讲标。方案讲标是大项目营销的关键活动。方案讲标是一场严肃的表演，应考方通过短暂的机会尽量展现自己的优点和亮点。北京对讲标的内容和文字进行精益求精地设计，反复精炼和推敲，终于成为赢得评委信任的有力武器。

2001年7月13日，5个申办城市分别向执委会做陈述报告。

第一个做陈述报告的是大阪。首先由一名国际奥委会运动员委员会前女委员介绍体育场馆情况，市长介绍说大阪奥运会将是“体育的天堂”，申办口号是“爱心奥运会”。陈述中的背景片中出现日本首相表示支持大阪申办的画面和字幕。

第二个做陈述报告的是巴黎。巴黎代表团人数最多，10 个人入场，包括两名国际奥委会委员和一名荣誉委员、一名名誉委员。巴黎奥申委主席着重强调了巴黎是一流的旅游城市；地理位置适中，有利于电视转播；气候宜人；比赛场地集中；在巴黎举办奥运会有安全感，是放心和可靠的。巴黎的背景短片搞得比较好。

第三个做陈述报告是多伦多。代表团有 8 人，包括两名女性，其中 1 名是黑人运动员。但是，国际奥委会副主席没有站在代表团的队伍中，也没有由他介绍代表团成员。黑人女运动员首先用英语介绍多伦多城市情况，该国奥申委主席介绍申办工作，另一名女运动员用法语介绍说，多伦多将举办一次“运动员的奥运会”，随后由多伦多市长致辞和表达申奥希望。

北京申奥代表团在国际奥委会第 112 次全会上第四个出场进行申奥陈述。在 2008 年奥运会的北京申奥陈述中，中国副总理以中国政府代表的身份发言，陈述的内容包括：中国政府对申奥的立场、态度和承诺；中国政府作关于奥运经费的保证，并表达中国人民对奥运的热切期望；中国政府表达对世界客人的热烈欢迎。北京奥申委同志陈述内容包括：选择中国的意义、我的梦想、重申选择北京的意义。在规定的 45 分钟里，通过 9 位同志完美配合的陈述、多媒体演示及 3 个影视片，集中展现了北京最突出的优势，向全体委员也向世界宣布了中国政府的庄严承诺和北京举办奥运会的条件和信心，进一步巩固了多数委员对北京的支持。

伊斯坦布尔最后一个做陈述报告。伊斯坦布尔市代表团介绍说，伊斯坦布尔是土耳其的最大城市，伊斯坦布尔对体育、文化和环境问题非常重视，投入了大量资金改善城市交通和环境，修建地铁，改善居民居住条件，并建设了近 1000 万平方米的绿地。奥运村将坐落在离伊斯坦布尔机场只有 10 公里的地方，运动员步行 5 到 10 分钟就可以从居住地到达比赛场馆。斯坦布尔计划在奥运村附近修建可供 1 万多名记者入住的记者村。从记者村到奥运村步行只需要 3 分钟。如果伊斯坦布尔获得 2008 年奥运会，将为每个国家和地区的每一名记者提供免费食宿。城市的气候非常适合比赛，可以提供一个最好的保障比赛安全的环境。伊斯坦布尔人民热切盼望着 2008 年奥运会在此举行。

在每个城市陈述之后，国际奥委会主席都做一次简短的讲话，内容大体是一样的。首先向每一个代表团的奥运申办表示感谢，其次，提醒申办城市说，国际奥委会规定不准邀请委员访问，不准送礼，希望严格遵守国际奥委会的规定。然后，国际奥委会主席会同代表团成员走出会议室一起合影。

应该说北京在“申奥陈述”上打了一场漂亮的胜仗，北京的陈述亮点很多，比如，对奥运会需求理解透彻，针对奥运会需求进行了系统的方案陈述设计，内容层层递进及环环相扣，注重多角色人物配合与协同，不同内容展现不同魅力，注重定量数字进行说明和承诺。

终于，在第二轮投票中，多伦多得 22 票，巴黎得到 18 票。北京以 56 票压倒性优势胜出赢得了奥运会的举办权。

在奥运陈述过程中，北京做出了非常精彩、非常吸引人的奥运陈述表演，北京奥运陈述包含了许多大项目营销之道。

如果你是中国奥运会申办代表团负责人，请思考如何组织陈述，才能将中国奥运会申办的优势表现出来，进而赢得最终的胜利呢？

自我检测

依据本章的内容，请进行自我检测和自我反思，分析优劣势和差距。依据本章的内容，进行实际应用的分析与思考。

休闲时光

该休息一会了！

让眼睛和大脑歇息片刻！揉揉眼睛及其周围肌肉，让眼睛的疲劳得以缓解；从上到下按摩一下头脑，让头脑放松和清醒起来。

第4章

需求营销是大项目营销的起点

4.1　案例：你了解你的客户吗？
4.2　案例启示：领先从需求分析开始！
4.3　需求的冰山模型(EPDIU)。
4.4　了解客户的真实需求需要考虑哪些问题？
4.5　客户在需求管理上可能存在哪些问题？
4.6　我们在需求管理上经常犯哪些错误？
4.7　需求识别和需求满足是大项目营销的核心。
4.8　需求管理模式(FIAIM)。
4.9　需求管理要考虑哪些属性？
4.10　需求提炼需要考虑哪些原则？
4.11　如何获取客户的需求？
4.12　需求管理应注意的七个问题。
4.13　如何建立客户需求矩阵？

需求营销是大项目营销的起点，同时也是归宿，更是关键点。销售成功的前提是能够充分了解客户和项目需求，然后按照需求按图索骥、有的放矢。

大项目营销过程是客户需求发掘、引导和激励的过程，把握住需求就能抓住客户的心，就能使大项目赢在起跑线上。

需求营销非常重要，但并不是所有人都知道如何进行成功的需求营销。

我们不仅要知道“客户需要什么”，还要非常清晰地明白“客户不想要什么”。

需求营销成功的关键是，你能看到别人看不到的东西，你能读懂别人读不懂的内容。

如果能站在客户角度，真正懂得了需求营销，你就不会到处碰壁和不断被拒绝，就能品尝到被客户认可和接受的成就感，从而体会到什么才是快乐的营销。

4.1　案例：你了解你的客户吗？

客户需求是什么？这是我们首先要弄明白的问题。

我们经常会遇到一个问题，就是认为自己很了解客户，知道客户需要什么。但是，却往往无法向客户提供满意的解决方案。

在我们的销售队伍中，经常听到以下抱怨：

“客户也说不清楚”。

“我们的客户不需要”。

“我们的客户没有钱”。

“客户说要等一段时间”。

“客户说我们不懂他的心”。

……

你是否想过，这些抱怨背后的原因是什么？

其根本原因就是不了解客户的真实需求。销售人员在销售时，无目的地向客户介绍或者演示产品，结果不但没有把产品的价值特色阐述清晰，还可能引起客户的误解和不满。

事实上，成功的销售不是去说服客户，而是对客户的需求做出最精确的定位。根据定位出来的需求再选择和设计解决方案。以企业为例，我们要考虑客户需求与产品、服务或方案的匹配度，如图 4－1 所示。

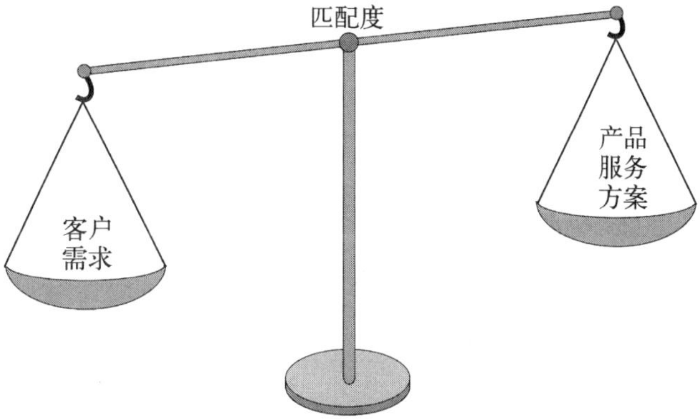

图 4－1　需求匹配度

一般情况下，销售成功的几率取决于客户需求和交付产品及服务或方案的匹配程度，匹配度越高，客户需求实现程度越大，客户满意度越高。所以我们成功的关键是如何把握客户真实需求，按照客户需求进行方案等设计，提供给客户最适合的方案等。

4.2 案例启示：领先从需求分析开始！

如果我们从需求管理方面能表现出比竞争者更深刻、更专业的咨询素养，在客户需求挖掘上表现出色，就能在需求层次上拉开与竞争者的距离，为成功奠定基石。

有这样一个案例：某集团企业组织了一个信息化项目的招标。有七家竞争对手共20余人进行项目调研。A方销售人员深感竞争激烈，对此忧心忡忡。富有经验的A方顾问却说："不要担心，在需求规划层面我就能取胜！"

虽然每一家竞争对手的顾问都很多，但是他们都只有某一方面的知识和经验。此时，只有具有跨专业和多领域知识、精通整合的人，才可以更透彻地了解客户需求，提供更科学、更系统和更专业的解决方案，赢得竞争优势。

因为不同顾问的经验水平是不同的，客户说的同样一句话在每一个顾问的头脑中的理解都不会一样，大部分顾问可能只理解到表面含义，但优秀的顾问却能够见滴水之冰而知天下之寒，透过现象看清本质。

A方顾问多年的跨专业经验和知识沉淀在需求规划和需求精细化层次上，表现出了非常高的职业和专业素养，其设计的解决方案最终脱颖而出，获得了客户的一致认可，并以此方案为蓝本申报到国家某主管部门进行项目申报。该项目在需求层次就取得了胜利，项目最终自然花落A方。

4.3 需求的冰山模型(EPDIU)

需求营销是非常重要的，了解客户的真实需求是销售成功的第一步。但是如何进行需求营销呢？并不是所有人都知道如何进行成功的需求营销。

识别需求是需求管理的第一步，也是销售成功的第一步。需求是什么？需求像一座冰山。如图 4－2 所示，这是一个需求的冰山模型，冰山有一部分浮在水面上，而大部分是沉在水里边。

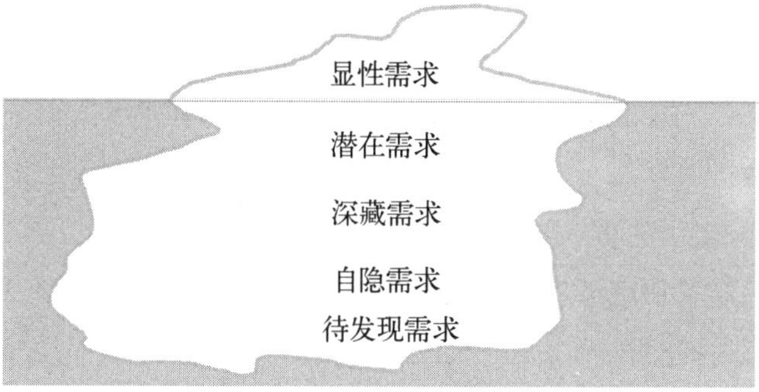

图 4－2　需求的冰山模型

依据需求冰山模型，需求主要包括显性需求（Explicit demand）、潜在需求（Potential demand）、深藏需求（Deep demand）、自隐需求（Implicit demand）和待发现需求（Unknown demand）。我们将每一个英文的第一个字母合在一起，就是 EPDIU。我们将 EPDIU 称为需求冰山模型。

“显性需求”是指客户自己清晰知道，或投标方顾问能够轻易发现，或本领域人所共知的需求。

“潜在需求”是指通过一般的咨询方法和技巧，可以在显性需求基础上发现的需求。

“深藏需求”是指通过较深层次的咨询经验、专业知识才可以挖掘出来的需求。这部分需求深深埋在客户大项目需求的背后，只有经过专业知识和系统分析论证才可以发现。

“自隐需求”是客户自己知道，但出于种种原因而不愿意主动说出来的隐蔽需求。例如，有时候，如果客户说出来，会得罪某些人或引起其他利益相关者的纷争，客户为了保护自己而隐藏自己的需求。

“待发现需求”是指双方都未曾意识到和未能发现的需求。待发现需求是双方未知需求，但是，随着专业能力的提升，专业技术的进步，客户需求的进化，大项目应用程度的提升，需求就会冒出来。

在大项目竞争中，需求冰山模型 EPDIU 是了解真相的工具。需求的全面性、系统性和整合性决定着需求营销的成败，而如何应用“需求冰山模型”是需求营销的关键。我们只有不断提升自己对客户需求的理解程度，不断反思自己在需求识别上的工作深度，不断优化客户需求体系，才能赢得需求营销的胜利。

4.4 了解客户的真实需求需要考虑哪些问题？

我们要深刻了解客户需求，需要考虑以下问题。

(1)客户知道的需求和已经理解的需求是什么？

(2)客户需求背后的潜在需求是什么？

(3)客户的需求背后是否还有更深层次的需求？

(4)客户还未意识到的需求是什么？

(5)客户内部不同角色的矛盾需求是什么？

(6)客户购买目的或动机、项目出发点是什么？

(7)客户获得最大价值的所在点是什么？

(8)客户通过项目需要解决哪些一般性问题？

(9)客户通过项目需要满足哪些基本功能需求？

(10)客户是否需要通过项目改进和完善产品性能？

(11)客户是否需要通过项目提高产品质量？

(12)客户是否需要通过项目提高技术水平？

(13)客户是否需要通过项目提高生产率？

(14)客户是否需要通过项目赢得新市场？

(15)客户是否需要通过项目增加知名度？

(16)客户是否需要通过项目提升品牌知名度、创立新品牌？

(17)客户是否通需要过项目扩大市场占有率？

(18)客户的近期需求是什么？远期需求是什么？

(19)客户的需求是真的吗？

(20)客户的需求结构是什么？

(21)还有其他问题吗？

4.5　客户在需求管理上可能存在哪些问题？

在大项目中，多数客户是不知道自己真实需求的，需求调研的最大问题来源于客户无法直接看到项目交付物的成果，很难说清楚自己需要什么，如图 4－3 所示。

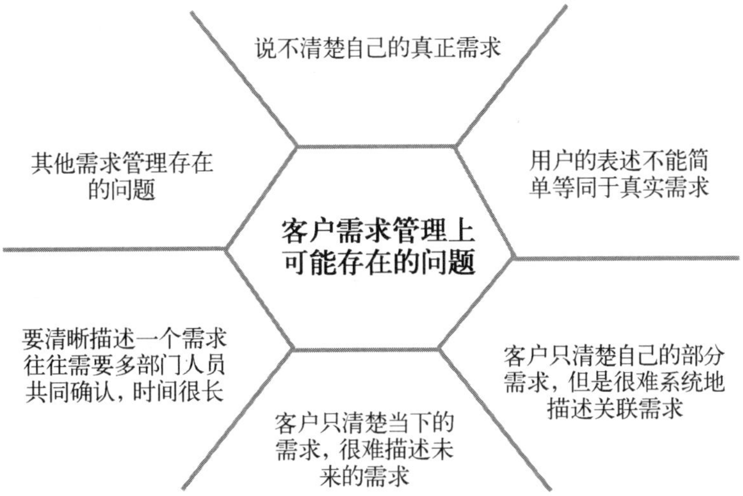

图 4－3　客户需求管理上可能存在的问题

1. 说不清楚自己的真正需求

对于大项目来讲，在项目需求规划阶段，项目需求往往涉及多个部门。各个部门提出的需求往往带有部门利益色彩，从一个部门来看可能存在合理性，但是，从总体来看并不一定具有科学性。同时，跨部门的需求结合点往往是模糊的，需要多部门的共同沟通和论证才能达成共识。另外，大项目往往涉及多个专业，某一个部门或专业人员有时是说不清总体需求的。

2. 用户的表述不能简单等同于真实需求

有时候，用户表达的内容只是表象，不能等同于他们的真实需求，我们需要进一步全方位、多角度深入挖掘客户的真正需求。因为许多客户的需求是站在自己角度上看到的需求，可能是在狭隘的视野下得到的结论，也有可能是因陷入部门利益之争而影响的。

3. 客户只清楚自己的部分需求，很难系统地描述关联需求

项目需求涉及的专业性很强，要求项目参与人员具有高度的分析能力和总结概括能力。但是，客户往往只清晰与自己岗位工作相关的内容需求，很难系统地描述与之相关联的需求。

4. 客户只清楚当下的需求，很难描述未来的需求

客户只清楚当下的需求，但是很难描述未来的需求。在需求论证阶段，我们不能简单地将现状需求当作未来需求，我们不仅要将项目的现状需求系统描述出来，还要分析未来的需求蓝图，使客户清晰需求的演进过程。

5. 要清晰描述一个需求往往需要多部门人员共同确认，时间很长

在大项目中，因为需求的跨专业和跨部门性，需求确认一般需要多部门人员共同论证和确认，时间往往耗费很长。同时，这项工作往往造成部门之间的扯皮，使项目周期延长。

4.6 我们在需求管理上经常犯哪些错误？

在客户需求的管理上，我们经常犯许多错误，如图 4－4 所示。通常包括“将低层次的感情投资视为客户的需求”“洞察需求的能力弱，对客户需求的理解存在严重偏差”“客户需求描述存在盲人摸象等现象”“需求分析头痛医头、脚痛医脚，不能从高层次整合客户需求”“优秀的需求调研团队少，具备高水平需求管理素质的顾问少”“我们本身需求管理很弱，甚至不知道如何进行需求管理”等。

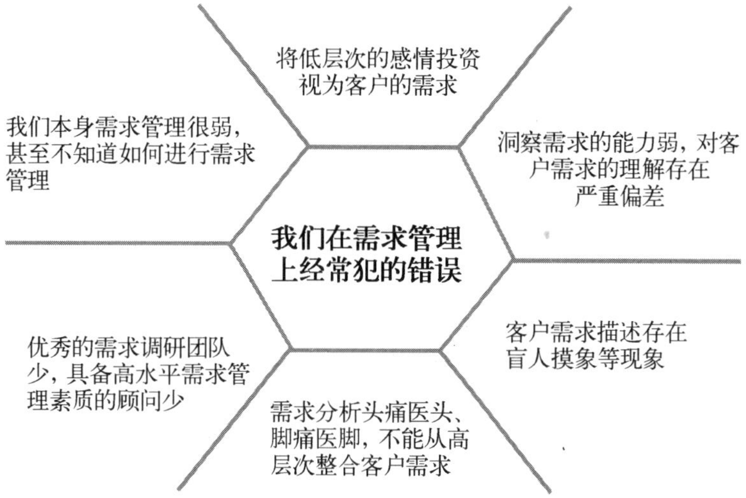

图 4－4　我们在需求管理上经常犯的错误

1. 将低层次的感情投资视为客户的需求

许多销售人员在实际工作中，往往“曲解”了客户需求的真正含义，将客户需求简单地理解成低层次的感情投资，认为与客户打成一片去喝酒、唱卡拉 OK、蹦迪、打麻将等就可以拿单。这种方法负面影响很大，正直和富有责任心的客户会在内心深处蔑视这种做法，认为销售人员素质不高，专业技能差而陋习浓重，会极大地贬损销售人员及公司在客户心目中的形象。

面对激烈的市场竞争，对客户来讲，低层次的感情投资只能维持产品价格变动小或交易量小的交易，对于大项目就很难保证成功。这时，只有通过提供并满足大客户的差异化和个性化需求、技术支撑和优质服务等内容，才能保持长远的客户忠诚度，深化良好的客户关系。

2. 洞察需求的能力弱，对客户需求的理解存在严重偏差

在实际工作中，某个项目已经跟进很长时间了，两三个月里销售人员几乎每天与客户“泡”在一起，却仍然抓不住客户的真正需求，甚至连最基本的项目需求都描述不出来，为什么呢？在一些项目中我们发现，销售人员对业务没有最基本的知识，即使客户讲了多遍需求，跟进人员也像听天书一样，听不懂；有的销售人员对客户需求的描述理解“丢三落四”，或存在严重错误。

3. 客户需求描述存在盲人摸象等现象

在一个大项目中，某供应商派去了四个顾问对某企业进行调研，经过半个月的调研提交了需求报告。但是，需求报告提交后，客户发现需求描述出现零散、不全面、不系统等现象，许多需求描述过于简单，也没有发现客户的真正需求。

4. 需求分析头痛医头、脚痛医脚，不能从高层次整合客户需求

客户的需求往往是多方面的、不确定的，需要我们去分析、辨别和引导。只有很少的客户，比如一般消费品的购买者对自己要购买的消费品能够形成非常精确的描述。也就是说，很多时候，当一位客户站在我们面前时，虽然他对我们的产品有极大的兴趣，但他仍然不知道自己将要买回去的商品究竟是什么样的。在这种情况下，我们需要增强与客户的沟通，对客户的需求进行快速观察、分析和定义，并能够以非常简练、精准的描述给出需求界定，让客户非常容易理解并且认同。如果只是简单地对客户提出的原始需求进行复制和修改，则很难打动客户。

5. 优秀的需求调研团队少，具备高水平需求管理素质的顾问少

一般来说，在和客户会谈的过程中，客户很难直接告诉你他存在什么样的问题，即使他愿意说，有时也不知道如何表述。顾问要充分理解客户需求，往往需要具备多行业和跨领域的经验和专业知识，要对客户的业务了解甚至精通，具有高度的抽象概括能力，才能敏于捕捉客户需求。

6. 我们本身需求管理很弱，甚至不知道如何进行需求管理

我们往往没有一个科学的需求管理方法论，没有科学的事前、事中、事后的需求管理方法，使需求管理很弱，甚至不知道如何进行需求管理。此时如果不能很好地对客户需求进行分析和论证，不能精细化提炼客户的需求和界定，就可能导致项目运作出现偏差。

4.7　需求识别和需求满足是大项目营销的核心

大项目营销学是将大项目的需求转化为项目成功赢利机会的一门学问。只有把项目动机和行为构筑在客户需求的基础上，将满足客户需求作为项目进展的目标和中心，大项目才可能成功。

需求管理是大项目营销的成功关键，所谓需求就是客户之需和客户之求。我们首先要识别客户需求，找到客户的真实需求，清晰梳理客户不需要的需求。然后，在此基础上找到满足客户需求的方法、策略和解决方案。

4.8　需求管理模式（FIAIM）

如何通过优秀的需求管理赢得客户？如何才能发现和提炼客户的本质需求？

需求管理模式 FIAIM 如图 4－5 所示，其将需求的整个形成过程划分为五个阶段：需求预测（Forecast）、需求调研（Investigate）、需求挖掘（Analyse）、需求整合（Integrate）、需求激励（Motivate）。取每个阶段英文首字母，组成 FIAIM，我们称之为需求管理模式。

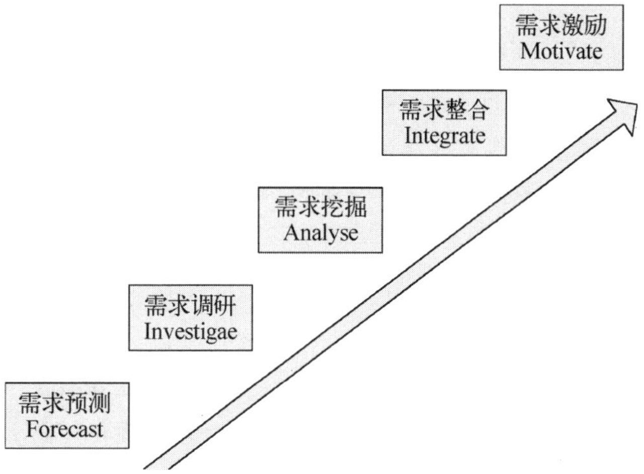

图 4－5　需求管理模式 FIAIM

通过需求管理模式，可以预见需求、发现需求、整合需求、满足需求并确保客户满意，营造并获得客户忠诚，需求管理模式构成了大项目营销的基本核心。

1. 需求预测(Forecast)

能够在对客户进行第一次拜访沟通之前，就对客户的项目需求和相应管理模式非常清楚，这是最好的。

需求预测主要指要对需求有预见性。例如项目所涉及的行业、技术、管理的发展趋势等。也可以说，不用去进行客户现场调研，就已经对客户所在行业的发展趋势的规律性需求胸有成竹了。

2. 需求调研(Investigate)

需求调研主要通过现场访谈和非现场调研手段了解和收集客户的需求。需要注意的是，现场访谈要系统完善地全部记录用户的表述，作为需求分析内容的重要依据。

3. 需求挖掘(Analyse)

需求挖掘主要通过需求深入发掘以及需求的系统分析，达到全面系统挖掘客户显性需求和隐蔽需求的目的。在此，我们需要注意以下内容。

(1)需求的分析和定义包括现状需求分析和未来需求分析。

(2)潜在需求分析。要求我们在无形而又具体地服务于大客户的细节中，形成一种贴近感和亲和力。我们要善于洞察大客户的潜在心理和潜在需求，分析切合大客户潜在心理期望和需求的服务。

(3)识别客户的问题及障碍。

(4)识别障碍及问题带来的牵连影响。

(5)发现信息需求，如找出哪些信息有助于解决障碍及问题。

(6)取得客户高层领导对效益分析的认可。

4. 需求整合(Integrate)

需求整合就是需求的扬弃法，要去伪存真，去粗取精，提炼出客户的本质性需求和可持续发展需求。需求整合就是需求创新、需求规范化、需求优化和需求系统化。我们可以考虑建立需求矩阵，设计客户的需求蓝图。

5. 需求激励（Motivate）

激励是现代管理中最重要、最基本的职能。随着管理学、信息经济学、制度经济学的飞速发展，现代激励理论出现了一系列突破性的进展，成为令人振奋的现代管理理论和实践前沿。

管理激励理论可以分为两类。一类是以人的心理需求和动机为主要研究对象的激励理论，这包括需求理论、成就激励理论、需求层次论、ERG 理论和双因素理论。另一类是以人的心理过程和行为过程相互作用的动态系统为研究对象的激励过程理论，这类理论以系统和动态的目光来看待激励，主要包括期望理论、公平理论、归因理论、轨迹控制理论和强化理论。在需求管理中我们将引入激励与需求理论，对项目和客户的需求进行分析，并采取针对性的激励战略和措施。

需求激励主要指客户需求的展示、影响、引导、鼓励、满足、强化和引领。在此，通过买卖双方的长期沟通，对客户购买的欲望、用途、功能等需求进行逐步发现和引导，将客户的模糊认识以精确的方式描述并展示出来，鼓励客户思考和定位购买需求，增强客户购买欲望，提高我们在客户心目中的需求专业性地位，让客户满意。在此阶段，要密切关注客户需求的认识度、成熟度和满意度。

4.9　需求管理要考虑哪些属性？

对于客户需求，需要考虑以下几点：

（1）**真实性**：需求真实存在吗？能证实吗？

（2）**内外部性**：需求是部门内部的吗？

（3）**广泛性**：需求经过跨部门论证了吗？

（4）**准确性**：需求准确吗？

（5）**系统性**：需求完整而系统吗？

（6）**一致性**：需求是否存在矛盾，是否已经达成共识？

（7）**次序性**：需求有重要性的优先次序吗？

（8）**价值性**：客户真的需要吗？有价值吗？

（9）**时间性**：需求是现在的还是未来的？

(10) **差异性**：实际与理想情况一致吗？差异有多大？

(11) **变化性**：需求会变化吗？需求变化可否持续跟踪和完善？

(12) **实现性**：需求能实施吗？

4.10 需求提炼需要考虑哪些原则？

客户需求到底是什么？如何抓住客户需求呢？这时，就需要利用客户需求的提炼原则，如图4－6所示。

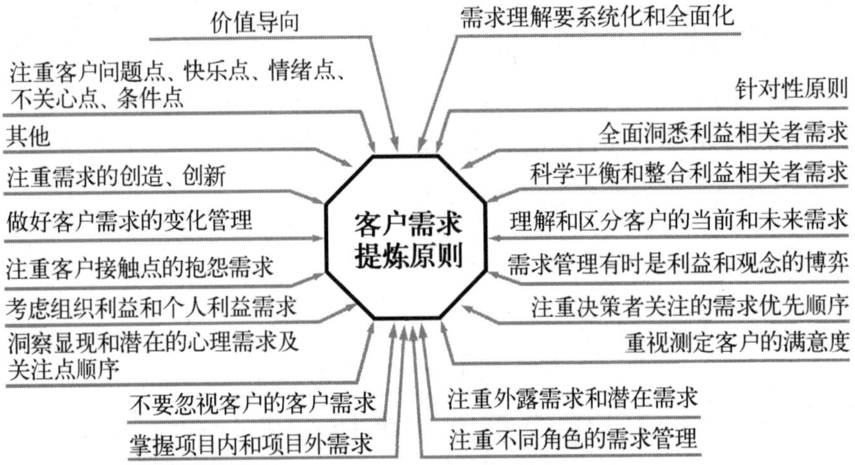

图4－6　客户需求提炼原则

1. 价值导向

客户的首要需求就是两个字——“价值”，客户心里有两个问题：我为什么要选择你？你能给我带来哪些价值？在项目运作过程中，要时刻牢记你展开的一切关系和来往都是帮助客户实现价值最大化。从这个意义上讲，我们应该是客户的咨询顾问，应该具备比客户更高一筹的知识和经验等能力。

在国家合作、外交谈判与博弈、政治博弈、经济合作与博弈、金融合作与博弈、重大谈判中，明晰客户与利益相关者需求，准确定位客户与利益相关者价值，具有重要的意义。

2. 需求理解要系统化和全面化

我们要全面地理解和规划客户对于项目应用、价格、实施交付、售后服务等各方面的需求和期望，清晰理解项目售前、售中和售后全过程的需求，并能够将这些需求全面化、精炼化和系统化。

3. 针对性原则

大项目的需求要有针对性，因此，我们对需求不能笼统和模糊，要直接面向客户的关键需求点和细节，面向客户的问题有的放矢，面向客户的个性化提炼需求。

4. 全面洞悉利益相关者需求

需求分析还要考虑项目利益相关者的需求。项目的相关利益者通常包括：项目选型决策团队、项目交付物的直接和间接使用者、维护者等。为此，我们要分门别类地洞悉各利益相关者需求。

5. 科学平衡和整合利益相关者的需求

我们要分析和引导利益相关者的矛盾需求，有策略地提出解决方案或保留意见，科学平衡和整合利益相关者的利益，不能由于利益相关者的内部矛盾而使我们陷入矛盾的境地。

6. 理解和区分客户的当前和未来需求

区分客户当前需求和未来需求是非常必要的。我们应透彻理解和区分：哪些是潜在需求需要加以培育，待条件成熟后再及时升级？哪些需求是未来的需求？哪些需求是现在就可以解决的需求？

7. 需求管理有时是利益和观念的博弈

许多大型项目的需求直接涉及客户内部的组织体系及权力体系的重建、利益的分配，因此，项目需求管理是对客户需求的利益平衡过程，是内外部各种力量和观念的博弈。在项目需求的规划过程中，销售人员要注意：不要卷入客户内部斗争。

8. 注重决策者关注的需求优先顺序

在项目中要抓住客户决策层最关注的需求和问题，弄清决策者各种需求的轻重缓急，对需求的重要性进行排序，根据决策需求的重要性顺序，设计需求解决方案。

9. 重视测定客户的满意度

在项目的各个阶段运作过程中，要密切关注和及时跟踪客户对项目的满意程度，及时根据客户的满意度调整行动方案。为此，我们要建立客户满意度管理体系，分析客户满意度影响要素，规划客户满意度内容，建立客户满意度评估机制，及时测定客户的满意度需求。

10. 注重外露需求和潜在需求

在提炼客户需求时，不仅要关注客户的显在需求，也要探究客户在各个方面的潜在需求，要深入挖掘明显、隐藏、深藏和待发现的需求。

需求沟通不能肤浅，不能把客户需求定义为简单的购买欲望，还要深入地了解客户的生活、工作、信息沟通等各个环节，发现其真正需求。也就是说，要对客户的需求作出清晰的定义，充分的准备和深化工作是必不可少的。

以企业为例，明显的利益需求可能包括功能、价格、质量、咨询服务、实施服务、售后服务等；隐藏的利益需求可能包括关系、维护、交往等；而深藏的利益需求可能包括情感、感受、信任等。

11. 注重不同角色的需求管理

客户内部不同角色在每个采购阶段关心的业务问题和需求是不尽相同的。我们既要洞察客户内部不同角色的需求关注点，也要关注他们在整个项目过程中的需求变化，评估对项目的影响，有针对性地采取对策。

12. 掌握项目内和项目外需求

我们不仅要将注意力和主要精力放在项目内的需求，也要分配一些力量去关注项目外的需求。有时候，项目外需求影响着项目的最终结局。项目内需求和项目外需求有时是一致的，有时是矛盾的。我们要科学、合理、合法地处理项目内需求和项目外需求。

13. 不要忽视客户的客户需求

有时候，客户的客户需求也是影响大项目需求的，因为许多客户的大项目是为其客户提供服务的。除了要满足客户需求，既需要了解客户需要什么，也需要了解“客户的客户”需要什么。

14. 洞察显现和潜在的心理需求及关注点顺序

我们不仅要洞察客户的显现外在需求，还要洞察客户的潜在心理和潜在需求，分析客户的潜在和明显的问题需求，了解问题的大小和范围、优先顺序，对需求关注点进行合理排序。

15. 考虑组织利益和个人利益需求

我们要同时考虑客户所在组织的利益需求和个人利益需求。因此，要注意从不同的角度来分析，探索客户在所在组织和个人方面的显性和隐性需求。有时候，组织利益需求和个人利益需求是一致的；而有时候，组织利益需求和个人利益需求是矛盾的。要科学、合理、合法地处理组织利益需求和个人利益需求。

16. 注重客户接触点的抱怨需求

来自客户接触点的抱怨也是一种重要的信息源，客户最初发出的信息即使是抱怨也很重要，它们具有前瞻性，会产生出极具价值的信息。同时，这些信息揭示了我们内部管理和经营面临的问题，我们要对这些抱怨需求进行关注，并及时进行妥善处理，防止对项目产生不利影响。

17. 做好客户需求的变化管理

许多时候，客户需求是变化的或者是逐步完善的。因此，我们要做好客户需求的变化管理，洞悉客户在项目需求方面的变化，做到心中有数。同时，跟踪和引导客户在项目需求方面的变化，使变化对双方均有积极价值。

18. 注重需求的创造、创新

对于客户的需求，我们要进行去粗取精，合理扬弃，创造、创新和整合。我们要善于对需求进行提炼和二次创造，注重从需求的维度、高度、深度、细度和广度等方面，创新新价值，规划出系统和科学的需求。

19. 注重客户问题点、快乐点、情绪点、不关心点、条件点

注重客户问题点。问题点就是让客户感到痛苦的“痛点”。在实际的项目运作中，问题会出现很多种，真假难辨，无法预料。我们要找出真正的问题所在，而且是最核心、最令客户头疼的问题。

注重客户快乐点。大项目营销是解脱客户痛苦，使客户收获快乐的过程。首先，要让客户思考他所面临问题的严重性，然后再描绘解决问题后的快乐感与满足感。

注重客户情绪点。对于一些话题，客户如果不满意，通常会通过一些情绪化的字、词表现出来，要分析客户情绪点背后的原因，找出情绪点的动因。

注重客户不关心点。当客户没有兴趣与你交谈时，当客户表示对目前的情形和环境满意时，你就应该知道，客户可能抱有不关心的态度。客户不关心的态度可能在于，他们正使用某一个竞争对手的产品并感到满意；或者正使用自己内部提供的某一种服务；或者，他们不知道可以改善目前的情形和环境；或者，他们看不到改善目前情形和环境的重要性和容易实施性等。

此时，要分析出客户有关项目合同成交的条件点，如：价格、优惠、折扣、送货、保障、维修、售后服务、各种形式的购买承诺等。

4.11 如何获取客户的需求？

如何获取客户的需求？现将客户需求取得的通常方法列举如下，如图 4 –7 所示。

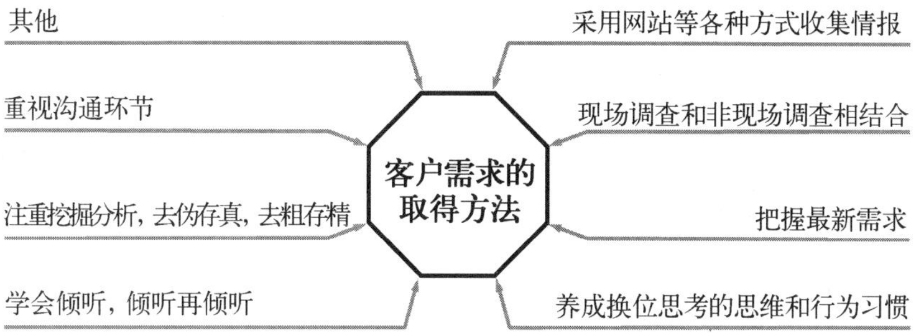

图 4－7　客户需求的取得方法

1. 采用网站等各种方式收集情报

客户需求的许多信息来自二手资料的调研。我们要善于利用网站、报刊、新闻等方式，尽可能地搜集与客户、客户所在行业和项目有关的重要信息，通过公开的信息去分析和挖掘客户的需求。

2. 现场调查和非现场调查相结合

充分调查是掌握大量信息的基础。调查中要充分运用现场调查和非现场调查相结合的方法，利用各种工具、各种关系，采用各种方法详细地了解客户的静态和动态信息。

3. 把握最新需求

新需求信息是有生命力的、有价值的。要善于利用各种信息手段，尽可能地搜集与客户和项目有关的最新且全面的信息，把握需求的最新动向和动态，为掌握需求信息分析的主动权奠定基础。在大项目运作过程中，最可怕的是客户需求变化了或即将变化，而我们却一无所知。

4. 养成换位思考的思维和行为习惯

养成换位思考的思维和行为习惯，不仅要站在自己的角度，最重要的是要站在客户的角度思考大项目各个方面的需求和运作。

从思想上树立“站在客户的角度思考问题”比较容易，但是，要将此落实到具体行动和项目上还是很难的。有时候，不知不觉地就从自我角度考虑问题了。

“站在客户的立场去思考问题”是一种服务意识，要从客户角度出发，想客户所想，急客户所急，这样会发现原来“自我思维”的很多漏洞。如果需求考虑点多了，信息内容也丰富了，也容易得到客户的认可。

5. 学会倾听、倾听再倾听

倾听对于大项目营销有什么意义呢?

倾听是需求取得的重要原则，有效的需求营销是自己只去引导五分之一的谈话，把五分之四的话留给对方去说，然后倾听—再倾听—引导—倾听—再倾听。

倾听，可以让你了解客户对产品的反应以及购买产品的顾虑、障碍等；倾听，能真实透彻地了解他人，提高沟通的效力；同时，倾听可以使他人感受到被尊重和被欣赏。专心听别人讲话的态度，是我们所能给予别人的最大赞美。因此，要养成积极倾听的艺术和善于倾听的好习惯。

大多数人为了使别人同意自己的观点，往往滔滔不绝，只顾一个劲地说产品如何如何好，而不去仔细倾听客户的话，这样很难真正了解客户。如果无法了解客户，则销售的效率就大打折扣，甚至令客户生厌。

销售不要总想证明自己是对的，一定要先倾听客户的需求。只有当你真实地了解了客户，你才能真正抓住和引导客户需求。我们要抱着一种开放、诚恳而耐心的态度，认真倾听客户的观点和看法。

6. 注重挖掘分析，去伪存真，去粗存精

分析研究既定资料和相关信息是科学界定需求的重要环节。提炼和精炼工作是去伪存真、去粗存精的过程，需要根据客户的状况来研究其需求的变化趋势等。

7. 重视沟通环节

事前要设计好相关的沟通内容、沟通方式，规划好引导客户问题的方法和手段等。我们需要注意以下内容。

要重视确认。在对客户需求进行交流和初步认识时，要及时归纳总结，确认客户对需求的理解，确认我们对需求的认识，并形成一定的总结性结论。

适时强化正向效果。无论客户对临场的试探性观点认同与否，我们都要重复客户自己的观点并形成共识。这是表明对共识的尊重，更是为自己强化客户需求的印象，并根据最新的印象继续深入沟通，修正自己的判断，强化共同的正面共识。适时重复强化，买卖双

方印象就深入一次，就拉近双方的距离。

适时展示自己的特长和优势。项目的成交是强强联合，在需求沟通、规划和实现阶段，要充分将自己团队的特长、专业性和优势展现出来，要让客户知道并欣赏我们的团队。

4.12　需求管理应注意的七个问题

1. 建立科学的调研方法论

要建立科学的调研方法论。在调研方法中要设计客户需求的调研流程，注重调研表单设计。调研方法论包括以下内容：目标设定、时间人员安排、主要解决问题、需要的表单、需求方案的结构内容、特色调研提纲、访谈技巧、调研风险控制、调研引导和确认、调研信息反馈等内容。

2. 对客户需求去伪存真

需求管理的难度在于需求分析，而不是原始需求本身。我们不要简单地复制客户需求，要事前设计好一个需求描述表单，让客户描述自己的需求，防止需求描述出现方向性错误。同时，与客户确认他真实的意思表述，去除所有干扰性的表述，补充不足的部分，提炼出真实需求。

3. 使用专家型项目调研团队

调研也是认识客户、影响客户、提炼需求的过程，要选派对用户业务和该领域非常熟悉的专家去调研，只有专家才能更好地抓住客户本质需求。

4. 不要以偏概全

既要关注某一个特定客户的需求，还要了解利益相关者的需求，更要了解所有接触客户的需求状况，要全面地了解和掌握客户在生活中对于方案或各种产品的需求强度和满足状况，学会对比分析，差异化地准备自己的相关工具和说服方法。

5. 要重点突出

销售人员在销售时，不要忘记的第一要务是帮助客户满足需求。所以，要突出方案和客户需求的结合点，清晰地定义出客户的需求，必要时要为客户对本方案的需求形成一个“独特的名称”。

6. 不去强求，而是提供建议

在客户需求的规划过程中，客户所认同的观念跟我们或多或少会存在一些差异，我们要采取恰当的方式与客户进行沟通，比如“我们认为您的需求是……，您认为我们的理解是否准确?”“我们认为，××观点更有利于你们，您觉得呢?”，等等。

7. 注意客户的戒备心理，挖掘真正的需求

在客户拜访过程中，客户往往都处在高度戒备的状态中，时刻提防掉进销售人员的圈套，所以一般很难敞开心扉。要注意采取适当的方式和策略，创造开放式沟通环境，挖掘客户真实的想法和需求。

4.13 如何建立客户需求矩阵?

之前，我们说过，客户需求像一座冰山。冰山的一角浮在水面，是可见的，但冰山的大部分在水面之下。真正的需求需要我们去识别，去挖掘。

对于调研的需求点要进行分类，可以按照表4－1设计大项目客户需求矩阵，这有利于我们对客户需求进行科学规划和对策分析。

表 4－1　客户需求矩阵

		需求重要性或紧迫性排列					
		重要性最高	重要性较高	……	重要性适中	……	重要性低
		紧迫性最高	紧迫性较高	……	紧迫性适中	……	紧迫性低
维度1	需求 1						
	需求 2						
	需求 3						
维度2	……						
	……						
	……						
……	……						

自我检测

依据本章的内容，请进行自我检测和自我反思，分析优劣势和差距。依据本章的内容，进行实际应用的分析与思考。

休闲时光

该休息一会了，别让身心都太紧张了！请放松一下吧！

寻找和体会那种“不急不燥、无怨无恨、无忧无虑、无思无欲、无有压力、慈爱一切、悠然自得、极其清静、非常放松、非常轻松”的意境。

第5章

价值营销是大项目营销的核心

5.1　客户为什么要选择我们?

5.2　价值最大化是大项目营销的内在核心。

5.3　价值营销容易存在哪些误区?

5.4　什么是价值营销?

5.5　价值营销应该思考的问题。

5.6　价值营销需要把握的六个方面。

5.7　价值营销的主要内容是什么?

在大项目营销过程中，我们往往陷入本末倒置的怪圈，千方百计、急功近利想击败竞争对手，一心赢得订单，但是，忘记了大项目营销的根本目的是帮助客户成功，为客户带来价值。

客户为什么要选择你？你能帮助客户成功的程度，决定了你成功的程度；你能为客户带来价值的大小，决定了你成功的几率。

价值营销是大项目营销的核心，是项目效率的支点，是赢得客户认可的保证，是脱颖而出的秘决。

大项目营销之道是在对客户无私大爱基础上的价值交换，是全心全意为客户创造和创新独特价值的过程。

价值群布局是大项目营销赢的重要秘密。

拥有一颗为客户利益负责的心，就容易结出甜蜜的果实；否则，对客户存有欺骗之心，损害客户利益，最后只能自吞苦果，被客户抛弃。

5.1　客户为什么要选择我们？

我们需要思考这样一个问题，客户为什么要选择我们？客户选择的实质什么？

客户之所以选择我们，其实不只是购买我们的项目及其产品本身，他要买的是项目及其产品带给他的好处或者价值。因此，一个销售人员卖给客户的不应该是纯粹的产品，而应该是项目或产品背后承载的能够带给客户的利益价值。

5.2　价值最大化是大项目营销的内在核心

价值最大化是大项目营销的内在核心所在，价值营销能提高大项目的竞争力。大项目营销要紧紧围绕价值最大化这个主题开展相关活动。

在大项目营销过程中，我们要通过价值的差异化展现，打造独树一帜的风格，提高我们在客户心目中的价值定位。

在大项目营销过程中，我们要善于为客户创造价值，创造多种价值的组合，使之形成价值群。通过价值群在时间和空间的巧妙布局，实现客户价值的最大化，进而赢得客户。

但是价值最大化与我们的能力极限要挂勾。价值最大化的极限不能超越我们能力的极限。

5.3　价值营销容易存在哪些误区？

在价值营销上，我们经常存在以下误区。

(1)摸不准客户的价值。

(2)不会提炼客户价值。

(3)价值提炼低层次化。

(4)价值提炼碎片化、局部化。

(5)只会介绍方案组成部分或实现的功能，不会将之提升为客户价值。

(6)将产品功能视为客户价值。

(7)射箭对不准靶子，项目需求不能指向客户价值。

(8)不会引导、影响和管理客户价值。

(9)不能形成差异化优势。

(10)不知道如何循序渐进地分阶段向客户呈现价值。

(11)不知道如何向客户内部的不同对象呈现价值。

5.4 什么是价值营销?

什么是价值营销呢?

价值营销是发现价值来源、定位价值、定义价值、创造价值、创新价值、布局价值群、呈现价值、激励价值、互换价值和管理价值，促进客户价值最大化，帮助客户成功。

5.5 价值营销应该思考的问题

在大项目营销过程中，我们要充分发挥价值营销的思想。为此，需要思考如下问题。

(1)价值营销的价值包含哪些内容?

(2)如何确定价值营销中的价值?

(3)在大项目营销过程中，如何设计价值?

(4)在大项目营销过程中，如何创新价值?

(5)在大项目营销过程中，如何展现价值?

(6)如何针对客户内部各个岗位及角色，进行价值营销？

(7)大项目营销的各个阶段如何让客户认知价值？

(8)如何通过价值营销奠定领先地位？

5.6　价值营销需要把握的六个方面

价值营销需要把握以下六个方面：利益营销、思想营销、知识营销、专业营销、未来营销和效益营销，如图 5－1 所示。

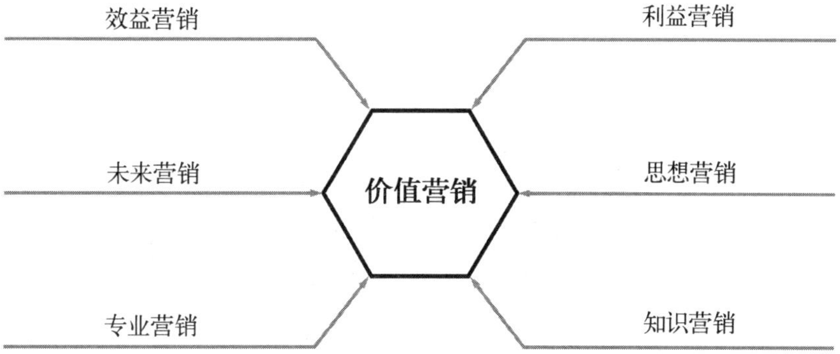

图 5－1　价值营销

1. 价值营销是利益营销

在一定程度上说，价值就是利益，因此，价值营销就是利益营销。我们要考虑能给客户带来什么利益，能否帮助客户和成就客户。

一个大项目往往涉及众多利益相关者的利益，涉及大项目发起单位和使用单位的利益。我们要分析利益相关者的利益格局，洞悉并科学规划利益群，合理引导利益的变动，科学平衡和整合利益相关者的利益，使关键的利益相关者满意。

2. 价值营销是思想营销

大项目营销是将我们对某一方面的研究成果和价值卖给客户，这意味着我们不仅要卖产品和服务，更要卖思想、卖智慧。其实，世界上最难的事情，就是把自己的思想放进客户的脑子里，而把客户的钞票放进自己的腰包里，这就是价值互换。

一个大项目往往涉及相关的正义、价值交易、管理思想等，需要通过先进的思想影响和引导大项目投资、设计、实施和运作。大项目需要有自己的设计理念和思想，设计理念和思想是大项目解决方案的龙头，决定了大项目解决方案的先进性、实用性和效益性。

在国家合作、外交谈判与博弈、政治博弈、经济合作与博弈、金融合作与博弈以及重大谈判中，选准思想，定位价值传播内容，具有重要的营销作用。

3. 价值营销是知识营销

价值营销就是将大项目的相关知识传播给客户。在这些知识中，有些客户很清晰，而许多客户是模糊的、不清晰的、甚至是难以一时理解和掌握的。

4. 价值营销是专业营销

价值营销就是将大项目的专业性、技术性研究成果卖给客户，是将专业能力卖给客户。因此，我们要充分提升自己的专业能力，千方百计提高竞争力。

5. 价值营销是未来营销

价值营销就是将客户的美好未来卖给他自己，就是为客户创造美丽的未来蓝图。所以，从这点上来说，价值营销就是“画饼充饥”。因此，对客户的未来描述是否准确，是否有吸引力，是否具有可行性，是赢得客户的重要因素。

我们要清晰和科学地规划客户未来的美好蓝图，学会与客户沟通“未来”的价值，向客户承诺未来，并有能力保证兑现。

6. 价值营销是效益营销

价值营销就是解决客户的问题，为客户带来价值。价值营销就是为客户设计最佳的投入产出模式，为客户带来一定的效益。因此，我们要关注项目投入产出（ROI）、成本、收入、客户满意度等有形绩效指标和无形效益指标。

5.7　价值营销的主要内容是什么?

价值营销的主要内容是建立价值群，如图 5－2 所示。价值群一般包括核心利益价值、咨询设计价值、解决方案的落地价值、基本有形价值、功能价值、属性价值、差异化价值、未来价值、增值价值、共赢价值、整合型价值、其他价值。

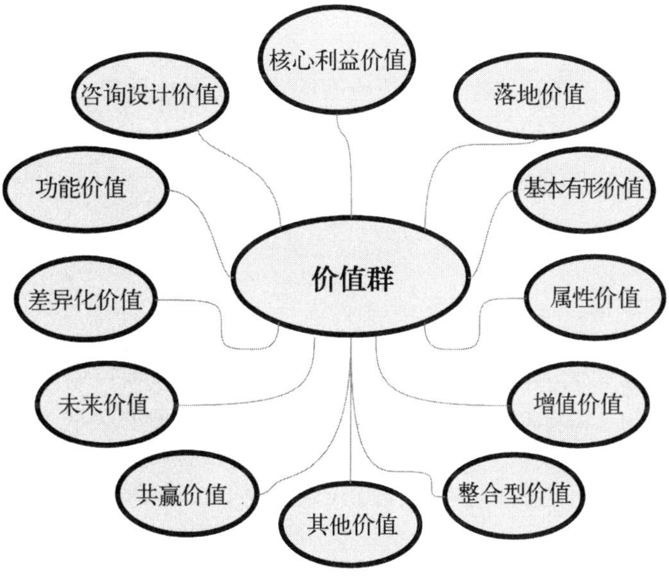

图 5－2　价值群

1. 核心利益价值

核心利益价值是指客户选择项目产品及服务时所追求的基本服务或利益，是客户真正要购买的东西。核心利益是产品及服务的整体概念中最基本和最重要的部分。我们一方面要清晰大项目的核心利益价值，注重核心利益的规划与布局，另一方面还要清晰大项目的核心利益价值在客户价值链中的位置。一般来说，客户都存在价值链，我们要将核心利益价值与客户的价值创造过程结合起来，分析核心利益价值在客户价值链中的地位和作用。

在国家合作、外交谈判与博弈、政治博弈、经济合作与博弈、金融合作与博弈、重大谈判中，核心利益价值可能是利益，核心利益价值可能是道义价值，即占据道德、正义、责任、权利和义务上的制高点，核心利益价值也可能来自美德营销中的具体美德。

2. 咨询设计价值

咨询设计价值是指项目具有独特的咨询功能。咨询功能能够为客户提供前瞻性、专业性的咨询规划与建议指导等，弥补客户在某些领域知识、技术或经验的不足，给客户带来咨询的独特价值。

3. 解决方案的落地价值

如果解决方案不能实现落地，则解决方案的价值会大打折扣。解决方案的落地价值是指解决方案能够很好实施下去，保证项目的交付性，如使用先进技术、独特而科学的实施方法、顶尖专业人才等促进解决方案的高效实施。

4. 基本有形价值

在大项目营销过程中，我们要系统、科学地描述和展现基本有形价值。许多大项目一般需要有形的交付物。基本有形价值即实现项目核心利益所必须的实体，如产品或服务，这是核心利益的基本载体。

5. 功能价值

在大项目营销过程中，我们要重视功能价值的设计与展现。功能价值是大项目中最基本的价值。功能价值是产品或者服务的基本功能所对应的价值，或是解决方案各基本组成部分的功能所对应的价值。

6. 属性价值

在大项目营销过程中，我们要重视属性价值的设计与展现。属性价值是项目产品及服务具有的一组属性和条件。例如，对于汽车来讲，汽车具有舒适的座位、优雅的内饰、赏心悦目的车载电视等。

7. 差异化价值

差异化营销带来的是差异化价值。差异化价值主要提供超过客户期望的产品和服务利益，可以使客户获得惊奇和意外满意，差异化价值也指超越竞争对手的解决方案而为客户带来的独特价值。

8. 未来价值

未来价值是客户非常重视的，我们要谋划好“未来价值”，使未来价值成为制胜法宝。未来价值是指在将来时期，项目所涉及方案或产品的可持续升级服务，向客户提出方案或产品及服务将来的发展方向和相关服务。

9. 增值价值

增值价值会带来额外的竞争力。增值价值一般是标准方案及服务外的额外价值或配套服务的价值，例如，品牌形象，团队、服务人员的专业性价值，其他方面的独特长处，给客户带来的附加价值等。

10. 共赢价值

共赢价值指的是项目对双方是双赢互惠的。对供应商来讲，通过项目服务可以得到一定的资金补偿。对于客户来讲，共赢价值主要指项目投入产出后的价值，大项目给客户带来的投资价值，即大项目可量化的经济价值，明确客户利益上的投资回报，如投入产出比、回收期等。

11. 整合型价值

价值营销是有形价值与无形价值的整合，在此称为整合型价值。有形价值可以采用量化方式进行展示，如投资回报率等。而无形价值可以采用定性方法表现，如提升内外部沟通效率，加强对市场变化的灵活适应性，提升员工士气，提高客户满意度，建立良好及专业形象，等等。

12. 其他价值

其他价值是除去以上价值的价值，需要依据大项目的具体情况进行具体分析。

自我检测

依据本章的内容，请进行自我检测和自我反思，分析优劣势和差距。依据本章的内容，进行实际应用的分析与思考。

休闲时光

该休息一会了！

大项目容易让人利欲熏心。但是，一颗无我利他、利益客户的心是非常重要的。

第6章

人性管理是大项目营销不可忽视的艺术

6.1　不懂得人性管理，就算不上好的销售！

6.2　人性是什么？

6.3　人性管理应该思考的问题。

6.4　“美德营销”是人性管理的重要内容。

6.5　人性管理必须把握的七个关键点。

6.6　人性管理模型(IAPM)。

对人性的解读程度，决定着大项目营销认识水平的高低；对人性的应用程度，决定着大项目营销运作层次的高低。

爱和善是销售的本质。无私大爱和大善是开启自我和客户的人性钥匙。

美德是吸引和打动客户的最美好的品德。“美德营销”是人性管理和大项目营销的重要内容。我们要重视和弘扬“美德营销”，摒弃和反对“丑恶营销”。

人性管理的最美境界是将人性丑恶化于无形，实现100%的美德营销。

我们要善于积极发挥人性中美好的品质，良性引导和转化人性中消极和不好的东西，使之成为美德。

6.1　不懂得人性管理，就算不上好的销售！

有人说过：“如果你不能了解人，你就不能了解销售的本质，这是销售的根本。”还有人说过：“销售是98%了解人性，2%了解产品。”可见，知人性对我们的工作有多么重要。在一个复杂的项目中，销售往往会陷入迷茫，正确的判断应该从哪里来呢？有时候，正确的判断源于对人性的了解。因此，我们需要加强人性管理研究。

解读人性是非常重要的，大项目运作也是对人性洞察、识别、激发、引导、管控和妙用的过程。我们既要通过人际关系来实现人性空间构建，又要对人性进行系统的研究，准确理解人性的真实结构、形式和规律。

6.2　人性是什么？

那么人性是什么呢？在日常生活中，当我们提到人性时，往往把人性的本性与人性的习性、行为、结果和现象等混在了一起，我们要注意区分。

人性的本性就是人内在拥有的原始本质特性，也称为人性本源。

在某种程度上说，销售是对人性的管理。人性管理研究的对象是人的习性和行为，主要研究如何识别人性，引导和激发人性的优秀本质，进而再培育、再激发人的观念，影响人的行为。

有人认为人性本善，有人认为人性本恶，有人认为人性本贪，也有人认为人性本嗔、本痴，而我认为人性本空，即人性本是空的，人性的本性原本是一个无善无恶、无美无丑、无爱无恨、无好无坏的光明体。每一个人的人性是相同的、相通的，但是人性所表现的习性和行为是不同的。所以，我们要区分人性的本性、人性的习性、人性的行为和人性结果的不同含义。人的习性是一个人在外界影响下而起心动念、情绪发作、行为决策、付诸行动中表现出的习惯特性。情绪、欲望和外在诱惑等直接影响着人性的习性，有的人性的习性比较接近于人性本源，但是，有的人性的习性已经远离人性的本源。习性决定人性的行为，人性的行为决定人性结果，如图 6－1 所示。

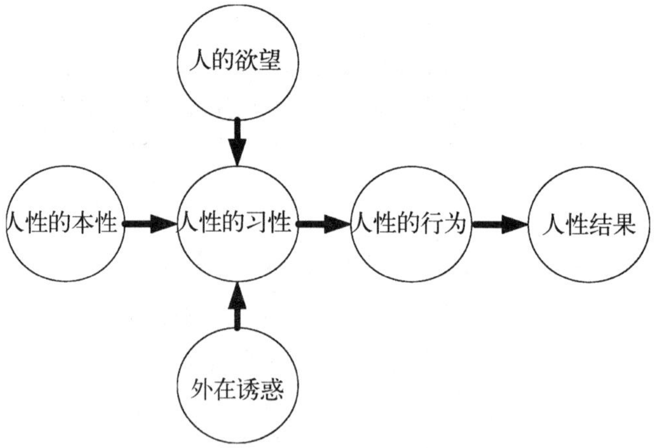

图 6－1　人性

举例来说，我们可以把人性的本性比作清澈、纯洁、透明的水，水是无色无味的。但是，如果在水中加了糖就变成了糖水；如果在水中注入了脏东西就成了脏水；如果加入黑色的东西，就成了黑水。但是，我们不能说糖水是水，不能说脏水是水，不能说黑水是水。水还是水，但是，在不同的条件下，水变成了另外的东西。同样，每一个人的人性的本性是相同的，由于受现实社会各种现象的影响，人性的本性没有变，但是人性的习性和行为随着现实条件在发生变化。人都迷恋自己的肉体欲望和感觉，贪恋自己的眼、耳、鼻、舌、身体、意识的畅快和舒服，而忘掉和迷失了原有的人性的本性。

这里所讲的人性管理主要指的是人性的习性，行为和现象管理。人性的习性和行为是丰富多彩的，人性的习性和行为是有美丑、好坏之分的。

人性的本性与人性现象是不同的。人性现象是人在现实生活中展现的不同行为及事件。人性与人的欲望也是不同的。人的欲望会影响人性的习性和行为。

6.3　人性管理应该思考的问题

在大项目营销过程中，我们要重视人性管理，为此，需要思考如下问题。

(1)什么是人性?

(2)什么是人性的习性和行为?

(3)什么是人性管理?

(4)人性管理的主要内容是什么?

(5)人性是善还是恶?

(6)人性是大爱还是仇恨?

(7)人性是美是丑?

(8)人性是无私还是自私?

(9)人性是好还是坏?

(10)如何理解人性的美德?

(11)如何理解人性的丑恶?

(12)影响人性习性和行为的因素都有哪些?

(13)人性与欲望、情绪和行为有哪些关系?

(14)销售过程中存在哪些人性现象?

(15)如何管理人性?

6.4 “美德营销”是人性管理的重要内容

在营销过程中，最能打动客户的是美德。美德是指每一个人和整个销售团队表现出来的高尚品德。美德包括正义、善良、大爱、负责、诚信、仁慈、宽容、开放、无私、廉洁、礼貌、忠诚、仁慈、节制、勇气、慷慨、感恩、谦虚、勤奋、敬业、自省、实事求是、自强不息等。美德是光芒，美德运用得好，会照亮大项目利益相关者和客户，会使你独树一帜、脱颖而出。

在此，我们提出“美德营销”的概念。什么是“美德营销”呢?

“美德营销”是指充分利用人性中最美好的品德去影响、唤起、引导和激励客户，禁止和限制利用人性中丑陋的东西去诱惑或胁迫客户的非法行为。“美德营销”是高尚的、美丽的、文明的、合法的和专业的营销。

“美德营销”的对象既针对销售团队，也针对客户，也就是说，销售团队不仅要用美德去影响客户，也要摒弃任何失德的思想、行为去影响客户；我们既要保证自己在道德上的合规合法，也要防止客户在道德上的不合规和不合法。为此，我们要注意以下内容：第一，销售团队不仅要用自己的美德去启动、激发和开发客户的美德，与客户美德共鸣和升华，还要用自己的美德去影响和消除客户的失德的想法与做法；第二，销售团队不能用自己的失德、不合法的思想与行为，去消除和减弱客户的美德；第三，销售团队更不能用自己的失德、不合法的思想与行为，去启动、激发客户的失德思想与行为。

“美德营销”也指占据正义、道德和法律等制高点，引导和传播正思想、正能量和正行为，向不良、不法的行为进行宣战。从这个角度来说，“美德营销”又称为“正义营销”或“文明营销”。这在国家合作、外交谈判与博弈、政治博弈、经济合作与博弈、金融合作与博弈、重大谈判中，具有重要的营销参考价值。

在“美德营销”过程中，我们需要考虑以下问题：我们团队的美德有多少？我们团队的美德有多厚？我们的小算盘是否能被客户看穿和蔑视？我们是否已经把美德作为大项目营销的关键要素？在大项目营销中，我们如何利用美德和展现美德呢？我们是否找到道义的制高点去竞争呢？

我们不但要发展和发挥更多的“美德”，还要“厚德”，如图6－2所示。“厚德”就是不断丰富美德内涵，充分发挥美德的作用和价值，不断提高美德的思想意识和行为水准，不断扩大美德的施予对象。厚德载物，厚德传递正能量，厚德承载吉祥，厚德承载成功。因此，我们要在“美德营销”的基础上，进行“厚德营销”。“厚德营销”是“美德营销”的重要内容之一。“美德营销”不仅包括美德本身的扩展，还包括“厚德营销”。“美德营销”是美德丰富和厚德的最佳融合。

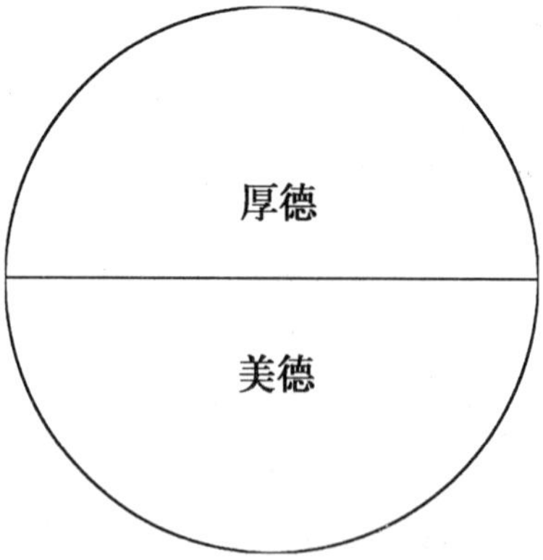

图6－2　美德营销

“美德营销”的反面是“失德营销”，也称为“丑恶营销”，如图6－3所示。“丑恶营销”是利用人性的弱点、缺点和贪嗔痴等坏习性，引导欲望和行为的畸形膨胀发展、非道德、不合法和犯罪。“丑恶营销”中的丑恶包括自私、自利、狭隘、凶恶、憎恨、不负责、欺骗、贪污受贿、不礼貌、嫉妒、虚荣、虚假、不感恩、敌对、懒惰、犯罪等。

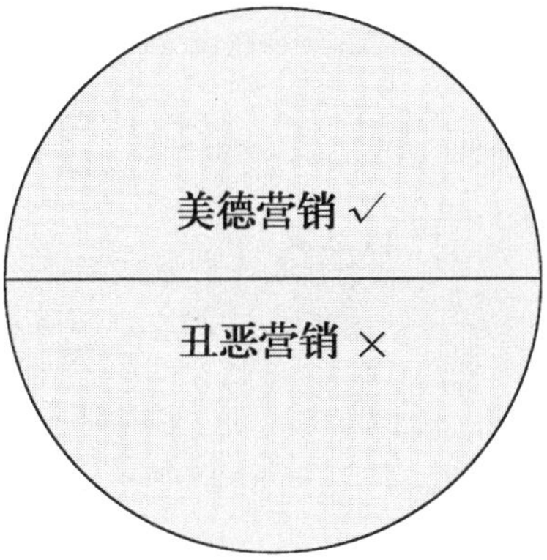

图6－3　美德营销与丑恶营销

“丑恶营销”是非道德和非法营销，是“黑手营销”，例如，给秘密回扣等贪污受贿的行为和兜售假冒伪劣产品等。“丑恶营销”给自己和客户带来的是罪恶，是一条败坏社会风气的不归路，在这条路上深藏着早晚即将爆炸的大炸弹。

我们要唾弃和反对“丑恶营销”，积极弘扬“美德营销”。因此，我们要善于分析人性的弱点、缺点和丑陋一面。人往往受到习性的影响而表现出完全不同的面目和行为，我们要善于分析自己、他人和客户，引导自己、他人和客户向美德方向发展。同时，我们也要善于保护自己，预防和阻止“丑恶营销”的袭击，及时辨别、处理、控制和斩断可能在背后袭来的任何“丑恶”。

6.5　人性管理必须把握的七个关键点

做好人性管理，必须把握以下七个关键点，其主要包括：“把人性作为重要课题进行研究”“识别和管理人的欲望需求结构等”“人性是一个立体的多面体”“充分识别和利用人性的丰富多彩面”“注重客户情绪管理，引导人性的积极价值”“激发和妙用人性美德”“从人性管理到人本管理的转变”，如图6－4所示。

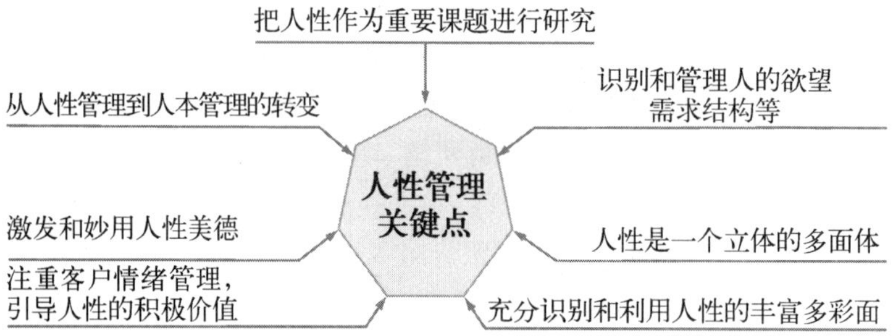

图 6－4　人性管理的关键点

1. 把人性作为重要课题进行研究

我们在一生中会接触到形形色色的人，在同一个项目中，不同的人有不同的人性现象；同样一个人在一个项目中的不同阶段表现的人性现象也可能不同。我们要始终将人性作为重要课题进行研究，既不能千篇一律看待人性，也不要太过偏激地看待人性；既要看到人性的共性，也要看到人性的个性；既要看到人性的现象，也要看到人性的本质。

2. 识别和管理人的欲望需求结构等

在人性研究中，识别人的欲望结构，管理和引导人的欲望结构有助于我们认识人性，有助于促进项目的顺利发展。欲望并不等于人性，但是，欲望升起的机制、欲望的内容结构、欲望强度等却影响着人性的行为。因此，我们要深入洞察人的欲望结构等内容。

3. 人性是一个立体的多面体

人性是一个立体的多面体，有其积极的一面，也有消极的一面。因此，我们不能因为遇到人性消极的行为而沮丧，也不要因为遇到人性积极的行为而得意忘形。

但是，人性两个方面并不是静止不变的，而是发展变化、相互转化的。我们要分析和识别人性存在的条件，找到合理合法的方法，促进人性向对项目有利的正能量方向进行转化。

4. 充分识别和利用人性的丰富多彩面

一个人在不同的环境和条件下会出现人性的不同侧面。比如，同一个人在心情愉快、工作顺利时与在重大压力和打击下表现出来的人性就不一样；人的内心和外在表现出来的人性内容也不一样。

人性有积极的一面，也有消极的一面。积极方面的特性主要包括自信、开放、快乐、忠诚、主动、独立思考、勇敢、愿意合作等方面。而消极方面的特性主要包括自卑、郁闷、叛逆、攻击性、惰性、借口、软弱、猜疑和封闭等方面。

在大项目运作过程中，要善于识别人性的丰富多彩面，善于影响、引导和管理大项目运作过程中出现的各种现象，为大项目成功奠定基础。

5. 注重客户情绪管理，引导人性的积极价值

人性与人的情绪紧密相关，人性与情绪是连体兄弟。客户情绪左右着人性，进而影响着大项目的成功。

人性管理离不开对人类的恐惧、爱、愤怒、贪婪及怜悯等情绪的识别和引导。

在我们做的事情当中，有许多事情都受到情感的影响。情感可以给我们带来伟大的成就，也可能使我们失败，所以，我们必须了解和控制自己的情感。人有七情六欲，我们可以将这些情感分为消极和积极的情绪，消极情绪有恐惧、仇恨、愤怒、贪婪、嫉妒、报复、迷信、忧虑、悲愤、惊奇，等等；积极情绪有喜欢、高兴、爱、希望、信心、同情、乐观、忠诚、帮助、支持、责任心、热情，等等。

以上多种情绪，正是影响大项目成功或失败的关键，是我们可以组织、引导的因子，我们必须对客户产生的各种情绪持有警觉性，及时引导和疏导不良情绪，这会为项目成功带来意想不到的效果。

6. 激发和妙用人性美德

在大项目管理中，我们要重视人性管理。人性管理要对人性特质进行正确引导、再培育、激发和妙用。如何把人性的积极价值发挥到极至呢？我们要善于启发和激励人性的积极作用面，剔除人性的消极作用面，激发人性的美德，引导和消除人性的丑恶，从而帮助大项目向有利的方向走。

我们要研究上述人性的不同特质，要通过各种途径和方式，并能恰如其分地启发人性的积极方面的特质，最大化挖掘人性的美德，消除人性消极方面的特质，促进与客户之间更多的协作，建立互信的良好氛围，推动项目的进展。

具体实施方法可参考下列举例。

真诚倾听可以感动客户。我们知道，人们往往对自己的事更感兴趣，对自己的问题更关注，更喜欢自我表现。倾听可以减除他人的压力，使人感受自己被重视。因此，访谈过

程中要善于倾听。

物以类聚，人以群分。当人们之间相似之处越多，彼此之间的共同点越多，彼此就越能接纳和欣赏对方，就越容易沟通。人们都喜欢和自己个性观念或志趣相投的人，双方有共同的话题和爱好，对事物有相同的看法或观点，或是有相似的环境及背景，就容易拉近关系。

通过同学、亲戚、老乡关系或类似背景来拉近距离。从人的心理上来讲，每个人的潜意识中都有一种“排他性”，对自己认识的人容易敞开心扉。因而，在交谈中充分利用这类关系就会迅速拉近双方的心理距离，除去对方心理上的“设防”。

以感谢的方式来加强感情。见面时若能恰到好处地表达感谢，无疑能引起对方的极大好感。因此，若客户帮助过你哪怕一件小事，不妨当面讲出，一方面向对方表示了谢意，另外也无形中加深了两人的感情。

从对方的外貌亮点谈起。每个人都对自己的相貌或多或少地感到在意，恰当地从外貌谈起，很巧妙地给对方以肯定，也是一种不错的交际方式，会使对方充满自信并愿意敞开心扉倾心交谈。

剖析对方的名字来引起对方的兴趣。名字不仅是一种代号，在很大程度上是一个人的象征。初次见面时能说出对方的名字已经不错了，若再对对方的名字进行恰当的分析并表示肯定，就更上一层楼。

7. 从人性管理到人本管理的转变

项目都是由人去实施和交付的，因此，我们需要格外关注人、关心人。从人性管理到人本管理就是从人性的识别、引导、正向激发到以人为本、以项目为目标转变，促进人性的创造性和积极性，而不能因为人的个性、非积极性的不利因素而导致项目的失败。

人本管理不仅适用于客户内部的大项目选型团队成员，还要应用到大项目营销团队成员。一个没有人本管理底蕴内涵的大项目营销团队，不可能将人本管理传递和传承到客户内部。为此，我们不仅要用人本管理的思想去尊重和对待大项目营销团队的每一位成员，还要用人本管理的思想去尊重和对待客户内部的每一位员工，不能因为客户内部成员的职位低而漠视之，而要平等地尊重和对待。

6.6　人性管理模型(IAPM)

从以上论述可以看出，人性管理的主要环节包括：人性识别(Identify)、人性评估(Appraise)、人性规划(Planning)、人性激励(Motivate)。这些环节组成循环往复的递进过程。我们分别取四个环节的第一个英文字母组成了 IAPM，称之为人性管理模型，如图 6－5 所示。

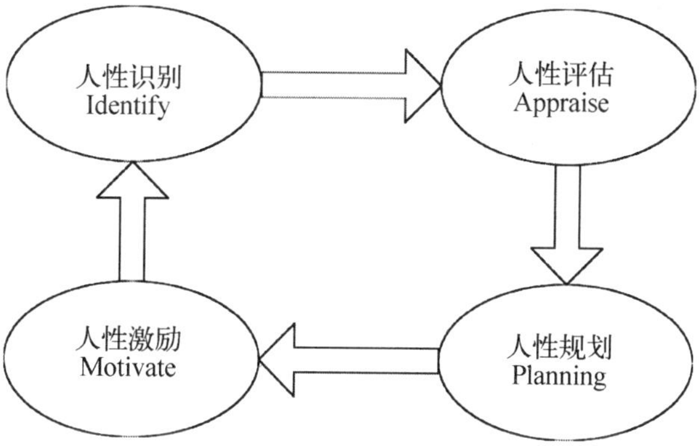

图 6－5　人性管理模型

“人性识别”主要是对人性进行分类和鉴别，发现人性的表面现象和本质特性，研究人性的发展规律，识别人性的新变化，寻求人性管理的理论和实践经验。

“人性评估”主要是对项目运作过程中的人性现象、人性变化等进行诊断、测量和评价，依据人性识别成果，对人性激励实施方案的效果进行分析，找出人性规划方案和方案实施的偏差。

“人性规划”主要是根据人性评估分析结果，确定新目标，重新设计解决方案，提出可行性建议和基本举措。

“人性激励”主要指实施规划方案，将规划方案落地，实现人性的正向激励，为大项目成功奠定基础。

在大项目营销过程中，我们要善于应用人性管理模型，加强人性管理，发挥人性管理的价值。

自我检测

依据本章的内容，请进行自我检测和自我反思，分析优劣势和差距。依据本章的内容，进行实际应用的分析与思考。

休闲时光

该休息一会了！

做成大项目营销者，乃成大事者。成大事者要具有以下的心态与德行：职位高，不以权谋私及傲慢；成绩高，不骄傲自满；见利益，不忘公义；见功劳，礼让和气；见美色，不生淫念；遇挫折，不一蹶不振；见荣辱得失，平淡如水；见不同人，平等宽宏大量。只有这样，才能真正使身心放松下来。

第7章

心理营销是大项目营销的主旋律

7.1　我经历的故事。

7.2　故事给我们哪些启发？

7.3　如何读懂客户的心理账户结构？

7.4　什么是心理营销模型（SMEB）？

7.5　卖点营销存在什么误区？

7.6　为什么说大项目营销首先是客户买点营销？

7.7　客户买点与我方卖点的关键点把握。

7.8　心理营销必须遵守的七项制胜原则（TTPPADL）。

大项目营销是心理营销，是对客户心理需求的识别、尊重引导和激励的过程，是客户买点和供应方卖点互动的过程。

把握和灵活运用心理营销技术，能极大增加大项目营销成功的几率。

大项目营销的过程就是与客户“谈恋爱”的过程，追到客户的最好办法就是捕捉住她的“芳心”，让她紧紧追求你，最终赢得她的心。

但应谨记，客户才是最有智慧的，心理营销不是与客户耍心眼和用小聪明骗客户，而是要给客户带来其需要的价值。真诚为客户创造价值和创新价值是心理营销技术的核心。

心理营销的最高境界是实现大项目利益相关者之间卖点与买点的良好设计、最佳布局、动态平衡和满意管理。

7.1　我经历的故事

我们来看一下我亲身经历的一个故事。

前几天，我去某商城购物，在楼梯处被一位年轻的女导购引导到了一个商品摊位前，让我坐下来，随后有几位服务生为我梳理和按摩头发并用仪器测头部。这位女导购说："我们现在搞促销活动，免费为您服务。"

我一看，桌子上摆满了洗发水，原来是卖洗发用品的。我急忙站起来说："我肯定不买！您还是给别人去检测吧，别浪费时间了。"

女导购说："您不买也没关系。您看，您的头皮和毛孔都已经堵塞了，且毛孔很稀，您是典型的油性发质。再不想办法，您的头发会更少了。看您的头发这么少，您刚 40 多岁吧？可看起来至少也有 50 了。"

我知道她在说我秃顶，其实我从小就是头发少，我笑了，说："我今年才 30 多。"她马上说："真对不起，我看错了。不过，您的皮肤倒像 30 多岁的。我这里的洗发液，是专门治脱发的，您用了可以防止掉发，并且能够去屑止痒，还能够养发护发和生发，您额头秃的那一块会生出新发来，用了我们的产品，有了一头秀发，会全面提升您的形象，您会显得更加潇洒。"

我对她所说的并不在意，因为我从出生时头发就少，脑门一直是我比较"亮丽"的地方，早就习惯了。并且我想，显得成熟一些对工作也有好处，现在我是顾问，脑门秃、年龄大更像专家。因此，这位女士所说的话并没有打动我，于是我转身要走。

女导购马上说："先生，其实，像您这样更需要将发孔的油脂去掉，如果油脂经常堵塞，您的毛孔分泌物排泄不出来，会直接伤害您的肾脏，影响您的健康。"

听到这里，我又坐下来，她的这番话，使我不得不重新考虑此事。虽然，我并不在意形象，但健康的身体是一个人最大的资本，我非常在意自己的健康，尤其不希望身体的重要器官出现问题。于是，我决定购买她推销的洗发水试一试。

交完款后，我问那位促销女士："你知道我为什么买你的产品吗？你为什么能够销售出去？其实这里包含很深的道理，如果能充分利用它会大大提升你的销售绩效。"

由这个小故事可以看出，女导购最初时所说的洗发液的卖点虽然很好，但并没有吸引住我的注意力，她所说的产品亮点并不是我的真正关心点(即买点)。但她后来又说到的健康问题却使我产生了不安，正是这一点激发了我的购买欲望，也就是说，健康安全才是我的特别关心点(即买点)，使我产生了购买行为。看来，我是容易被“忽悠”的人士。

在大项目营销过程中，也经常存在这样的问题：为了赢得客户的信任，不得不三番五次地向客户讲述方案或演示产品，但是客户却不认可。只有从客户角度出发进行准备，才是成功的第一步。

7.2 故事给我们哪些启发？

1. 首先，大项目营销是面向客户的心理营销

大项目营销是面向客户的心理营销，它是对客户的心理进行探索、发现、引导的过程。即使销售人员花言巧语，如果没有针对客户的关注点、疼痛点等，仍然打动不了客户。

2. 谁能最先洞察对方心理，谁就能掌握主动权，就可能启动最大利益点

在大项目营销中，经常出现的现象是射箭对不准靶子。不管客户如何想，销售人员一如既往地按照自己的套路去向客户阐述，结果客户无动于衷。在与客户沟通的过程中，我们要善于分析和捕捉客户的心理动态，找到能够启动客户利益的心理兴奋点，根据该心理兴奋点有目的地行动。

3. 读懂客户的心理账户，洞察不同购买阶段的需求

客户在不同购买阶段的心理需求是不一样的，要读懂客户的心理账户，找出客户心理账户的变化曲线，洞察客户在不同购买阶段的需求内容，积极调整销售策略，从而赢得客户信赖。

7.3　如何读懂客户的心理账户结构？

1. 心理账户即心理需求结构

“心理账户”即心理需求结构，如图 7 – 1 所示。

图 7 – 1　心理需求结构

根据马斯洛的需求层次理论，人的需求分为五层，其中包括：“生理需求”“安全需求”“社交需求”“尊重需求”“自我实现需求”。对于以上五种需求的状况，我们需要在大项目营销活动中，用适合的方法、产品等来满足这些不同的需求内容。这些不同的需求内容，决定了我们营销方案的不同。

客户如果需要某个产品或项目某一方面的利益，我们就要适应客户的利益去满足他。但当客户的基本需要得到满足之后，他的需求层次就开始细分，这就需要用不同的产品和解决方案去满足不同的需求，区分不同的产品和服务概念特点。在营销活动中要主动把握这些区别，真正让客户了解方案或产品是满足哪类需求的，准确地抓住客户的利益点。

在大项目运作过程中，我们要洞察客户心理需求结构，细分客户心理需求的不同种类，监控客户心理需求结构的变化，分析客户心理需求的量变和质变，引导和驾驭客户心理需求结构及其变化。

2. 个性心理与共性心理账户结构

人们在交往中既有明显的个性心理，也有普遍的共性心理。如果能针对人们的共性心理切入交际活动，就可以获得满意的交际效果。人们的共性心理一般有受尊敬心理、成就感心理、炫耀心理、自信心理、共鸣心理、期望认可和肯定心理、好胜心理、虚荣心理、年轻心理、经验丰富心理、其他行为的非理性心理因素，等等。

我们要把“分析和满足对方的心理需要”作为大项目拜访的思考切入点，当作大项目取得成功的捷径。以下列举了一些影响客户心理的方法，仅供参考。

(1)表扬激励法。人都有展示自我价值的心理需要，真诚的赞美能激发人们积极的心理情绪和满足感。表扬激励法就是通过对人的优点及其良好行为进行表扬，满足人的期望认可心理。在使用表扬激励法时，不要对缺点进行表扬，以免弄巧成拙引起客户反感。

(2)否定批评法。有时候，人在观点、认识、路线、行为、性格等方面，存在着重大错误，如果不受到严厉否定和批评，就不会意识到要改变。否定批评法就是否定和批评人在观点、认识、路线、行为、性格等方面的错误，使人识别并改变原始错误。

(3)迎合式批评法。表扬激励法容易使客户认为你在刻意讨好客户，而否定批评法容易惹恼客户。许多时候，如果一味地迎合客户，客户就无法意识到自己存在的问题，就有可能认为你没有发现能力。因此，既不惹恼客户，还能让客户体面地接受你的意见是最难解决的问题。迎合式批评法就是在肯定客户的基础上，还要指出客户存在的问题、风险和后果，肯定中有否定，否定中有未来的希望。

(4)认可激励法。人们都希望自己的专业知识和经验等得到认可，这种心理如果能满足，必定能引起他的感激报偿心理和追求成功的欲望。认可激励法就是发现、满足和激励人的尊重和认可需求，满足人的成就心理。

(5)征求意见法。征求意见法主要适合于有专业领域经验的知名人士或专业人士。征求意见法就是主动向目标人征求意见，请求指导和给予建议，可以满足人的自尊和受重视心理。

(6)欣赏法。欣赏法主要对人的价值观、观点、行为、性格等进行欣赏和赞叹，进而满足人的受尊重、虚荣和自信心理。欣赏会使人们感到认可和温暖，促使他按照被欣赏的方向继续前进。

(7)年轻法。满足人的年轻心理。大多数女士都希望在人前表现得年轻而漂亮。年轻法能满足人的年轻心理，容易营造出温馨和谐的交际氛围。

(8)经验丰富法。有的人期望被视为年龄很大、经验丰富，经验法便是满足人的这种心理。

(9)共同经历法。共同经历法就是通过共同活动等，实现共同体验和共同记忆，增近与客户的距离，增加共同感受，密切双方关系。

(10)共同兴趣法。人们一般都喜欢和那些与自己有“共同语言”的人交往，有共同的兴趣和爱好就容易拉近人们的关系。共同兴趣法就是通过分享共同兴趣，造就共同语言，实现共同协作，密切双方感情。

(11)引起共鸣法。引起共鸣法就是通过一定的交流内容等，引起客户共鸣，能使客户引起心灵深处的共振而拉近关系和强化感情。

(12)充分尊敬法。人人都期望得到尊重，获得尊重既是一个人成就、名誉、专业地位、身份的显耀，也表明其品德、人格、学识、才能得到了肯定认可。充分尊敬法满足人期望被尊敬、受到重视、受到肯定的心理。充分尊敬法主要对人的品德、人格、学识、才能、行为、观点、成就、名誉、专业地位等，进行特殊重视、认可和尊重，在接触、饭餐、出行等方面进行特殊照顾、额外关注等。

(13)激将法。激将法主要对自卑、自负、虚荣等各类心理进行调试，将高的心理调低、低的心理调高。激将法有助于管理人的自负心理、自卑心理、虚荣心理，激发人的好强、好胜、上进心理，激发人尊重客观现实的心理。

(14)授予荣誉法。授予荣誉法主要通过评比方式，授予人在某一方面具有独特专长等的奖杯、奖金、奖章，满足人们的成就动机和被肯定的心理。

(15)看透对方心理法。有的人往往在内心深处隐藏着不愿意显现的秘密，进而不期望被他人看透自己的心理。如果你能在适当时机，采取适当的策略和方式，揭示和解开其心底秘密，避免其心理动机对大项目的不良影响，将会推进大项目的进程。

(16)其他方法。其他方法主要是以上所列之外能够满足对方心理需求的方法。

7.4　什么是心理营销模型(SMEB)?

心理营销模型主要关注客户的买点和供应商的卖点。大项目营销过程中，只注意买点或只注意卖点都是片面的、不全面的。我们需要全面考虑买点和卖点，做到两者的动态协调和平衡。

心理营销模型是指卖点不仅要与客户买点平衡匹配，并且，卖点还要超越客户买点，这是心理营销的成功原则。

卖点匹配和超越买点，用英文表示为 Selling points Mate and Exceed Buying points。我们分别取英文的第一个字母组合为 SMEB，称之为心理营销模型。如图 7－2 所示。

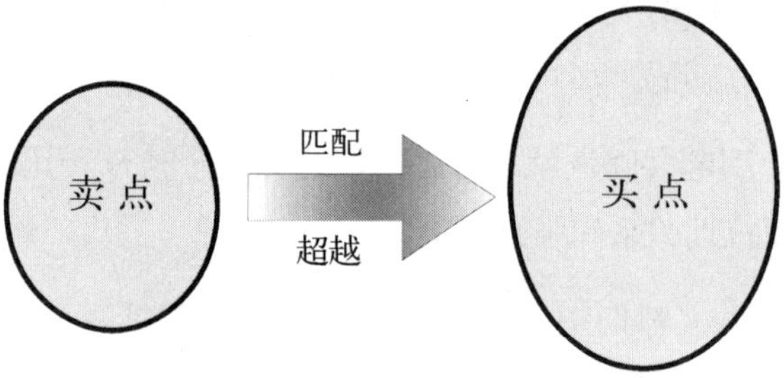

图 7－2　心理营销模型

较低层次的大项目营销，往往只研究和推销自己的卖点，而忽视了客户需求。

优秀的大项目营销，关注卖点与客户买点的匹配，实现了供需双方的平衡。

卓越的大项目营销，注重销售的卖点要超越客户的买点，达到了客户与竞争的平衡。

需要我们注意的是，我们要结合自身能力去承诺，而不能为了使卖点超越客户买点而无原则地去承诺。宣传和承诺一定要诚信，一定不能超过能力极限。

7.5　卖点营销存在什么误区？

“王婆卖瓜，自卖自夸”，但只关注自己的卖点是远远不够的。营销不是研究卖什么，而是研究客户买什么，如图 7－3 所示。

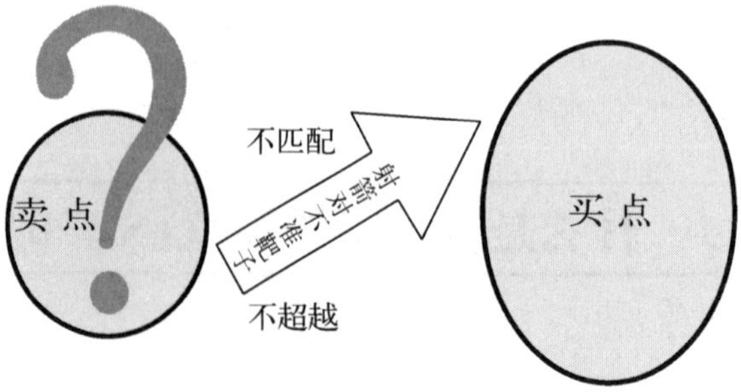

图 7－3　卖点营销误区

其实，大项目营销中，许多供应商只强调卖点和亮点营销，但是对客户的买点的关注和研究不够，就像射箭总是只关注自己的弓和箭多么好，而不去对准靶心，即使再卖力也无法成功。

7.6　为什么说大项目营销首先是客户买点营销？

如果不懂客户的心理需求，那怎么可能将产品和服务顺利卖给客户呢？我们首先要搞清楚：客户在想什么？客户需要什么？客户最关注什么？我能满足客户需求吗？客户需求是正确的吗？我如何与客户互动？客户的买点在哪呢？如图7－4所示。

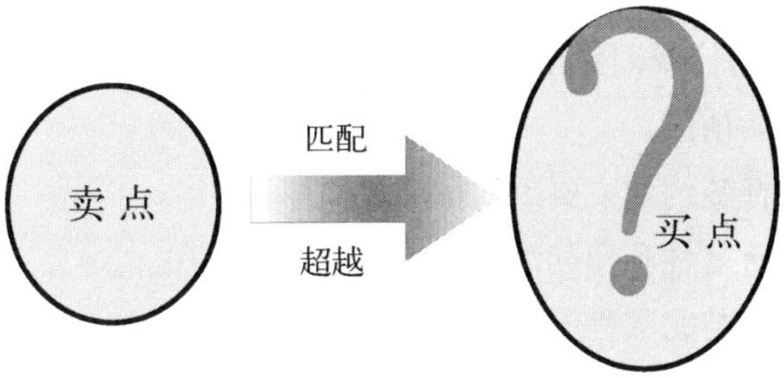

图7－4　买点思考

大项目营销是重要买点的发现，是买点重要性的排序和激励过程；大项目营销是我方卖点对客户买点有的放矢，是买点与卖点互动的过程。

对于产品和服务，客户买点是一个很广泛的范畴，买点既有产品本身的内容，也有产品之外的东西。而产品卖点涉及的有时是产品，有时是服务，有时是品牌，有时是产品固有卖点的重新系统化、再创新、再整合。产品的许多卖点需要我们结合具体的项目、不同的客户和客户所处的岗位角色及流程去挖掘。

7.7　客户买点与我方卖点的关键点把握

项目运作过程中，我们只有抓住了关键性的卖点和买点问题，并将关键性问题进行充分的研究与探讨，才能对项目推进起到关键性的作用。对此，我们要注意以下内容，如图7－5所示。

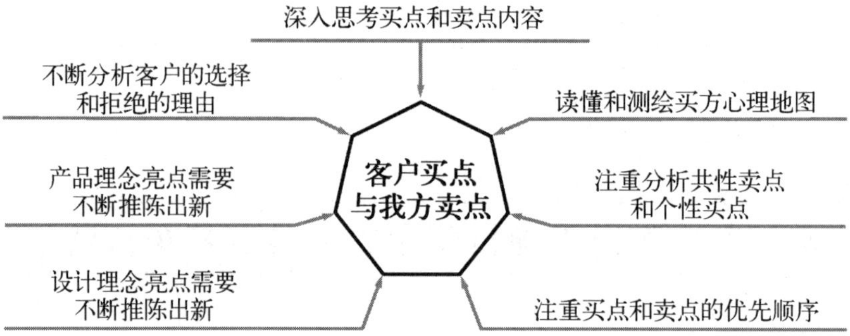

图7－5　客户买点与产品卖点的关键点把握

1. 深入思考买点和卖点内容

在思考买点和卖点时，我们要注意以下内容：

(1)项目成交的原始诱因。

(2)项目达成尝试性签约的主要因素排序。

(3)影响客户达成重复性和持续性购买的主要因素排序。

(4)项目的决策程序与购买程序中的重要影响亮点。

2. 读懂和测绘买方心理地图

在一些项目中，买方心理通常为：

(1)喜新厌旧，喜强厌弱。

(2)让项目“货比三家”。

(3)不让我们知道谁会赢。

(4)不让我们知道谁最终会输，时常提醒要投入，以从多家对手中得到最大的利益。

(5)谈判时突然提出最想要的需求。

(6)至少一次表示谈判可能无法进行了。

(7)想知道我们的底牌。

(8)想了解我们的成本和价格底线。

3. 注重分析共性卖点和个性买点

在大项目营销过程中，我们不能因为共性卖点而忽略个性买点。个性化的买点需要个性化的卖点去匹配和满足。我们要注重提炼分析具有共性的、一般规律性和普遍性的卖点，同时，要清晰客户的个性化买点，针对个性化买点去思考个性化的卖点内容。

4. 注重买点和卖点的优先顺序

销售人员要通过对客户进行有效的询问，切实了解客户最关心和不太关心的是什么，然后形成一个标准。再用这个标准反观自身，看看自己的产品和服务在哪些方面最有优势，哪些方面存在劣势。如果产品和服务的优先顺序和客户的需求顺序正好一致，自然会有很好的效果。如果产品和服务的优先顺序不符合客户的顺序，就要想办法引导调整客户的优先顺序，或者改变自己的产品或服务解决方案。

优先顺序是可以调整的。也就是说，在整个销售过程中，无论销售人员遇到什么样的劣势，都可以通过优先顺序这个方法工具来参与竞争。

5. 设计理念亮点需要不断推陈出新

对于项目的设计理念亮点，我们需要不断推陈出新。如中国 2005 年的超女比赛电视宣传案例，越到最后，剩下的超女越少，比赛越激烈，竞争越白热化，“超女”抛出的“亮点”也就越多。同时，签约风波、评委退出、粉丝拉票、黑幕疑云和海水般泛滥的眼泪不断被抛出，“超女”终于从一档娱乐节目，变成一个全民参与的公共事件，电视节目的收视率极速攀升。

6. 产品理念亮点需要不断推陈出新

产品往往是支撑大项目方案落地的重要交付物之一。为此，我们要重视产品理念。产品理念要不断创新。以企业为例，产品理念不明确，是许多企业存在的最主要的营销问题之一。企业不知道如何界定自己的产品，不知道用什么样的产品理念和客户的需求进行对接，总是把自己的产品利益扩大或者转移，造成自己的产品市场和自己所推广的产品概念对接不起来，使企业在营销活动中陷于被动。

在中国，有很多企业因产品理念走向辉煌，还有很多企业因产品理念走向衰退。很多企业获得成功的同时不知道自己是如何成功的，同样，很多企业到最后不知道自己是如何失败的。

“产品理念”到底是什么？说到“产品理念”，很多人还会理解成这是个关于产品研发的问题。其实“产品理念”从本质上说就是产品卖给客户的利益点，即满足客户的需求点。任何产品都有其市场存在的理由，即客户对该产品存在的需求。

7. 不断分析客户选择和拒绝的理由

客户为什么要选择我们？客户选择我们的理由是什么？为什么选择我们而不是他们？客户拒绝我们的理由可能是什么？这些都是我们要不断思考和分析的问题。

客户拒绝一般存在以下几个理由：品牌缺乏知名度、产品和解决方案无法满足需求、质量无法保证、预算少、交货不及时、服务支持弱，等等。我们要善于分析客户拒绝我们的主要关键点，然后各个击破。表 7－1 为我们列示了要具体分析的内容。

表 7－1　客户选择或拒绝我们的分析表

	客户选择我们的理由	客户拒绝我们的理由	我们现有行动的效果（好与坏）	我们需要的行动改进
1				
2				
3				
4				
5				
6				
7				

7.8　心理营销必须遵守的七项制胜原则（TTPPADL）

大项目营销是针对客户的心理营销，它是对客户心理进行探索、发现、引导的过程。怎样打造心理营销，为项目成功奠定基础呢？

心理营销需要注重以下原则：把握心理营销的目标性（Target）、把握心理营销的适时性（Timely）、把握心理营销的针对性（Pinpoint）、把握心理营销的阶段性（Phase）、把握心理营销的艺术性（Art）、把握心理营销的差异性（Different）、把握客户防御心理的引导性（Lead）。这些原则的英文首字母排列起来就是 TTPPADL，即心理营销的关键成功原则，如图 7－6 所示。

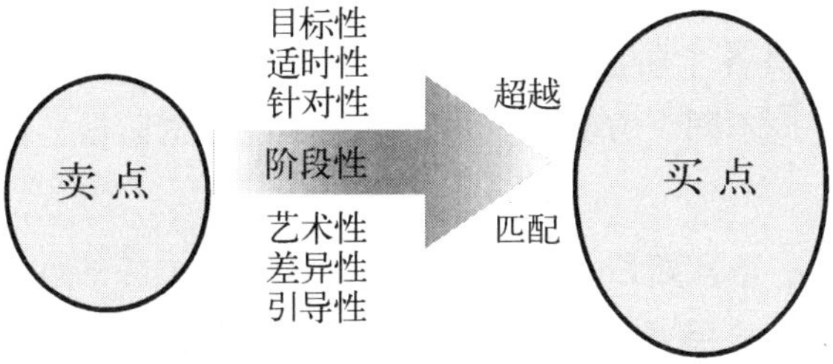

图 7－6　心理营销必须遵守的七项制胜原则

1. 把握心理营销的目标性(Target)

大项目营销与心理营销的最终目标就是赢单和共赢，因此，我们的策略就是以此为最终目的。

在一个大项目中，往往需要多个方案，或者随着大项目的进程而需要解决不同问题的方案。故而，不同的问题需要不同的方案，而不同的方案有不同的目标。

赢单和共赢规则是心理营销的重要目标之一。心理营销过程中要引导和影响客户，创造有利的项目选型规则。

2. 把握心理营销的适时性(Timely)

大项目营销是针对客户心理的适时营销。例如，我们要在合适的时候，提供合适的文件和方案。这就像在战场上的战士，即使有很多子弹，也不一定要全部都打出去。我们要按照客户接受的习惯、客户喜欢的方式、客户认可的时机，逐步向客户展开美丽的画卷。

3. 把握心理营销的针对性(Pinpoint)

心理营销的针对性是指要有的放矢。有的放矢要注意对用户买点的重要排序，将不同层次客户(高层、中层、低层、不同岗位)的不同买点和卖点对接。

心理营销的针对性还要考虑我方的能力范围和能力上限，也就是说，要依据我方能力而有的放矢。如果我方能力不能超越客户需求，就不要试图迎合客户，而要实事求是地与客户沟通，并从其他方面找到适合心理营销模型的能力点、突破点。

4. 把握心理营销的阶段性(Phase)

我们要把握心理营销的阶段性，因为客户在项目的不同阶段，其关注点、疑虑点是不同的。

方案编写要针对项目各个阶段中客户心理上的顾虑、疑惑、期望点等各个击破。因此，每一次的方案编写均不同，方案内容重点取决于项目的阶段、客户的关注重点、客户的状态。

方案根据不同项目、不同阶段、不同情势，以及客户关注的问题、关心、疑惑问题而定。这里的方案指我们可能提交的书面方案，也可能是我们的项目运作方案。

5. 把握心理营销的艺术性(Art)

把握心理营销的艺术性是指根据客户的心理波动曲线，采取适当的策略。在一个项目上的成功经验可能复制到其他项目上并不一定成功，有时还要根据客户情况、项目形势、项目的不同阶段等具体问题做具体分析和“艺术加工”。

6. 把握心理营销的差异性(Different)

我们要把握心理营销的差异性。在这里，主要指在有的放矢的基础上的差异性营销。即我方比对手更突出的优越点、特殊价值点，对手不能提供和超越的价值。

7. 把握客户防御心理的引导性(Lead)

客户的防范抵御心理通常是非常强的，而只有通晓客户防御心理，才能很好地引导客户。客户防范抵御心理可以分为以下几种。

(1)由于别人介绍而导致的对介绍人的防范。

(2)对销售团队的本能性防范。

(3)对个人隐蔽性需求的防范。

(4)对同类方案或产品厂商的疲劳轰炸引起的防范。

(5)由于竞争对手搞定关系引起的防范。

(6)由于可能伤害部门利益引起的防范。

(7)由于客户的心理不确定性引起的防范。

(8)其他。

我们根据客户的防范抵御进行心理分析，判断和引导客户接触的时机。例如，在客户心理能够接纳时再邀请吃饭或参加更深层次的活动，等等。

自我检测

依据本章的内容，请进行自我检测和自我反思，分析优劣势和差距。依据本章的内容，进行实际应用的分析与思考。

休闲时光

该休息一会了！

大项目营销是心的修炼过程。你的心是什么？你的心在哪里呢？用什么样的心与客户心灵共鸣？好的心就像看不见的引力，无形地牵动着客户。

第 8 章

差异化是大项目营销优势建立的源泉

8.1 只有差异化才能生存。

8.2 差异化营销造就非价格竞争，实现高价格签约。

8.3 差异化营销存在细微之处，要善于挖掘、总结和利用。

8.4 差异化营销应该思考的问题。

8.5 差异化营销奏效的前提条件是什么？

8.6 差异化营销模型。

8.7 差异化营销包括哪些内容？

差异化营销是大项目营销制胜的关键手段。

超越式差异化亮点是差异化营销的关键。

差异化营销为客户带来独特的高性价比价值。

优秀的大项目营销实现了“同质化”与“差异化”的最妙融合。

差异化营销就是创造独一无二、非你莫属的客户服务和客户满意度。

差异化营销就是创造独一无二、非你莫属的能力。

差异化营销就是树立独一无二、非你莫属的位置。

差异化营销就是创造唯一性优势。

差异化营销是一个体系。

差异化营销的最高境界是竞空，即进入独有的空白领域。

8.1　只有差异化才能生存

在大项目中，解决方案或项目产品是否为客户所欢迎，最主要的是能否把自己的解决方案或产品与同行区别开来，在客户心目中留下很深的印象。所以从某种意义上来说，创造客户就是创造差异。有差异才能有市场，才能立于不败之地。

所谓差异化营销就是确定唯一性的优势定位，以恰当的方式传播给客户，取得客户的认知和信任。

差异化营销所追求的“差异”是解决方案或产品的“非替代性”，或在解决方案方面，为客户提供竞争对手不能提供的价值，即在产品功能、质量、服务、营销等方面。

差异化营销的本质是创造唯一性。比如，定位自身的唯一优势（如资本优势、品牌优势、技术优势、产品优势、服务优势和管理优势等），设计解决方案或产品使之在性能、质量、成本、服务等方面优于现有市场上的解决方案或产品，或是在销售方面通过有特色的宣传活动、灵活的促销手段、周到的售后服务，在用户心目中树立起不同于竞争对手的良好认知定位。

8.2　差异化营销造就非价格竞争，实现高价格签约

企业间的竞争大致可分为两类：价格竞争和非价格竞争。市场上最常见的是价格战，但这种方式成本高、效益低，竞争激烈。如果在产品、服务等方面与竞争对手几乎相同，就容易陷入价格竞争。价格竞争是通过降价来取得优势，进而使客户满意的一种竞争方式，而企业利润往往由于价格竞争，不得不在低利润和负利润区徘徊。

非价格竞争是为客户提供差别化的、更有特色或更能适合客户需求的产品和服务的竞争方式。产品和客户需求都存在差异性，运用价格以外的竞争手段，如产品的品种、质量、性能、专利、品牌、款式、特色、包装、保证、服务、形象、各种促销活动等来唤起

客户的购买欲望，促使其购买产品。

我们要尽量避开这种低层次的价格竞争，根据自身特点进行差异化竞争才是“双赢”的选择。

8.3　差异化营销存在细微之处，要善于挖掘、总结和利用

那么，我们应该如何运用差异化营销呢？

差异化存在项目每个阶段、每一次接触的任何细微之处，关键在于我们是否善于挖掘、总结和利用。如果能善于利用，差异化会带来巨大的竞争力。

对于每一个组织来讲，我们要从组织的高度，建立差异化体系。差异化体系不仅涵盖差异化战略、产品及解决方案，还要建立起差异化的大项目运作体系，将差异化思想融会贯通到大项目运作的每个阶段和每一个活动中去。

8.4　差异化营销应该思考的问题

在大项目营销过程中，我们要充分发挥差异化思想，为此，需要思考如下问题。

(1)什么是差异化？

(2)差异化营销的价值体现在哪里？

(3)差异化奏效的前提条件是什么？

(4)如何寻找和定位差异化点？

(5)如何通过差异化营销，进行非价格竞争？

(6)如何实现卓越的差异化营销？

(7)差异化管理的主要内容是什么？

(8)如何实现差异化落地？

(9)如何评估差异化营销的成败？

(10)如何实现“同质化”与“差异化”的最妙融合？

8.5　差异化营销奏效的前提条件是什么？

差异化竞争并不是那么容易就能取得成功的。一般来说，差异化要取得成效，需要考虑如下前提条件。

(1)差异化的效果是客户关注的关键需求。

(2)差异化的效果能为客户带来独特价值。

(3)差异化建立在同质化的基础之上。在与竞争对手同质化的基础上，设计和运作差异化价值。

(4)差异化的唯一性是大项目赢的关键。别人能提供的，我也能提供；别人提供不了的，我更能提供，并且做得很好。因此，差异化来源于我的核心能力。

(5)在适当的时候、适当的场合，采取适当的方式，将差异化理念传递给适当的人员。

(6)差异化及其唯一性得到客户决策团队的认可和欣赏。

(7)差异化及其唯一性属于大项目投标评审规则的重要内容。

(8)差异化及其唯一性是客户预算可以承受的，或是客户愿意付费的；或者，差异化及其唯一性并没有给客户带来预算超支；或者，差异化及其唯一性作为竞争优势手段而免费服务或低价格服务。

(9)要具有差异化的产品、服务、方案等储备，同时，差异化不能停留在理念上，而是能够生产制造出来，是实际存在的。

8.6　差异化营销模型

如何进行差异化呢？我们要建立差异化模型，如图 8－1 所示。首先，确定差异化战略，差异化战略是一个组织的总体差异化战略。其次，依据差异化战略，建立差异化理念群。在许多组织，差异化并不一定是一个，而是多个，因此要形成差异化理念群。差异化理念是非常重要的，差异化理念是关于从哪里进行差异化定位的重要智慧总结。差异化理念要细化到具体的目标才能被执行。差异化目标如何实现呢？我们需要建立差异化路线图。

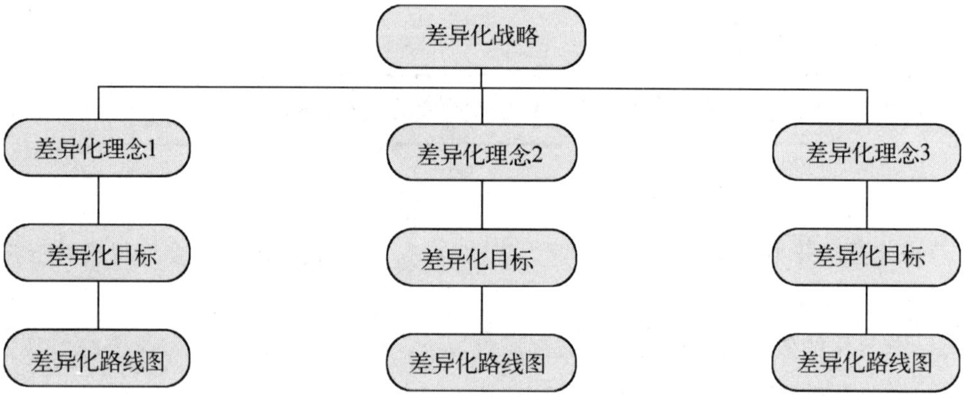

图 8－1　差异化营销模型

8.7　差异化营销包括哪些内容？

1. 差异化战略

差异化是大项目营销的重要方法，但是，差异化并不容易实现。差异化由“一句话”到真正实现，需要很长的路程，也需要一定的投入和资源保障。

差异化如何实现？首先，我们要从战略高度设立差异化战略。差异化战略是组织最顶层的差异化定位，是差异化价值的创造方向。差异化战略体现了最高领导层的前瞻性思想以及对未来的洞察智慧。一个好的差异化战略应该考虑大项目的整个价值链，主要涉及解决方案设计、产品开发、落地交付物开发、售前咨询、销售、实施和售后服务等环节。

2. 差异化理念及差异化群

差异化理念是实现差异化战略的具体细分方向的定位，是具体从哪里进行差异化的创意。差异化群是多个差异化理念形成的组合。一般来说，设计差异化理念主要考虑如下内容：

(1)以客户为中心，定位客户差异化理念。

(2)以竞争为中心，定位竞争差异化理念。

(3)以产品为中心，定位产品差异化理念。

(4)以技术实现为中心，定位技术差异化理念。

(5)以设计为中心，定位设计差异化理念。

(6)以服务为中心，定位服务差异化理念。

(7)以价值为中心，定位价值差异化理念。

(8)以大项目的价值链及其环节为对象，定位差异化理念。

(9)其他。

3. 差异化目标的设定

差异化的战略目标是指差异化理念的实现目标。根据差异化理念，设计差异化目标，我们要回答以下问题：

(1)我们在哪里为客户提供差异化服务？

(2)差异化要达到的目标是什么？目标值是什么？

(3)目标值多高最合适？

(4)目标由什么部门和人员去承担和落实？

(5)用什么指标去评估差异化目标的实现效果？

4. 差异化路线图

差异化路线图是关于差异化目标如何实现的具体蓝图。差异化路线图主要包括寻求差异点、差异化具体内容和差异化举措，其主要内容如下。

差异点是指根据项目差异化的理念和目标，定位、论证和设计差异化的关键点。差异化的关键点主要回答，我们主要在哪些大的方向上进行差异化？从组织顶层到基础层都实行什么样的差异点？在大项目价值链上，我们如何定位差异点？这些差异点能否达到唯一性？

差异化具体内容是指要将差异点转化为差异化具体内容，差异化具体内容一般需要考虑如下几点：

(1)方案或产品核心价值的差异。

(2)有形价值差异。

(3)无形价值差异。

(4)价值增值差异。以企业为例，其中包括与产品间接相关的或厂家有意添加的性能和服务。如免费发货、分期付款、安装、售后服务等。

(5)品牌形象差异化。

(6)实现技术差异化。

(7)解决方案具体内容的差异化。

(8)服务人员的专业性。

(9)团队差异化。

(10)在某一方面无与伦比的高瞻远瞩。

(11)在其他方面的独特长处。

差异化举措是指在确定了差异点、差异化内容后，还要考虑如何在实战中具体应用，即设计差异化的具体措施。差异化举措主要包括计划、时间、人员、活动、目标、考核等。我们不仅要考虑组织层面的具体实施举措，还要考虑各项目团队的差异化举措和能力，更要依据项目的进程进行布局。差异化举措体现在每一个阶段、每一个关键时刻、每一次接触交流、每一个人、每一份文件、每一个方案、每一处细节。

自我检测

依据本章的内容，请进行自我检测和自我反思，分析优劣势和差距。依据本章的内容，进行实际应用的分析与思考。

休闲时光

该休息一会了，别让身心都太紧张了！请放松一下吧！

“放松”不是唱歌跳舞，不是喝酒吃饭，而是来自自己内心深处的宁静、平和、慈祥和轻松。

第9章

接触管理是大项目营销的关键

9.1 什么是接触管理?

9.2 接触管理是一门学问和艺术。

9.3 有备而去，不打无准备之仗。

9.4 接触管理需要避免的误区。

9.5 接触管理必须透彻了解的问题。

9.6 接触管理模型(PCA)。

9.7 接触管理的行动控制。

9.8 首次拜访控制演练。

9.9 再次拜访演练。

9.10 接触管理的关键要素。

有时候，为什么与客户接触次数越多，效果反而越差，丢单几率也越高。这就是没有进行良好接触管理的后果。

接触越多，暴露的弱点也就越多。如果我们能够在每一次接触中，表现得更专业、更规范、更得体，自然会赢得客户更多的满意，竞争优势也在不知不觉中增强了。

接触管理的精细化是提高大项目实力的关键。千万不要打无准备之仗，这是接触管理的重要原则。

许多错误将暴露到接触管理环节，许多错误起源于接触管理环节。

接触管理能力的提升，是大项目赢的重要保障。

接触管理是一个体系。

9.1　什么是接触管理?

接触管理就是建立大项目接触战略和策略，对组织与客户发生的各种接触点、接触时机、接触目标、接触内容、接触关系、接触人物、接触方式、接触参数、接触管理的技术手段等进行全面而系统的科学管理，达到接触界面友好、接触效率高、接触质量好、接触效果显著，不断递进目标，不断升级成果，不断赢得客户的赏识、尊重、满意和信任的过程。

9.2　接触管理是一门学问和艺术

客户购买过程是寻求尊重和利益收获的过程，客户的参与程度和积极性影响着他们的满意度，我们的一切接触活动都应体现其对客户有形和无形的尊重。

接触管理的内涵和外延都很大，可以说是一门学问和艺术，一切营销活动始于接触管理，而又终于接触管理。接触管理贯穿整个营销过程，是营销的龙头和源头。

接触管理主要用于管理客户与我们的交互方式，我们既要重视专门渠道的接触途径，也要重视跨渠道的接触途径，如电话渠道、电子邮件响应管理系统等。

接触管理主要涉及以下问题：在何时、何地、何种情况下，如何与客户进行接触沟通？接触什么？主要传递什么信息？达到什么目标？

接触管理的实质是：在合适的时机，以合适的产品(服务或方案)，通过合适的渠道，选择合适的方法，提供给合适的客户，以满足客户的物质、精神的需要和愿望，达成既定的项目目标。

在营销过程中，我们要重视关键时刻的接触管理，控制好度。接触管理是一个快慢相间、刚柔并济，根据项目进展情况不断变换策略，不断控制和引导进展方向和形势，科学响应客户热点与关注点的过程，是一个步步为营、环环相扣、精益求精、不断进入新境界的过程。

9.3 有备而去，不打无准备之仗

客户通常是有备而来的，我们也要有备而去。在拜访客户时，要牢记坚决不打无准备之仗。任何不经过充分准备的项目拜访行为，都是对客户、对项目极不负责的盲动。

事前的准备、接近、需求探寻、产品介绍与展示、缔结业务关系等活动，是接触管理的重要内容。作为一名职业营销人，要掌握科学的接触管理之道，重视事前准备工作，这是突破客户关系、提升销售业绩的重要方法!

9.4 接触管理需要避免的误区

在大项目营销的客户接触管理中，我们经常容易出现以下问题。

(1)没有意识到接触管理的系统内容，不能站在战略高度对接触管理进行布局。

(2)没有良好的项目拜访计划和策划。

(3)不知道客户接触前要准备什么内容。

(4)对于要接触的内容羞于与客户联系。

(5)过于乐观，对意外情况估计不足，事前准备不充分。

(6)与客户接触后，无话可说。例如，初见聊了很多，再见面就无话可说了；销售人员一方面渴望见面，另一方面见面又无话可说，很矛盾。

(7)与客户沟通后，对于客户提出的问题感到措手不及，不知所措，只有招架之功，无还手之力。

(8)客户虽然已经接触过几次，但打电话客户就挂断。

(9)与高层领导接触的能力较差，常常接触越多，丢单几率越高。

(10)不该接触时，却进行接触，不懂得接触的时机。

(11)在项目进展控制上，要么太过激进，要么太过保守，从而陷入束手无策或守株待兔的境况，错过最佳时机。

(12)一见客户就迫不及待灌输产品情况，形成“内容垃圾”。
(13)初访拜访，客户避而不见或面露不耐烦。
(14)项目谈判没有达到预期效果。
(15)不知道如何策划对客户的初次拜访、再次拜访和重复拜访。
(16)项目沟通能力及效果远远弱于同行。

9.5　接触管理必须透彻了解的问题

做好接触管理，需要在拜访客户前准备和思考以下问题。
(1)什么情况下才需要接触？
(2)接触目标是什么？
(3)主要传递什么信息？
(4)接触的具体内容是什么？
(5)接触时机何时最好？如何选择接触时机？
(6)与什么层次的人接触？
(7)何时何地接触？
(8)采取什么样的方式？
(9)是否已通过其他渠道(网站、别人)了解了客户的情况？
(10)还需要做哪些细致的准备工作？
(11)接触人员的级别是什么？我方人员安排？
(12)谁参加，谁主谈？
(13)什么该谈？什么不该谈？
(14)如何开场？前三句话谈什么？
(15)谈判底线是什么？哪些可以灵活？哪些可以让步？
(16)不同客户会有什么不同反应？
(17)针对不同客户的不同反应，应对措施是什么？
(18)客户是否真正了解了此次拜访的目的？
(19)如何进行接触后的评估分析？
(20)如何进行接触后的客户反馈及处理？

9.6 接触管理模型(PCA)

接触管理一般包括三个阶段：接触前准备阶段、接触过程阶段、接触后评价总结阶段。为了保证接触过程取得最佳效果，以接触活动为中心，接触前要有高质量的工作输入，接触中也要有高质量的工作展示、共识、成果达成，接触后要有高质量的工作评价、总结和提升。总体来说，接触管理的模型由接触前准备(Prepare)、接触中(Contact)、接触后输出评价(Appraise)组成，分别取英文的第一个字母组合成 PCA，称为接触管理 PCA 模型，如图 9－1 所示。

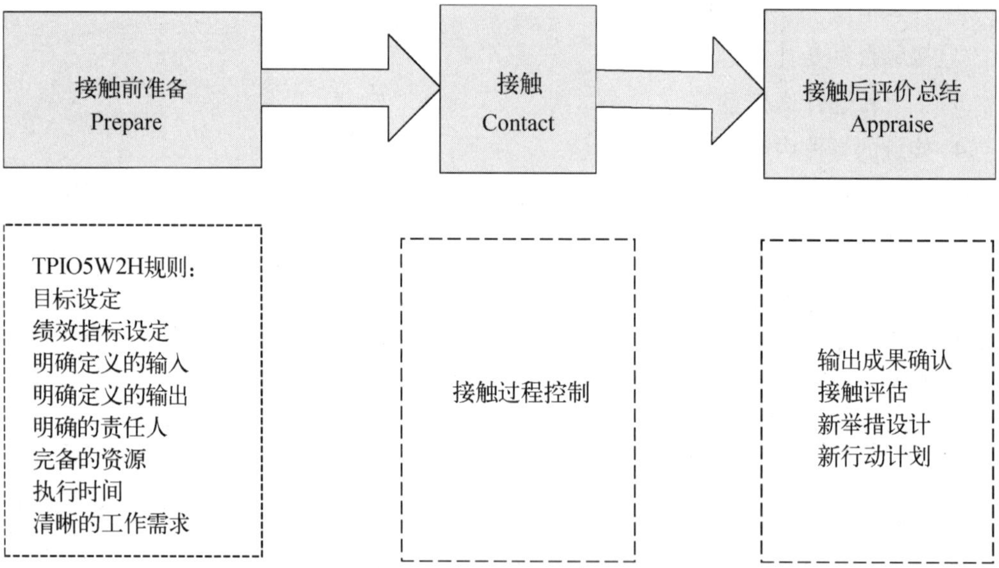

图 9－1　接触管理模型 PCA

接触前要有高质量的工作输入，其主要遵守的规则我们称之为 TPIO5W2H 规则。TPIO5W2H 规则包括接触前目标设定(Target)、绩效指标设定(Performance)、明确定义接触前各项活动的输入(Input)和输出(Output)。在此基础上，确定谁(Who)，在什么时间(When)，为什么原因(why)，在哪里(where)，做什么活动(What)，该活动需要多少成本(how much)，用什么方法实施(how)。这样就有明确的责任人、清晰的工作需求、完备的资源和执行时间，为接触拜访作好准备。做接触管理工作都应该从 TPIO5W2H 来思考，这有助于工作的清晰化和条理化，杜绝接触管理的盲目性。

在接触过程中，还要注重接触礼仪，注意临场发挥和应变，要将自己的能力施展出来，达成共识，形成双方认可的工作成果。

在接触后，要有高质量的评价、总结和提升工作。我们一定要重视大项目接触后的工作。此时，我们要对接触后输出成果进行确认，对接触工作进行评估和评价，分析接触后的遗留问题和异议问题，分析机会和威胁，策划接触后的新举措和新行动计划。

9.7　接触管理的行动控制

依据接触管理模型，我们主要从接触前、接触中、接触后三个环节探索接触管理的行动控制。

1. 接触前的行动控制

我们要做好接触前的行动控制，主要考虑如下内容。

(1)千万不要抱着侥幸和随意心理，没有充分准备就去见客户。

(2)充分分析(自我分析、竞争分析、客户分析、不利因素分析)。

(3)摸透客户需求和客户心态，要想到对方心里去。

(4)预估和分析接触的形势，预想各种情景、不利情况和风险，防止估计不足或低估客户的反应，做最坏打算。

(5)做好前期准备工作，如本组织基本信息、产品知识、客户的相关信息、本组织的相关政策及策略等。

(6)设定接触目标。

(7)项目谈判内容和进程的策划。

(8)做好商务计划安排。

(9)确定行动目标和行动计划。

(10)落实各角色责任人、角色协同内容和协同程序。

(11)设计各种情形下的接触管理解决方案。

(12)检查接触管理前的输入工作是否已经充分准备和准备质量如何。

2. 接触中的行动控制

我们要做好接触中的行动控制，主要考虑如下内容。

(1)必备形象礼仪：行为举止礼仪要注意个人形象，如仪容、目光、微笑、握手、名片、站、坐、走等；着装礼仪要注重着装忌讳等；招待礼仪要注重礼仪标准等；语言礼仪要注意语言表达技巧和沟通技巧等。

(2)注重关键时刻和关键细节管理。

(3)关键内容的逐步呈现展开。

(4)接触内容和进程的实时控制。

(5)注重演讲技巧。

(6)要有灵活应变的现场能力。

(7)要重视对客户的影响力。

(8)要密切双方关系和增进信任度。

(9)对我方和客户的交流内容，根据情景进行恰当引导。

(10)对双方达成的共识和产出成果进行及时的回顾、总结和确认。

3. 接触后的行动控制

我们要做好接触后的行动控制，主要考虑如下内容。

(1)对客户疑问、难题、异议、矛盾、误解、抱怨等进行回顾总结。

(2)进行成果管理，总结双方共识和产出物，落实双方达成的共识与计划。

(3)对客户的需求进行第一时间详细而专业的回复。

(4)及时消除客户的疑虑、不信任、敌视等。

(5)进行恰如其分的客户关怀。

(6)对本次接触的效果进行及时评估和反思，对不足和长处进行总结。

(7)制定改进计划。

9.8　首次拜访控制演练

1. 首次拜访的策略分析演练

初次拜访客户的主要目的就是尽量多地了解客户，识别客户的需求。我们要注意划分好自己与客户的角色，比如，营销人自己的角色是一名学生和听众，或适当的介绍引导者；而客户出任的角色是一名导师和讲演者。在接触时候，我们要尽量赢得客户的好感，并将客户的戒心打开。

2. 首次拜访的控制演练

下面我们具体演示如何进行首次拜访的控制演练。

(1) 打招呼。

在客户未开口之前，以亲切的语气向客户打招呼，如："张经理，上午好！很高兴认识您！"

(2) 用恰当的语言缩短彼此的距离。

初次见面，双方都希望尽快消除生疏感，缩短相互间的距离，建立融洽的关系，同时给对方一个良好的印象。把握好沟通艺术可以做到这一点。所谓沟通，其实是在交换可有可无的信息中传递一种感情信号，但必须找到合适的话题作为互相了解的窗口和突破口，这需要付出时间和精力来磨练自己的沟通能力。

(3) 自我介绍。

自我介绍和创造好的气氛：表明公司名称及自己的姓名，并将名片双手递上，在与客户交换名片后应进一步表达谢意，如："这是我的名片，谢谢您能抽出时间和我见面！"为了进一步拉近彼此之间的距离，缓和客户对陌生人来访的窘迫情绪，还可以进一步交谈，如："张经理，我是您部门的小李介绍来的，听他说，您的摄影技术非常专业，我十分佩服。"

（4）正式交流。

首先，引入正题，提出本次交流内容或交流提纲，阐述本次交流的重要性；告诉客户本次交流的耗费时间；征求客户建议，询问是否可以进行下去，如："张经理，今天我是专门来向您了解项目的需求情况的，在需求清晰的基础上，可以为你们提供更方便的服务，我们谈的时间大约只需要45分钟，您看可以吗？"

在交流过程中，适时进行询问，通过询问来挖掘客户需求，询问的问题面要采用由宽到窄的方式逐渐进行定点深度探寻。如果存在含糊的地方，还要复述和询问客户，比如："张经理，您说的××内容，我不是很确定，是指××情况吗？您能否再解释一遍？"

同时，注重不断确认和总结。例如，根据调研过程中所记下的内容，进行重点回顾、要点总结和确认："张经理，今天很高兴从您这里听到了这么多宝贵的信息，真的很感谢您！您刚才所谈到的内容主要是三方面内容，第一是关于……，第二是关于……，第三是关于……对吗？"

（5）结束拜访时控制。

在结束拜访时，要再次全面总结确认双方交流的共识和成果，在结束初次拜访时，我们应该再次确认一下本次来访的主要目的是否达到。

另外，要积极提议，创造第二次拜访机会，可根据遗留问题或解决方案，约定下次拜访内容、目的和初步时间："张经理，今天很感谢您用这么长的时间给我提供了这么多宝贵的信息，根据您今天所谈到的内容，我回去会好好地整理，让专家进行研究并初步提出解决方案，然后再来向您汇报，您看我们要约定本月底哪一天合适？"

9.9 再次拜访演练

1. 再次拜访前准备

我们要做好下次拜访前的准备工作，如分析拜访对象，确定下次拜访实现目标，准备讲解内容。同时，与客户进行沟通，再次确定拜访日程、双方参加人员和详细内容。电话预先约定及确认，如："张经理，您好！我是××公司的××，上次我们谈得很愉快，我们上次约好××日，由我带李专家等来向您汇报方案，我们九点整准时到您的办公室，您看可以吗?”如果是双方高层领导出面参加，需要用传真或者 Email 确定详细内容和出席的双方高层领导人。

2. 再次拜访策略设计

我们要进行再次拜访策略等方面的设计。首先，做好上次沟通的拜访纪要，将此传递给相关人员。设定拜访目的、参与人员、具体工作内容。在此基础上，进行客户需求的分析和规划，进行解决方案的设计工作。同时，定义参与人员的各个角色和演讲内容。

3. 再次拜访控制演练

首先，进行双方介绍练习。在双方介绍时，先将客户介绍给我方人员后，随即再将我方人员介绍给客户。有重要领导参加时，介绍顺序需要与客户一起协商，要考虑同级职位和不同级职位、同年龄和不同年龄等要素。在向双方做介绍时，要口齿清晰、有礼貌、面带尊重和重视感，以手示意。不要用手指点，更不能随意拍打肩膀或胳膊。

现场情景演练如下。销售人员在介绍完专家团队后，阐述本次交流的目的和计划安排。如：“张经理，您在上次沟通中提到了几个问题，它们分别是……我们公司对此很重视，专门召集顾问专家，就您所关心的问题做了一套详细设计方案，这套方案的优点是……通过这套方案，您将看到您所关心的需求是如何解决的。下面，我们为您做一下汇报，时间大约需要 50 分钟，您看是否合适?”随后，专家确认对客户需求的理解，介绍本公司产品或项目方案的重要特征和带给客户的利益，详细阐述解决方案。

会议结束的总结演练。在会议结束时，要确认对客户新需求的理解，并对本次会谈做总结。同时，承上启下，为下一次拜访埋下伏笔，提出下一次的行动内容和时间计划建议，着重强调对客户的价值，促使客户接受下一步行动，提出客户需要配合的条件。

9.10　接触管理的关键要素

什么是影响接触管理的关键要素？做好接触管理，需要重视以下九个关键要素：接触战略管理、接触策略管理、接触关系管理、接触点管理、接触方式管理、接触参数管理、接触管理的技术手段、接触细节管理、接触礼仪管理。如图 9 – 2 所示。

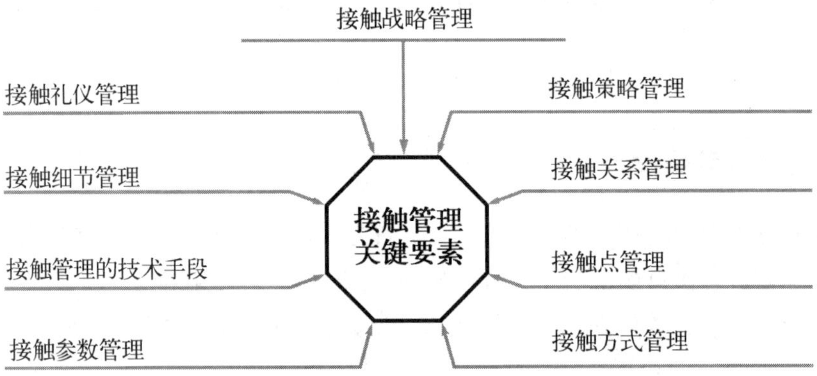

图 9－2 接触管理的关键要素

1. 接触战略管理

我们要重视接触管理，建立接触战略，实现接触战略管理。接触战略管理一般从以下几个方面进行考虑。

(1) 从战略高度上重视客户接触的重要性，发挥客户接触的价值，预防和防止客户接触引起的不良现象。

(2) 建立接触战略，进行组织顶层的接触战略创意，建立一流的“接触战略”方向。

(3) 依据接触战略，建立接触战略目标，设计接触战略的路线图。

(4) 依据接触战略的路线图，对“客户接触”进行管理。

(5) 对接触战略的整个生命周期进行管理。

2. 接触策略管理

在接触战略的指导下，我们要重视接触策略。接触策略管理需要注重以下内容。

(1) 将客户及相关接触信息作为组织资产来管理。

(2) 定义客户的期望，积极管理客户体验，评估客户的持续价值，管理客户识别、挑选、获得、发展、保持的整个接触过程。

(3) 进行跨部门或分支机构的信息、客户、接触流程的集中管理。

(4) 在方案或产品生命周期的不同阶段或客户生命周期的不同阶段，可考虑采用不同的接触策略。

(5) 创立基于关系的客户接触管理，例如，建立关系、客户保持、客户推荐、客户重复、关系评估和控制。

(6) 注重接触管理的知识管理。

(7) 每一次接触要有每一次的策略设计。

(8) 充分利用信息技术，开发有竞争力的信息化接触策略，进行客户细分和一对一接触，实现差异化、个性化、网络化、实时化、快速化、互动化接触。

(9) 谋划更有效的传播沟通策略，例如，激发客户试用产品、再次购买、多次购买；促使其他品牌的忠诚者转换品牌，并建立起本品牌的知名度、美誉度、忠诚度等。

3. 接触关系管理

对我们与客户发生的各种接触关系进行全面管理。对组织与客户间可能发生的各种关系进行全面管理，将会显著提升组织营销能力，降低营销成本，控制营销过程中可能导致客户抱怨的各种行为。

以企业为例，组织与客户之间发生的关系，不仅包括单纯的销售关系，如合同签订、定单处理、发货、收款等；而且还包括在组织营销及售后服务过程中发生的各种关系，如在组织市场活动、市场推广过程中与潜在客户发生的关系；还包括在与目标客户接触过程中，各项活动及其与客户接触全过程所发生的多对多的关系；还包括售后服务过程中，组织服务人员对客户提供关怀活动、各种服务活动、服务内容、服务效果的记录等，这也是组织与客户的售后服务关系。

4. 接触点管理

我们应积极创造和利用多种渠道和场合，加强与客户真挚、坦诚和双向互动的沟通，对组织与客户发生的各种接触点进行全面管理。为此，我们需要考虑如下内容。

(1) 按照目标对象特点分，接触点主要分为组织接触点和客户接触点。

(2) 从组织的角度来说，组织接触点主要分为组织实体点（直接接触组织及其分公司、子公司或销售点）和媒介广告宣传点（电视、新闻、广播、报纸、杂志等）。

(3) 从客户的角度来说，客户接触点分为高层、中层和低层接触点。

(4) 从客户关键决策角度来说，接触点分为决策层接触点和业务层接触点。

(5) 从客户效益实现角度来说，接触点分为客户关键效益接触点和非关键效益接触点。

(6) 按照接触距离远近和方式分为直接接触点、间接接触点（潜在接触点、次潜在接触点等）。

(7) 从组织整体与个体角度来说，接触点分组织层次与客户的关系（官方）接触点、个别业务员与客户的关系接触点。

(8) 同一个招标项目组织只确定一个组织对客户的官方接触点，且传递的声音一致。否则，组织中多个接触点同时接触客户，反复问同一个问题，易导致客户反感。

(9)经过互动，在客户、经销渠道、组织之间建立起对话关系，对互动触点进行规划和管理，建立有价值的联系。

5. 接触方式管理

我们要综合利用各种接触方式，对组织与客户发生的各种接触方式进行全面管理，主要需要考虑如下内容。

(1)接触方式要考虑接触路径的选择。

(2)从组织角度来讲，接触方式分为直接接触(如产品展示)和间接接触。

(3)从客户角度来讲，接触方式分为主动接触和被动接触。

(4)从项目运作角度来讲，接触方式分为售前、售中、售后的接触。

(5)从群体与个体角度来讲，接触方式分为大型活动时接触和单独拜访接触。

6. 接触参数管理

对组织与客户发生的各种接触参数进行全面管理，需要考虑如下内容。

(1)接触的媒介，如电话、互联网。

(2)接触的时机和频率。

(3)接触部门、人员。

(4)接触目标。

(5)接触内容和双方交流的信息。

(6)接触细节。

(7)接触的未来计划。

(8)接触的成果。

(9)接触的最终结果。

(10)接触成本。

(11)接触效率。

(12)接触质量。

(13)其他。

7. 接触管理的技术手段

在接触管理时，我们要充分利用各种接触管理的技术手段，利用先进的通讯技术和信息技术，充分发挥组织化行为，提高接触管理的效率和质量，为此，我们要注意以下问题。

(1)更好地利用 IT 技术，降低接触管理成本。

(2)呼叫中心的应用。

(3)微信、QQ 等互动交流手段的应用。

(4)传统互联网、移动互联网、最新移动通信技术等的应用。

(5)关注交互式语音及信息应答系统的应用。

(6)注重传播手段的整合。

(7)管理好主要接入媒介途径，例如有线电话、无线电话、互联网、电视、广播、报纸、杂志、户外广告、直销、展示会、店面促销、信函、传真。

(8)充分注意自动化接触方式和非自动化接触方式的融合。

8. 接触细节管理

我们与同行之间的差距体现在每次接触的细微之处，我们要重视细节管理，实现从战略到细节的管理。细节管理需要考虑如下内容。

(1)建立整个项目接触管理的整体框架，实现从框架到细节的规划与管理。

(2)对项目阶段进行合理划分，细分每一个阶段的活动，对活动进行层层细分。在活动细分的基础上，强化各级活动的策略、内容和规范管理。

(3)重视细节问题的管理。为此，要建立问题的识别、评价、设计、实施、改进机制，推进细节问题的解决。

(4)主动寻找不足，强化细节训练，提升细节的专业性能力。

(5)重视关键活动的关键细节，研发关键细节的能力，做好关键活动的关键细节。

(6)建立大项目团队的接触礼仪，提高接触细节的形象和品质。

(7)推进大项目营销服务的标准化和精细化建设。

9. 接触礼仪管理

接触礼仪是接触管理中必需重视的问题。接触礼仪主要考虑思想规范、行为规范和服务礼仪。以下为相关参考内容。

(1)思想规范。

思想影响着行为，思想是行为的发动机，因此，我们要对思想等进行控制。思想规范一般规定思想意识等内容。比如，可以参考如下内容。

①客户是我生存的基础，我必须依靠客户才能生存。我要热爱客户，尊重客户，一心

一意为客户服务。

②在思想意识中，树立“客户永远是对的”思想。如果客户提出任何意见，我们要满怀欣喜地认真听取，注重自我反省、自我改正。如果客户资料及行为不符合组织要求，要心平气和、耐心、热情地去解释和说服，绝对不能激怒客户，帮助客户从其自身成功的角度，晓之以情，动之以理，引导和劝服客户。

③我是一个高素质、有内涵、心里美、道德美的专业人士，对待任何难题我都能平静地、有策略地沟通和妥善处理，绝对不会对客户发怒、生气和抱怨。遇到棘手的问题，我会及时汇报和征询意见，寻求团队的力量和智慧解决。

④我要不断提升大项目营销的专业能力，不断增强“客户关系管理”能力，使客户成为我生命中的朋友和财富资产。

⑤我要不断提升作为一个成功销售人员应具备的16种素质：敏捷型素质、诚信型素质、守法型素质、自省型素质、业绩型素质、进取型素质、专业型素质、能力型素质、创新型素质、英雄型素质、合作型素质、服务型素质、自信型素质、魅力型素质、快乐型素质、无我型素质。

(2)行为规范。

行为规范主要包括着装标准、仪表仪容、举止动作规范、站立规范、行走规范、坐姿规范等。

①**着装标准**　一般规定衣服、鞋、袜子、员工牌配等，如服装遵照组织统一规定等。

②**仪表仪容**　一般规定头发、耳饰、脸部、口部、手、身体等，如精神饱满、头发整齐清洁，男士短发前不及眉、旁不及耳、后不及衣领；女士长发刘海不过眉；不要吃葱、蒜、韭菜等刺激类异味食品等。

③**举止动作规范**　一般规定举止等，如端庄自然、不卑不亢、和蔼可亲，不准有如下不雅观的行为：吃东西、挠头发、挖耳朵、双手交叉抱胸、伸懒腰、哼小调、对着客户打喷嚏、打哈欠等。递水、端茶时要轻拿轻放，动作要有条不紊。

④**站立规范**　一般规定身体要端正，肩膀要平直，不要缩头缩脑和耸肩歪脑，站立时要精神饱满等。

⑤**行走规范**　一般规定行走时的团队队姿和个人整个身体动作，如步速适中，大方得体、灵活，步幅一般不要过大，不准摇头晃肩，上体左右摇摆、东张西望等。

⑥**坐姿规范**　一般规定坐的姿式，如双手自然摆放，双腿要并拢，不要将一条腿压在另一条腿上，不要摇摆两腿做哆嗦振动动作等。

(3)服务礼仪。

服务礼仪主要包括基本服务礼节、握手礼节、顺序礼节、迎客礼节、送客礼仪节、见面礼节、介绍礼节、谈话交流礼节、服务语言等。

①**基本服务礼节**　包括拜访客户、接待客户的过程中需要遵循的服务标准。如当邀请客户来公司时，提前在机场和公司门口迎宾等。

②**握手礼节**　规定握手的发起者和被动者，握手时眼睛、面容和手的具体细节。

③**顺序礼节**　主要阐述各个国家、地区、大项目中的尊者、女士、男士等行走、上下楼、坐车、就餐、座位等人员顺序。

④**迎客礼节**　主要规定客户进门前、进门中、进门后的礼仪，如要热情主动地向客户打招呼问好，笑脸相迎，给客户以温暖、可亲的感受，主动引路、拉椅让座等。

⑤**送客礼仪**　主要规定客户撤离后热情送别，让客户满意。

⑥**见面礼节**　主要规定双方见面的行鞠躬礼、点头致意礼、招手礼的具体标准。

⑦**介绍礼节**　主要规定正式场合下双方介绍顺序和介绍姿势等内容。

⑧**谈话交流礼节**　主要规定交流中手势、身体姿势、口齿、声音等综合运用和相关禁忌，如注意倾听对方的发言，不能左顾右盼，也不要看手机，不要随便答复自己不知道的事情，也不要轻易许诺无把握办到的事；不要谈令人不愉快的事，不要打听对方的个人隐私等。同两个以上客户谈话，不能只和一个谈，而冷落其他人。

⑨**服务语言**　主要指在大项目营销过程中的各类情景、语言内容、语音、声调、礼貌用语等的规定，如说话要有尊称尊语，应用“请”“您”等，说话要真诚、热情，忌生硬等。

自我检测

依据本章的内容，请进行自我检测和自我反思，分析优劣势和差距。依据本章的内容，进行实际应用的分析与思考。

休闲时光

该休息一会了，别让身心都太紧张了！请放松一下吧！

“放松”不是疯狂运动，不是违法娱乐，而是来自自己内心与外界一切的和合。

第 10 章

大项目营销是团队营销

10.1　在大项目运作过程中，能称得上优秀团队的少之又少！

10.2　案例：一个猜疑和无效率的团队。

10.3　项目团队管理模型的重要性。

10.4　我们需要什么样的项目团队管理模型？

10.5　项目团队管理成功的关键因素是什么？

10.6　如何建设一流的项目运作体系？

10.7　团队管理体系如何打造？

10.8　再造升级与创造力如何获得？

团队营销是一方团队赢得另外一方团队的营销。

团队营销需要我方团队，至少具有与客户团队对等的业务能力、谈判能力和决策能力等。

管理的源头和本质是爱，而不是厚黑学和勾心斗角。一个好的营销团队是富有爱心的团队。爱心造就团结，防止人心涣散和四崩五裂。

大项目成功是团队合作的产物，但要取得优秀的团队合作，也是很困难的。利益相关者关系管理是团队营销的重要内容。

团队是一个愿景、一种信仰、一种流程、一种机制、一种工作方式、一种力量。

10.1　在大项目运作过程中，能称得上优秀团队的少之又少！

由于种种原因，能够成功运作大项目的优秀团队并不多，这是因为大项目是团队“打群架”，而不是单打独斗。那么团队如何才能“打好群架”呢？

在大项目运作过程中，团队往往是虚拟的。这是因为大项目运作涉及到的部门和人员很多。以企业为例，有：技术部、销售部、咨询部、实施部、市场部、外部专家、高层管理者等。同时，大项目运作涉及的人员角色也很多，如：销售人员、售前顾问、实施顾问、技术人员、外部专家等。这么多部门和人员的协同是很难的。而且，大项目的虚拟团队一般是临时组成的，这也为项目管理和团队管理带来了困难。

团队成员虽然都知道团队精神的重要性，但是仍然避免不了部门间各自为政、推卸责任等现象。

实际上，真正能实现良好合作的团队是很少的，绝大多数团队没能成为真正有凝聚力的团队，只有很少的组织能够形成有战斗力和持续激情的团队。

10.2　案例：一个猜疑和无效率的团队

F 公司是一家大型设备公司，其设备销售属于大项目营销。公司经常出现的情况是：如果项目赢了，各方人员都争功；如果项目出现危机，销售人员和咨询顾问则互相指责，推卸责任。有时候，各个接触客户的人员还会互相隐瞒，报喜不报忧。

F 公司正在跟进一个价值 2 亿元的大项目，项目从孵化到立项、招标，一直是 F 公司在驱动运作。虽然 F 公司与客户接触次数最多，但是，由于项目团队成员经常更换，项目团队成员能力水平参差不齐，客户发现 F 公司的问题越来越多，不满意感也越来越大。例如，销售人员知识面较为单一，该项目虽然跟单约半年了，但是对客户的业务需求、组织机构等仍不清楚，不得不重新对客户进行全面调研；还有，销售人员过于指望用方案赢单，而自身与客户高层的沟通能力较差，面对客户高层领导时销售技巧和艺术感较差，显得束手无策；售前顾问只能作产品演示和产品咨询，很难对客户进行前瞻性和全面性行业咨询和业务管理咨询，进而在项目招标过程中，很难策划出客户认可的方案；咨询顾问的知识结构不全面，偏重于某一专业知识，明显缺乏与该项目有关的现代组织管理、创新理论和系统工程等项目方向的专业知识，服务能力不够。

到最后，项目没能签单。而这时，领导认为团队成员不行，团队成员认为领导不行，销售人员认为咨询顾问不行，咨询顾问认为销售人员不行，团队成员互相指责，心态低落消极。以上现象和问题经常在一些项目团队中发生，这是大项目营销成功路上的瓶颈。那么，如何才能实现好的团队营销呢？

启示：

项目团队并不是简单地将不同部门的人临时组合在一起。许多人临时组成了团队却并不意味着形成了真正的团队。本案例中的项目团队领导力差，需要改进团队工作作风和工作方法。

本案例中的项目团队没有建立一整套从项目目标到项目任务保障、项目激励、项目考核、项目评估的机制。同时，团队实施力差，团队角色机制没有建立起来，导致责任的推卸，是非分辨不明。如以上案例中，销售人员和售前顾问的协同角色定义不清晰。大项目应该是大家各展所长的舞台，每个演员扮演不同的角色，共同促进项目的签单任务，它应是一个多赢的团队，而不是你输我赢的战场。

一个具有凝聚力并且高效的团队，非常重视“心”的融合，非常注重建立团队爱心和信任，注重上下级之间的信任、支持和鼓励，注重同级之间的坦诚相处和相互激励，注重不同资源的分享和合作。

本案例中的项目团队需要建立原因分析机制。一个有凝聚力的、高效的团队成员必须学会自如地、迅速地、心平气和地承认自己的错误、弱点和失败，能够批评与自我批评，要乐于认可别人的长处，即使这些长处超过了自己。

总之，项目型公司需要建立“项目团队管理模型”，并以此为基础打造强大的团队营销能力。那么，什么是“项目团队管理模型”？下面我们将陆续探讨此项内容。

10.3 项目团队管理模型的重要性

项目型公司要设计和建立项目型团队的作战模型，在模型中细化项目阶段和团队管理机制的内容，不断在实践中完善，并将此模型在各个项目中快速复制和推广，这会极大提高项目的效率和成功率。

“项目团队管理模型”是大项目管理的微型模型，是大项目模式中的重要内容。优秀的项目团队管理模型造就强大的项目团队，有利于培育新人和接班人，建立人才辈出机制，打造作风顽强的队伍，提高大项目营销水平，增强大项目营销的制胜力。

10.4　我们需要什么样的项目团队管理模型？

团队管理模型是团队营销取得成功的关键，如图 10－1 所示。项目顶层方向决定项目和团队的管理模式。我们要建立以项目愿景为理想，以价值观为导航，以战略为龙头，以

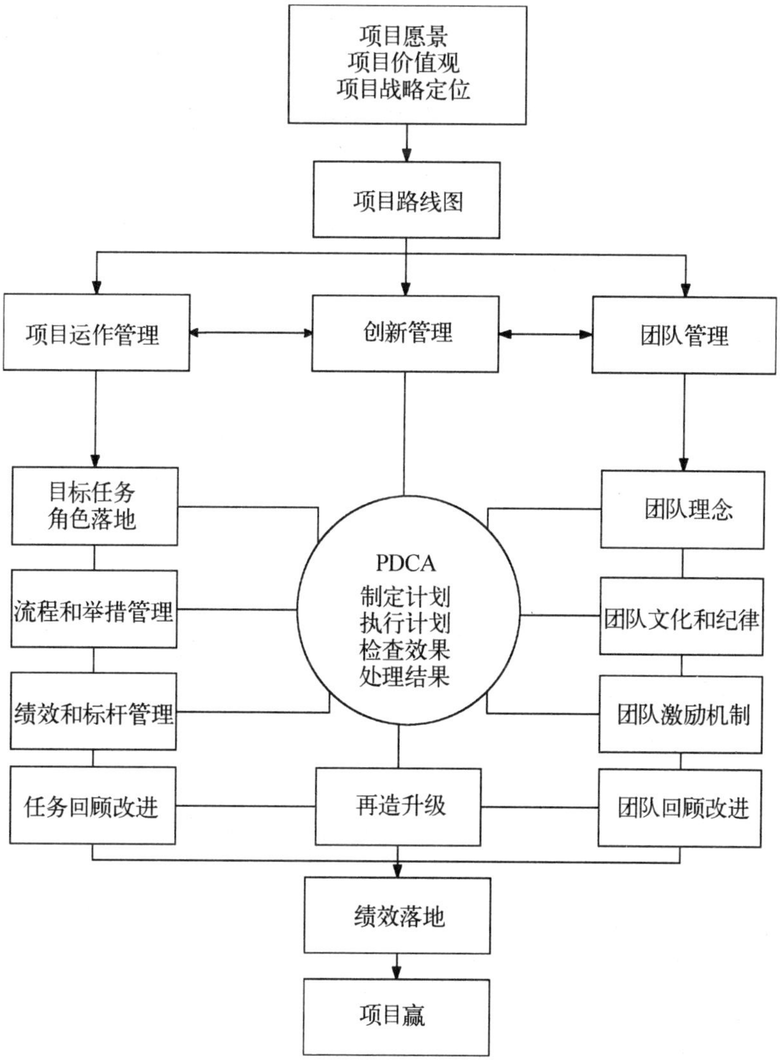

图 10－1　团队管理模型

路线图为指导，以项目运作管理、团队管理、创新管理三条主线为核心的管理机制，实现团队管理的刚柔并济。项目运作管理是以任务驱动为主的一个刚性机制，主要保证项目的实施效果；团队管理是以文化、纪律和激励为主的一个柔性机制，主要保证团队的高士气和高绩效；再造升级机制保证项目的创新能力，是大项目竞争永不衰竭的动力源泉。通过以上工作，实现绩效的落地，最终赢得项目。

为什么项目团队管理模型只选取三条主线呢？因为项目运作管理、团队管理、创新管理这三条主线是最关键的，也是最容易出问题、最易影响绩效波动的地方。在每一个大项目运作过程中，我们必须重视之。当然，我们可以结合自身情况进行个性化的完善。

10.5 项目团队管理成功的关键因素是什么？

团队管理模型包含了团队管理成功的关键因素，其主要内容如下。

1. 项目顶层方向设计

项目顶层方向设计主要内容包括：确定项目愿景、价值观和战略定位设计。

(1)建立一个项目团队，明确共同愿景、使命和价值观。“项目愿景”一般指我们(团队成员)必须取得大项目营销成功后的令人心旷神怡的美丽意境。“项目使命”是指我们(团队成员)大项目团队要为大项目及客户带来什么价值。“项目价值观”是指我们(团队成员)在追求项目愿景过程中思想、意识及言行必须坚持的底线原则或较高要求。

(2)建立明确的取胜战略。

(3)确定科学的项目战略定位和目标，要找准项目生存位置，实现对团队战略的导航。

(4)给团队特殊的命名、标志、口号。

(5)使成员了解共同的目标、共同的价值观和共同的项目愿景。

2. 项目路线图

在项目愿景、价值观和战略定位的基础上，设计项目路线图。项目路线图是项目阶段划分、项目实现的具体路径、项目策略、项目组织、项目机制、各阶段交付物等的总称。项目路线图是项目制胜的关键，我们要重视项目路线图的策划与设计工作。尽管，各项目的路线图有相似之处，但是，不同战略定位、不同战略目标的路线图是不一样的。

3. 造就竞争力强的项目管理方法和能力

造就竞争力强的项目管理方法和能力至关重要，有效的项目管理方法、项目管理能力是项目成功的基本保证。在大型项目的销售过程中，项目管理应贯穿于项目的全过程，同时遵循一定的项目控制原则。

4. 建立完善而细致的项目运作体系，提高项目管理能力

我们需要建立完善而细致的项目运作体系，其主要内容如下：
(1) 目标管理和过程管理结合，推动项目战略的实施；
(2) 建立清晰的基于角色的责权利项目机制；
(3) 建立计划、衡量和监控机制；
(4) 坚持严格的业务检查和完善。

5. 建立团队再造升级和重生体系

项目实施能否成功，关键在选拔、吸引和培育最优秀的人才，造就卓越的项目经理和项目组成员。但是，合适的项目经理和团队成员到位之后，要建立团队的再造升级机制才能最终保证项目成功。

团队的再造升级机制需要将人员选拔、考核、检查、传帮带、回顾评估、改进创新、能力提升、团队可持续再发展能力有效结合起来。

团队的再造升级机制要进行全员化的创新变革和任务质量改进活动。要落实人才能力发展规划，将项目能力需求部署与团队成员的能力规划结合起来，塑造新人成才机制，建立岗位接班人培育制度，实现团队的可持续发展再生。另外，还要建设学习型组织，激发团队成员努力地去学习，争创优异业绩。

6. PDCA

PDCA 循环是 ISO9000 倡导的对过程活动有效控制的一种闭环式管理模式，强调任何行为首先是制定计划、执行计划、检查效果、处理结果的过程，但如果检查不合格则制定或改进措施以启动新一轮的循环直至合格。这种循环反映在各个层次，宏观至战略目标的实施，微观至某个工序的运转，上到企业最高管理层，下到每个岗位职工。其结果是：允

许不合格发生但不允许类似不合格重复发生，这样一环扣一环，确保工作质量、产品质量和服务质量的不断改进。团队管理也需要引入 PDCA 循环的思想。

10.6 如何建设一流的项目运作体系？

建设一流的项目运作体系需要关注的内容如图 10－2 所示。具体说来：科学划分项目阶段，实现项目活动和任务的精细化管理；建立科学的基于角色的项目目标管理体系；建立科学的基于角色的项目任务分解和任务驱动管理体系；建立科学的基于角色的项目流程管理体系；建立项目回顾评估会议和沟通机制；建立科学的基于角色的项目绩效激励机制；建立项目标杆管理的学习体系。

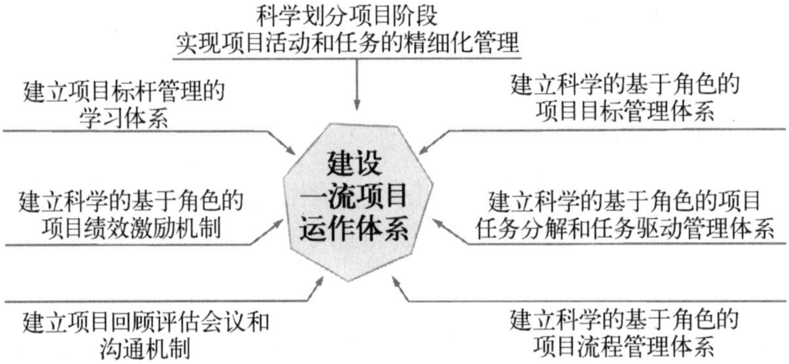

图 10－2　项目运作体系

1. 科学划分项目阶段，实现项目活动和任务的精细化管理

科学划分项目阶段，实现项目活动和任务的精细化管理是非常重要的。需要对项目所涉及的所有活动按照项目的进程进行划分分类，将项目进程划分为几个阶段，对每个阶段的活动进行细分，将活动分解为具体的项目任务，确定每一项任务执行的角色，对每一项任务进行精细化管理。

2. 建立科学的基于角色的项目目标管理体系

首先，树立明确的项目目标、清晰的任务目标。其次，将项目目标和任务目标与执行角色挂钩，落实到具体执行人。另外，进行目标认同的管理，使团队的每个成员都要清楚地知道团队的奋斗目标，而且这个目标要被大家所认同，愿意为这个目标的实现付出不懈的努力。

3. 建立科学的基于角色的项目任务分解和任务驱动管理体系

建立科学的基于角色的项目任务分解和任务驱动的管理体系需要关注以下几点。首先，要将项目的总体任务目标细化为日常工作任务。其次，将细化的日常工作任务分解到具体的项目执行角色，实现对项目执行角色的合理分配及明确定位。此时，要对每个成员所担负的角色合理分工、明确定位，既要保证团队成员互相依存，又要形成团队成员共赢。最后，建立基于项目任务的日清管理制度，实现任务的日清日结管理。

4. 建立科学的基于角色的项目流程管理体系

目标和任务的制定和分解是项目成功管理的必要条件。但是，各个团队角色要实现其目标还需要建立流程，即要使组织内的团队成员很清晰地了解各个角色协同的流程以及跨组织部门的流程。流程是项目目标和任务的基础保障。因此，建立科学的、基于角色的项目流程管理体系是非常必要的。

项目目标是由团队执行的，在某种意义上讲，团队就是一种流程，团队就是各种角色纵向和横向协同的流程。比如，对于一个集团型公司来说：

（1）团队是总部到分公司的顺畅流程和协作；

（2）团队是分公司内部的协作流程；

（3）团队是项目小组内部角色的流程；

（4）团队是快速响应的横向协调机制和流程；

（5）团队是面向问题解决型的团结合作集体。

5. 建立项目回顾评估会议和沟通机制

为了提高项目管理的效率和效果，项目组需要定期对项目的前期工作进行回顾，对项目的未来任务进行展望。对项目的前期工作进行回顾时，团队成员要进行开放式的、平等的沟通。有时，可以采用项目组头脑风暴的方式，总结分析项目中的不足和偏差之处，对项目的状态进行评估，并分析原因，提出相应的解决方案。

6. 建立科学的基于角色的项目绩效激励机制

没有激励就不能影响员工的行为，没有激励就没有真正的管理。建立科学的、基于角色的项目绩效激励机制是项目效率的支点。

项目的绩效激励机制要落实到项目的各个阶段中，要落实细化到项目的各个活动与任务中，要落实细化到项目的各个角色上去。同时，激励机制要保证激励的相对公平性和透明性，要能够激发项目团队的活力和动力。

利益相关者关系管理是团队营销的重要内容，也是项目绩效激励机制的重要内容，我们要重视利益相关者关系管理，建立高效的利益相关者利益机制，充分调动利益相关者的积极性，防止利益相关者之间产生矛盾，建立和谐而高效的利益相关者生态系统，使利益相关者和谐发展、可持续共生及共赢。

7. 建立项目标杆管理的学习体系

建立项目标杆管理的学习体系，对项目经验的可持续积累和升华是非常重要的，需要从以下几个方面建立项目标杆管理的学习体系：

(1) 建立公司内部的最佳标杆学习案例和知识管理库；

(2) 建立公司内部的落后标杆学习案例和知识管理库；

(3) 建立竞争对手的最佳标杆学习案例和知识管理库；

(4) 培训项目组成员学习相关内容，提升相关能力。

10.7 团队管理体系如何打造？

团队管理体系是以文化、纪律和激励为主的一个机制。团队管理体系主要包括：团队愿景和目标、团队领导力、团队管理理念、团队价值及文化和纪律、团队沟通机制建设、团队评估机制建设、角色尽职与团队协作协同等，如图 10－3 所示。

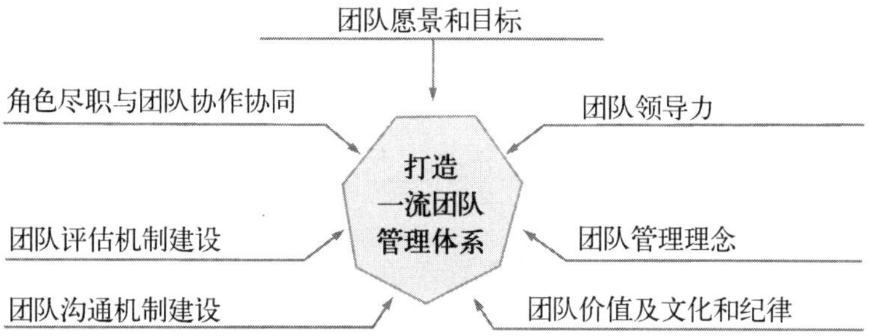

图 10－3　团队管理体系

1. 团队愿景和目标

团队领导者要用共同的愿景和语言，将发展方向和愿景传达给员工，把员工凝聚和统一到一个愿景理想上来。

建设营销团队最为关键、最为重要的前提是团队成员认同一个共同的愿景。该共同愿景也可细分到每一个角色，形成角色愿景，激励每一个角色实现愿景。将该共同愿景解析到团队的近期目标和中期目标，使团队成员能根据目标将愿景看得见、摸得着，促进团队成员共同努力去实现愿景和目标。

由于许多大项目往往是一次性存在的，其营销团队也往往是临时性组建的，而有些需要连续营销的同类大项目，一般要建立长期稳定的营销团队。因此，团队愿景与项目愿景有时候是一致的，而有时候并不一定完全相同，对一次性项目和临时性团队来说，团队愿景与项目愿景一致的可能性较大些。无论如何，团队愿景更侧重于从团队成员的角度出发去设立，而项目愿景更侧重于从客户与项目的角度去设立。即使两者不一样时，两者之间也应该是相辅相成的关系。

2. 团队领导力

团队领导力是牵引团队迈向成功的力量。团队领导力是项目成功的首要保障。但是，在一些组织中，最高领导人和领导层团队没有去考虑“领导层”应该考虑的事情，没有去做“领导层”应该做的事情，项目的各种工作“眉毛胡子一把抓”，没有清晰的层次。同时，团队领导力不能被清晰定义，也不能被科学规划，更不能被系统培育，还不能被及时评估与评价，最可怕的是不能与时俱进。

作为团队领导者，应该承担和履行好以下各角色的相关工作内容，培养这些角色能力并在项目中精益求精。团队领导者应该具备 20 项角色，如图 10－4 所示。当然，团队领导者的 20 项角色并不一定由一个领导者承担，而应是领导者之间的配合与协同。

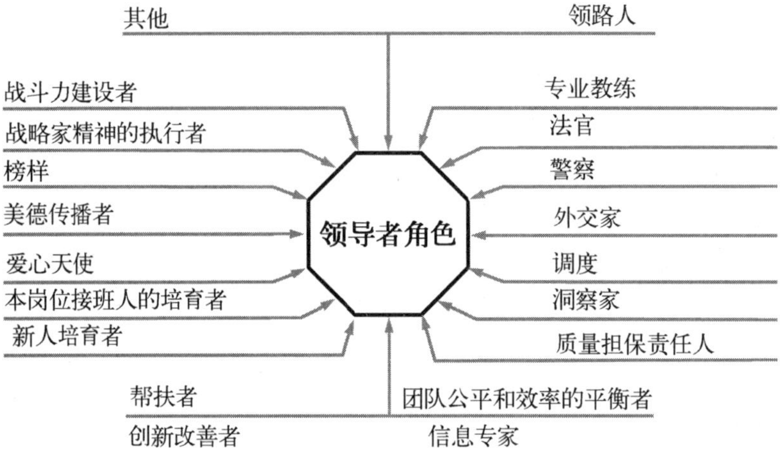

图 10－4　领导者角色

（1）领路人。团队领导者是团队方向、目标和路线图的规划者，团队领导者要成为战略目标和计划的导航者。团队领导者要具备远见卓识、富有远见地制定战略目标和实施计划，对目标和计划执行进行解释和监控，将人员的能力和战略目标结合在一起。

（2）专业教练。团队领导者应该负责团队能力建设与提升，是团队的专业教练。团队领导者具有专业知识，能够解释和宣传组织文化、制度、目标和任务，对偏差进行纠偏指导，指导团队成员工作，提升团队能力。

（3）法官。团队领导者是团队的法官，能够根据规则进行评估和裁定，能够讲原则，依据规章制度和原则进行公正的裁决。

（4）警察。团队领导者是警察，能够对违规现象进行监督和控制。

（5）外交家。团队领导者是外交家，能够平衡和协调与内外部的关系，争取最佳利益和资源。

（6）调度。团队领导者是调度，能够对计划、资源和举措进行协调。

（7）洞察家。团队领导者是洞察家，能够探索项目环境变化趋势，洞察组织文化、组织结构、项目运作、成员心理和行为的细微动态。

（8）质量担保责任人。团队领导者是本团队的质量担保责任人，能够负责监督、检查项目组的工作质量，并对本团队的交付物质量负责。

（9）团队公平和效率的平衡者。团队领导者是团队公平和效率的平衡者，能够对团队的利益和成员矛盾等进行平衡，能够对组织发展和大项目发展的效率与团队内部公平进行定义、规划和实施。

（10）信息专家。团队领导者是信息专家，能够负责工作组内部和与其他工作组的信息的传递和汇总工作。

（11）创新改善者。团队领导者是创新改善者，能够对团队管理模式和业务模式进行优化改进，能够识别改善点，挑战现状进行创新和持续改进。

（12）帮扶者。团队领导者是帮扶者，能够对本团队的落后者进行帮扶，使落后者跟上团队成长的速度。

（13）新人培育者。一个不能长久留住新人的团队是不可持续的团队，是有重大问题的团队。团队领导者应该重视和关注新人的培育和成长，防止新人的大量流失。

（14）本岗位接班人的培育者。团队领导者应该是本岗位接班人的培育者。团队领导者要胸怀广大，为团队推荐和培养本岗位的接班人。

（15）爱心天使。团队领导者要富有爱心、弘扬爱心。爱不是狭隘自私的爱，而是面向整个团队成员平等、无私的大爱。团队领导者必须是爱心的发起者、弘扬者、传播者和激励者。

（16）美德传播者。团队领导者应该是美德的发起人、代言人和传播者。

（17）榜样。团队领导者必须是榜样表率者，正人先正己，管人先管己。正所谓，其身正，不令而行；其身不正，虽令不从。所以，团队领导者要以身作则，成为遵守纪律的带头人。同时，一个好的领导还应该在业务经验与知识等方面尽量成为他人学习的榜样。

（18）战略家精神的执行者。团队领导者应该是战略家精神的坚定执行者。战略家精神是领导力的重要内容。战略家精神至少包括以下内容：精细而科学的调查研究精神；战略主见的决断和坚持精神；实事求是的实践探索精神；艰苦奋斗的创业精神；不达目标誓不罢休的持之以恒精神；不断自省、不断自我否定的创新精神；精益求精、持续改进、追求卓越的精神；不畏艰难险阻而持续攻克难关的精神；战略落地智慧的虚心学习、不断丰富发展、创造性应用精神；战略落地的科学规划、系统推动与高效执行精神；诚信、守法、大爱、报恩社会的精神；敢于冒险而又善于驾驭风险的正确领航精神。

（19）战斗力建设者。团队领导者应该是整个团队战斗力的规划者、塑造者和再造者。一个团队的战斗力是关于团队梦想、价值观、精神、文化、目标、观察和解决问题的方法、行为、行动控制等的综合。一个团队有没有战斗力，关键在于团队领导者。

（20）其他。团队领导者需要具备的其他角色，如颠覆者，即善于依据大趋势和大变化而颠覆已有的管理模式和制度，等等。

3. 团队管理理念

我们需要注重分析总结、论证、改进项目团队的管理理念。项目团队需要什么样的管理理念呢？以下为项目团队管理理念的主要内容，供大家参考。

(1)客户第一的服务理念。营销团队要紧紧围绕客户的需要，在售前、售中、售后服务上有所突破，通过对品牌的维护和提升来为客户创造终身的价值，通过对客户需要进行定制来满足差异化的需求，通过全方位的亲情服务来换取客户的忠诚。

(2)优秀的人文管理理念和氛围。

(3)认同管理。让团队所做的工作取得客户和项目内外的广泛认同，形成良好的团队环境。

(4)实事求是，尊重事实的理念。

(5)建设团队公平环境和氛围。

(6)建立团队使命感和自豪感意识。

(7)客观解决问题的理念。

(8)团队工作成果的共同分享理念。

(9)平等而民主的管理理念。

(10)可持续性团队建设理念。

(11)精益求精理念。

(12)批评与自我批评理念。

(13)大爱。

(14)善良等美德。

(15)其他。

4. 团队价值及文化和纪律

团队必须要有明确的战斗目标，要有高昂的士气，所有高昂的士气凝聚在这个目标上，鼓励全体成员朝这个目标努力奋斗。

创造实事求是、尊重事实、平等民主的开放型团队价值理念和文化。首先要将客户和组织的沟通信息能准确无误地传达给团队相关成员；其次，正确评估自己和他人；另外，正确对待团队成员的错误、失败和挫折；最后，建立开放式氛围，鼓励团队成员对面临的一切问题能够畅所欲言，群策群力。

推行团队利益高于一切的价值理念。团队的每个成员都把团队的整体利益看得高于一切，只要有利于团队的发展，不同的见解可以趋向统一，内部矛盾可以有效化解，工作过程中的问题可以及时解决。对于团队取得的每一项成果，大家要充分共享；在荣誉面前不争高低，在问题面前不互相推诿，始终保持着荣辱与共的良好氛围，追求整体的营销绩效，激励大家共同赢得团队整体的绩效，获取团队的最大价值。

建立协同的团队价值理念和文化。在这个团队里，大家可以优势互补，共同探讨和实施自己的营销战略；大家可以相互信任，共同分享市场利益和研究成果，准确把握市场的变化和走向；大家可以使用共同的工作规范，树立共同的品牌网络形象，筹划和实施销售计划。

建立快乐的团队价值理念和文化。让团队成员积极接受、认同和实践价值观念。同时，团队成员创造和分享每一项项目成果与每一份快乐。

建立兼容型团队理念和文化。主要包括个性的包容、工作方式的尊重、成员压力的疏通、对成员抱怨进行积极关注，并及时解决抱怨等等。团队成员要注意以下问题。

(1)尊重他人的工作方式、时间和角色。

(2)尊重他人的意见，包容他人的观点。

(3)尊重他人的积极性。

(4)宽容他人的弱点和错误。

(5)珍视对方的思想和想法。

(6)以最佳的方式解决内部矛盾。

强化团队纪律管理。建设兼容型团队理念和文化并不代表着就不严格执行制度。一手抓文化，一手抓纪律，两手都要硬。一个好的团队要有严格的纪律才能成功，执行力才强。因此，团队中合理的规章制度一定要严格执行，绩效管理制度也要严格执行。

5. 团队沟通机制建设

在项目运作过程中遇到问题，团队成员要及时进行开放式沟通，实现信息共享和互通有无，消除信息隔阂和误会，增进相互了解，实现默契合作。例如，销售人员与咨询顾问在项目运作上出现不同意见，首先应向各自部门经理汇报，由双方部门经理和销售人员、咨询人员一起决定下一步进展。如果还有异议，再向上一级主管反映并进行协商。这是一个层层上报的机制，在项目运作过程中坚持此机制，本来可能出现的相互推托责任、指责和不信任问题就有可能逐级解决和避免，从而提高团队效率。

6. 团队评估机制建设

大项目营销是一个不断摸索的过程，在此过程中难免会犯错误。评估是认识错误、改正错误的前提，是一种学习能力。对我们来说，评估的过程就是学习的过程。有没有自我评估的能力，具不具备自我评估的精神，决定了我们能不能认识到自己所犯的错误，能不能改正所犯的错误，能不能不断地学到新东西。

通过评估，可以客观地认识自己和检讨自己。我们既要学会从错误中汲取知识，也要学会从成就中汲取知识，不断评估和检讨自己，找出自己面临的最大障碍和错误，寻找原因，加以改善，也要总结成功经验为日后所用。总之，评估的整个过程如同一面镜子映射出被评估者的行为和才能，同时也提供给被评估者一次自省和认知自己的机会。

7. 角色尽职与团队协作协同

其实在一个团队中，每一个人的角色能够发挥到位，组成最佳的效果是非常难的，也很难做到，经常存在一些问题，比如，经常出现销售人员与顾问的之间的任务断层。我们要明确项目各个阶段的不同任务活动、人员角色及职责、扮演角色所承担的不同任务。

每一个团队成员要找到并扮演好自己的角色，才能把一出戏唱完。没有演戏前，角色之间的争风吃醋难免，但一旦角色选定，大戏正式开始，就要讲究角色之间最起码的职业道德，不能串角，更不能将台后的恩怨带到台前。要顾大局、识轻重。

每一个角色要定好位、任好职、尽好责。比如，实行项目经理制，项目经理负责项目运作的全过程和全部责任，负责各个阶段的把关，负责最终的设计方案审核，根据项目进程定期或不定期开会，制定下一步策略。项目经理制最主要的是按照每一个项目运作，对丢单与签单的最终责任负责，重要项目丢单要退职。这种机制可以防止团队松散，在丢单时出现无人负责或盲目推卸责任、互相抱怨指责、加深员工之间不信任的现象。只有这样，才能形成一个高效的团队，也才能是成功的可持续性的团队。

当然，在一些公司设有大客户经理（也称为销售代表或经理）岗位，大客户经理需要承担许多责任，其主要职责包括：把握客户需求要点、发展和培养客户、了解客户决策流程、识别附加价值机会、提供具有竞争力的情报、商务谈判、协调客户服务。大客户经理必须动员团队人员（如销售人员、研究与开发人员、制造者等）一起来满足客户的需求。

10.8　再造升级与创造力如何获得？

1. 思考的问题

一个团队的再造升级和创造力培育，需要考虑如下内容。

(1) 为什么要实现再造升级？

(2) 再造升级的对象是什么？

(3) 再造升级的具体目标是什么？

(4) 再造升级要升级什么内容？

2. 再造升级的目的和对象

为什么要实现再造升级？再造升级的目的是保持团队在激烈的竞争中永远不落伍，找到项目和团队可持续发展的物质和精神动力，建设创造力，促进项目和团队的可持续再生。

再造升级的对象是什么？再造升级的对象主要是项目和团队，升级主要是项目能力的再造升级和团队能力的再造升级。能力是再造升级中不可或缺的部分，是提升人员素质的重要因素。

3. 再造升级的目标

再造升级的具体目标是什么？项目和团队再造升级的目标是建立自我反省进取机制、发现竞争中现在和未来的再生点，将团队和项目的不良因素最小化，实现能力可持续改进化和生命力最大化，如图 10－5 所示。

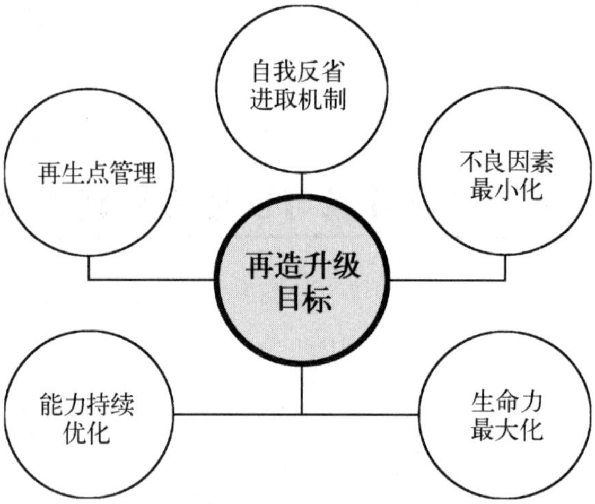

图 10－5　再造升级的目标

4. 再造升级的关键点

(1) 团队是一种分析问题、解决问题的方式。

大项目运作周期长，运作过程复杂，影响项目运作的因素也较多，我们的项目运作不可能处处比竞争对手优秀，也不可能总是一帆风顺，因此，我们要提高大项目的抗挫折能力。在不顺利时，要及时总结和适时完善，而不要相互指责造成内耗，应该正视问题、分析问题、解决问题，实事求是、循序渐进、不断进取。

(2) 建立自我反省和进取机制。

首先，团队是一种自我反省的机制。要建立自我反省、自我分析、自我挑毛病、自我批评的机制。其次，要建立 PDCA 循环，不断完善和改进。

(3) 感恩型心理文化的建设。

感恩型心理文化的建设是自我反省机制建立的前提。感恩是自己在锻炼机会、能力施展、困难挫折、进步成长、团队合作等方面，对得到的支持和帮助所怀有的一种感谢和回报之心。

懂得感恩，才会懂得付出和奉献。不懂得感恩的员工不是好员工，不懂得感恩的领导不是好领导，不懂得感恩的团队不是好团队。

感恩的心会影响员工的心态，有利于促进人与人之间和谐共处，有利于促进组织和谐，有利于与客户发展良性关系，有利于增强员工的责任感、使命感和奉献精神。感恩是一种文明，感恩是一种美德。我们要感恩社会，感恩国家，感恩组织，感恩客户，感恩同事，感恩大项目。一个人、一件事、一句话，都应该用感恩的心去对待。

(4) 团队再造升级建设，实现团队重生。

我们要以“团队再造升级和重生管理”为目标，建立团队升级机制，造就学习型团队，实现团队的能力升级，打造可持续性成功团队。

首先，建立团队能力评估体系。我们要清晰团队能力目前处于什么水平。为此，我们要建立团队能力的评估体系，全面系统地评估团队能力。

其次，我们要知道团队能力的升级方向，不断寻找自己的短板并改进。

另外，要加强知识升级。在营销团队中，为了适应不断变化的市场需要，必须建立一套合理的营销培训体系来“以变制变”，定期组织国内外的营销专家、教授、学者和经验丰富的实践者对团队成员按照角色定位进行针对性的业务培训，使其成为一个学习型的团队，在营销理念、营销技术、营销管理等方面不断学习新的知识，不断提高实战技能，不断拓展团队视野，使营销人员的素质和团队的整体素质始终居于先进水平，形成最先进的知识化的团队。

(5) 项目升级机制建设，实现项目质量升级。

建立项目升级机制，项目任务和产出物精细化，实现项目质量升级。

首先，抽象和细化出项目阶段任务和产出物管理模型，细化任务模版。

其次，建立项目阶段任务和产出物的最佳实践样板库。

再者，不断细化项目的任务质量要求，不断总结项目任务的最佳成果，提高项目产出物的质量，最终提高客户的满意度。

自我检测

依据本章的内容，请进行自我检测和自我反思，分析优劣势和差距。依据本章的内容，进行实际应用的分析与思考。

休闲时光

该休息一会了！

要有一颗感恩自己的组织、同事、他人和客户的心，心有感恩。

同时，保持心中无怨，心中无恨，心中无邪，心中无恶，心中无怒，心中全正，心中全爱，心中纯善。

第11章

关系营销是大项目营销的保障

11.1　什么是关系营销？

11.2　案例思考：关系营销也会失效。

11.3　关系营销模型(DAMII)。

11.4　多层次、多组织机构的关系营销是大项目成败的重要因素。

11.5　如何经营多组织机构的多层次关系？

11.6　充分利用销售型关系方式，实现人情关系营销。

11.7　利用售前型关系方式，实现专家价值关系营销。

11.8　关键瓶颈环节的突破——关键人物的关系营销。

11.9　从产品和大项目营销到客户经营管理。

关系营销的本质是从内心爱客户，而不是情感交易、歪门邪道和回扣贿赂。

卓越的关系营销造就的是利益相关者之间的和谐发展、可持续共生、合法共赢。

有时，我们过多重视销售型关系发展，而忽视了售前（专业）型关系发展。其实，售前是最有效、最经济的关系营销手段，售前最容易打造深厚的专业型关系。

销售和售前是大项目营销必须具有的两种不同能力，运用得当，会对关系发展产生无穷的递进力量，也会将销售成本降到最低。

11.1　什么是关系营销？

大项目营销就是要赢得项目，关系营销往往是大项目幕后较量的重要手段。

那么，我们如何理解关系营销呢？

关系营销是通过各类活动，发展客户内外部人脉网络，增进双方情感，密切客户关系，建设和谐、信任的客户关系，建立互生共赢的生态系统，赢得客户的满意、忠诚和回报。

11.2　案例思考：关系营销也会失效

A 集团公司是一家进入世界 500 强的大型国有企业，拥有 100 多家成员单位。B 设计院是 A 集团公司的成员单位之一，共有员工 2000 多人，为了强化知识管理，该公司准备配备知识管理软件。

T 软件公司是一家世界知名的知识管理软件公司，在两年前就曾给 B 设计院进行过知识管理的初期启蒙与培训等工作。同时，T 软件公司也在推动 B 设计院进行软件项目的招标立项工作。在招标前，B 设计院的项目负责人对市场上的各家类似软件公司进行了调研，并要求各家软件商提出产品功能清单。为了保证能有一个出色的知识管理软件系统，B 设计院的项目负责人员集成了一个比较完美的招标需求方案。

B 设计院的招标采取邀标方式。当各家软件公司都来到 B 设计院进行投标时，T 软件公司的销售人员张某感到有些心慌了。张某指望依靠此项目签约而完成本年度的销售指标，因此将全部精力放在了该项目上。为了保证项目万无一失，张某千方百计邀请了 A 集团公司主管知识管理的职能部门部长刘部长，在刘部长陪同下去 B 设计院进行相关交流工作。B 设计院的一、二把手对他们进行了热情接待，为 T 软件公司增加了招标的成功率。

在该项目开标时，T 软件公司的报价最高，达到 3000 万元人民币。而第二家软件公司达到 2900 万人民币，第三家软件公司达到 2500 万人民币。经过综合打分排名，T 软件公司的总分最高。但是，面对T软件公司的最高价格，B设计院的招标组负责人员并不敢与T软件公司签约，于是让各家软件公司再次报价。第二次报价时候，T软件公司认为自己的上层关系、软件和解决方案最好，没有对价格进行调整，而其他公司都进行了一定程度的下浮调整。B设计院的招标组负责人员专门对T软件公司进行了电话询问，请T软件公司拿出报价高的理由来，但张某只是进行了简单的回答，并没有书面、系统地说明。最令人担扰的是，张某一厢情愿地认为自己的解决方案写得最好，但却说不出来好在哪里。

就这样，张某满怀信心地翘首等待着最后的结果。漫长的等待后，B设计院发来信息，明确答复项目已经选择别的软件公司。

启示：

关系营销再厉害，也有失效的时候。关系营销作用的发挥是有前提条件的，关系营销也有度，超过这个度，关系就不灵了。因为，客户的项目也有底线和纪律，客户会自我保护，客户也害怕失败和风险，尤其是面对高价格时。

关系营销发挥作用的背后是强大实力的支撑，强大实力才能给客户带来心理和项目的安全，才能给客户带来成功。具备强大实力才能与客户产生最稳固的关系。反过来，越是实力不强，越要注重关系营销，注重建立独特的具有“以弱胜强，以小博大”效力的关系营销，注重关系营销背后的双赢策略，注重丰富关系营销的内涵，注重增强关系营销的效力。

没有关系营销，我们可能会处于劣势；但是，只有关系营销也不一定就有取胜的把握。我们要尊重关系营销的规律，全力以赴做好包括关系营销在内的各项工作，给客户一个全方位的、满意的解决方案，为客户带来最高性价比的服务。我们不能将赢的全部希望都压在关系营销上，关系营销只是项目赢的一个重要点，只有各方面都强，赢的希望才大。

11.3 关系营销模型(DAMII)

关系营销模型描述了一个关系发展的整个过程。关系营销是一个描述关系地图(Describe drawing)、评价分析各方力量(Appraise competitiveness)、对策制定(Method making)、实施方案(Implement solution)、改进(Improve)的整个过程，用每一个活动的英文首字母表示即为DAMII，我们将之称为关系营销模型，如图11-1所示。

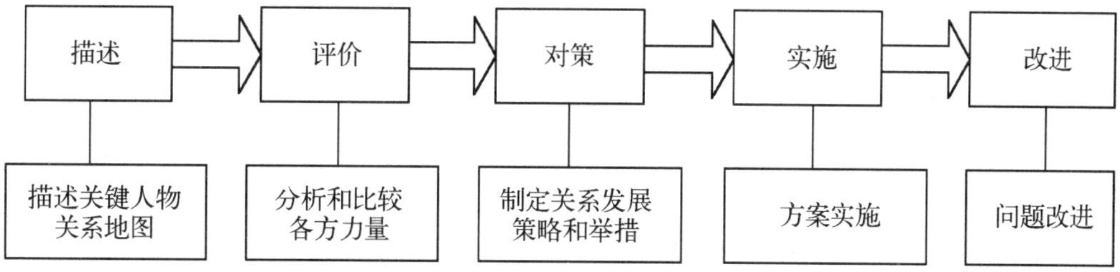

图 11－1　关系营销模型 DAMII

“描述”主要是指识别大项目所涉及的关键人物群，梳理大项目所涉及的关键人物之间的责权利关系，描述关键人物关系地图。

“评价”主要是指评估我方与客户关键人物的关系紧密度，对比各竞争对手与客户关键人物的关系紧密度，评估关键人物对各家解决方案提供商的支持度，分析我方的优势、劣势、机会和威胁，分析关系发展策略及行动的合法性，预防非法行为。

“对策” 主要是指依据目前的形势，制定关键人物关系进一步发展、紧密度提升、支持度增强的策略、具体实施计划和措施等。

“实施”主要是指实施关系营销方案，将具体策略、具体实施计划和措施等落地。

“改进”主要是指依据关系营销方案的实施情况，反馈相关信息，寻找问题，提出改进方案，实施落实和持续完善。

关系营销模型中的五个环节是循环往复和持续完善的过程，可以持续提升大项目的关系营销管理水平，提高关键人物关系的紧密度和支持度。

11.4　多层次、多组织机构的关系营销是大项目成败的重要因素

大项目选型是面向客户团队的决策选型，大项目选型涉及的部门多、人员多、关系杂。如何赢得整个客户团队的信任，是值得我们思考和研究的问题。而发展多层次、多组织机构的关系营销是大项目成败的重要因素。

在对客户团队进行关系营销时，既要考虑最终的“选型决策团队”，更要考虑日常的“组织运营团队”，还要考虑大项目方案落地的“使用用户团队”。在关系营销时候，我们

要覆盖这三个团队，不能眼睛只盯着“选型决策团队”，而忽视和冷漠了其他团队，因为，在许多大项目中，这三个团队在客户内部是一体和互动的。

11.5 如何经营多组织机构的多层次关系？

在大项目运作过程中，不是说重视客户就能保障营销成功，这里面包含着很多复杂的影响要素和利益关系。

在关系营销中，怎样才能赢得大客户的忠诚呢？在本章的以下章节介绍了多组织机构的多层次关系的主要方法。在此基础上，我们还要关注以下内容。

(1)充分利用售前型关系方式和销售型关系方式，并使它们相互促进。

(2)积极寻找关系接触点。

(3)顺藤摸瓜，不断进行关系突破。

(4)不断抛出亮点，引导关系纵深发展高潮。

(5)巩固关系，证明我方价值，取得多层次信任。

(6)合法合规推进关系发展，避免贪污腐败等方式，奠定长远的可持续共赢关系。

11.6 充分利用销售型关系方式，实现人情关系营销

销售型关系方式是指销售人员通常采用的方式，即利用感情联络方式发展关系。

在推进销售型关系时候，我们要把握好两点。第一，常打“感情牌”，常维护人情关系、感情投资。因此，我们要定期走访客户，了解客户需求，研究竞争对手动态，提出具体性的营销措施，制订和完善并负责组织、实施具体性的“解决”方案。第二，长久地维护和发展客户关系，进行长期的关系投资。注重人情关系发展方式方法，注重人情关系发展的活动策划，注重人情关系发展的活动组织，注重人情关系发展的效果评估，形成人情关系发展的良性循环。

11.7　利用售前型关系方式，实现专家价值关系营销

售前型关系方式是指采用专业性知识和经验方式，影响关键客户，进而加深和发展关系。

在推进售前型关系时，我们要把握好以下三点。

第一，关系营销不能只停留在物质层次，更要给客户带来价值。良好的沟通关系的建立，并不是逢迎拍马、趋炎附势。关系的维护也绝不仅仅是靠酒肉之交，不能只停留在物质层次，更需要给客户带来管理启发价值、技术权威信息价值、发展趋势价值等。

第二，充分重视售前专家咨询的价值关系营销。销售和售前是两种能力，运用得当，会对关系发展产生无穷的递进力量，也会将销售成本降到最低。我们能够被客户认可的秘决是你要成为客户的导师。一旦成为客户心目中的导师，你就容易赢得客户的心。售前专家最容易成为客户的导师，最容易发展和撬动与客户的深层次关系。

第三，充分重视行业类活动等价值关系营销。比如，通过产品研讨会、行业发展会议，靠技术、营销手段、服务等活动不断使关系升华。

11.8　关键瓶颈环节的突破——关键人物的关系营销

大项目最终需要得到客户高层团队的信任，这是大项目举足轻重的关键环节，这个关键瓶颈一定要想办法突破，一旦突破，成功就越来越近了。

要做好关键人物的关系营销，需要参考如下内容。第一，锁定核心人物群，了解核心人物群，分析核心人物的心理动态和想法。第二，制定与核心人物接触和引导的策略。第三，制定高层拜访计划和高层团队影响力解决方案。注意，一定要保证高层人物的接触对大项目的成功是增值活动，而不恰当的拜访沟通起到的效果是消极的。第四，实施高层拜访计划和高层团队的影响力解决方案 。

11.9 从产品和大项目营销到客户经营管理

我们不能只为一次性的产品销售成功而欣喜若狂，不能只为一次性的大项目运作成功而得意忘形，我们要将客户关系看作长期的重要的资产去经营。我们要将投入的客户关系资源转化为可持续共赢的客户经营方式，即为客户提供持续的解决方案。

从产品和大项目营销到客户经营管理，一般需要注意以下几点：

(1)树立正确的客户经营理念：与客户同发展、同前进，为客户持续服务。

(2)落实举措，持续支持客户发展，跟踪客户的发展需求，升级解决方案。

(3)由向客户卖产品和项目，到向客户提供多层次、更专业的项目解决方案转变。

(4)从单一部门经营到多部门经营，再到持续客户经营。

(5)不断分析和评估客户经营方案，不断完善和创新。

自我检测

依据本章的内容，请进行自我检测和自我反思，分析优劣势和差距。依据本章的内容，进行实际应用的分析与思考。

休闲时光

该休息一会了！

观察自己的每一次起心动念。你会发现欲望纷飞、胡思乱想啊！观察每一个起心动念是否为善念？如果是不善念，就立刻忏悔和改正。

既然休息，可暂时让起心动念自生自消，逐步进入非常宁静、正心、正思维的正能量意境。

第 12 章

大项目营销的成功支柱——方案营销

12.1　案例：方案制胜。

12.2　案例：发现“阿是穴”是方案营销成功的首要前提。

12.3　什么是方案营销？

12.4　定位：整体或专业解决方案的服务商。

12.5　投标方案中经常出现的问题。

12.6　方案设计的 20 条原则。

在公平竞争时，解决方案会发挥最大的作用。

许多时候，客户真正需要的不只是一个单一产品或服务，而是一个完整的解决方案。

方案是对各利益相关者需求、问题、利益、困难、矛盾、限制条件等多重难题的破解。破解的程度，决定着方案水准的程度。

方案是从客户疼痛到客户收获的路径。方案营销是与客户一起识别价值、认识价值、解析价值、设计价值、奉献价值、分享价值和创造价值的过程。

方案营销是需求营销、价值营销、心理营销、差异化营销、团队营销、整合营销等的集成。

如果你的方案，没有赢得客户的特别尊重，没有让客户产生眼前一亮的心动、专注、持续迷恋和尊重的境界，你就还没有进入到大项目营销的“妙有”境界。

方案代表着承诺。在方案营销时，要实事求是，不要急功近利，不要欲望膨胀。如果欲望超越自身能力的最高限度，方案营销就是欺诈。看似一心一意赢得大项目的美丽理想追求，终究只会成为一场梦，自己得到的只能是一场空。因此，方案营销不只是代表大项目营销能力，而且是大项目营销能力背后的交付能力。否则，大项目营销就是无源之水。问君哪得清如许，为有源头活水来！

12.1　案例：方案制胜

案例一：方案营销能搞定高层

一家管理咨询公司的财务顾问张某与 A 集团公司财务部经理交流半天后，回到公司仔细研究其需求，并结合该行业的发展趋势，提出了十几页的集团财务管理方案。这份方案被 A 集团财务部经理送到总经理手中，总经理对此“一见钟情”，认为该方案解决了他长期徘徊在心中的难题。

此前尽管多家咨询公司曾经来公司推荐方案，但是，却没有一家提出针对性的解决方案。故而此次总经理马上在方案上签字，要求转发相关部门实施。这使得该项目大大缩短了决策周期，绕过了正式招标的竞争环节，直接进入了项目商务谈判阶段，并最终顺利签约。

案例二：出色方案能颠覆高层关系

L 集团组织了一个信息化项目的招标。尽管 A 公司购买了标书，但是，根据内部消息，A 公司的竞争对手 B 公司已经将客户高层关系维护得非常好，甚至搞定了董事长。从高层关系来说，此项目已经内定 B 公司。本轮招标只是走形式，其他竞争对手都是陪标。

A 公司售前顾问于某知道情况后不为所动，积极准备打一场硬战。在标书需求整理、标书方案设计上进行了精细化准备，并在设计方案阶段不断与客户进行深入沟通了解需求。尽管 B 公司搞定了高层领导，自认为已高枕无忧，但是，A 公司标书方案在需求理解、总体设计、具体设计细节、实施方案等角度最符合客户需求，A 公司的解决方案从竞争对手中脱颖而出，征服了评标组的每一位成员，特别是客户的中层和底层使用人员。最后，L 集团该项目签约 A 公司。

12.2 案例：发现“阿是穴”是方案营销成功的首要前提

从前有一个人身患疾病，最初胃部疼痛，随后延伸到了腰部，疼得大声呼叫。当地许多名医在查看了病人之后，尝试了许多方法，但是一直找不到病痛的源发点。因为，病人的疼痛是联串的、动态变化的。

一次，某个医生无意中按到病者某处，病者的痛症得到舒缓。再次尝试在其身体的该部位进行按压，病人呼喊：“啊，是，是这里，是这里了。”于是，这名医生在病人这个部位进行按压，果然使病情转好。后来，医生根据病人喊声将这些穴位命名为“阿是穴”。

寻找出病人病痛反应最为集中的感觉点，发现“阿是穴”，并对症施治的做法成为重要中医治疗方法。

启示：

“阿是穴”是经络之气经过的敏感点，是病痛的闭塞点，也是病人需要疏通的要害。在大项目营销过程中，特别是在方案营销过程中，我们也要找到客户和大项目的“阿是穴”。找到穴位，点准穴位，就能引起客户的共鸣，为客户真正解决管理、技术或经营上的痛苦。方案营销最忌讳的是没有看清和诊断出客户的真正病痛和需求点就拿着标准解决方案去“套”客户。

好的专家不仅能找到客户身上的“阿是穴”，还能见滴水之冰而知天下之寒，清晰辨认和摸清“阿是穴”背后层层嵌套的脉络经络结构、循行路线及其作用机理，全面系统地为客户诊断并提供独特价值。

发现“阿是穴”是方案营销成功的首要前提。但是，发现“阿是穴”是需要专业能力的，并不容易做到。那么，在方案营销过程中，我们应该如何发现客户的“阿是穴”呢？

本书及本章节的下述内容将逐步揭开其秘密。

12.3　什么是方案营销？

我们如何理解方案营销呢？

方案营销是针对客户需求进行解决方案设计、沟通、论证、确定和为方案实施和整体交付奠定基础的过程。

方案营销是大项目营销的核心保障，方案设计得好，能全面和科学地解决客户的问题，满足客户的期望目标，为客户创造独特价值，提高客户满意度，赢得客户的信任和支持，并获得制胜优势。但是，要做好方案营销，并不是那么容易的，其涉及大项目营销的各种要素、手段、营销科学及艺术。

12.4　定位：整体或专业解决方案的服务商

在有的大项目中，为了提升竞争力，大项目的供应商往往将自己定位于某一方面专业解决方案的服务商或整体解决方案的服务商，并以此定位不断强化在市场上的宣传和推广。这个定位是有益于大项目营销的，但是，无论是专业解决方案还是整体解决方案，服务商一定要有真正的服务内涵，一定要有能可靠提供的专业技术、产品和服务，一定要不断丰富和提升专业能力、服务能力和竞争能力，不断研发和创新自己的解决方案。

12.5　投标方案中经常出现的问题

在投标方案中，我们经常遇到如下问题。

(1)只是将产品说明书堆砌在一起。

(2)只是标准方案的复制。

(3)方案没有思想。

(4)方案没有先进的理念。

(5)方案所表现的理论层次低。

(6)方案设计无的放矢，没有针对性和个性化。

(7)方案设计不全面或重点不突出。

(8)方案逻辑结构简单，不构成严密的科学体系。

(9)方案粗制滥造，没有显现基本的专业能力。

(10)方案没有竞争性，不能保证从方案竞争中脱颖而出。

(11)其他。

12.6　方案设计的20条原则

一个优秀的投标方案在设计过程中，需要遵循一些原则，以下内容为20条参考原则：方案理念原则、需求点有的放矢原则、客户疼痛关联原则、创造价值原则、系统化原则、差异性原则、全过程原则、引导原则、风险控制原则、制胜点原则、选型规则的引导、附加价值点原则、可读性原则、客户满意度原则、有尺度超越客户期望原则、针对性原则、样板用户原则、内容规范性原则、底线原则、其他原则。如图12－1所示。

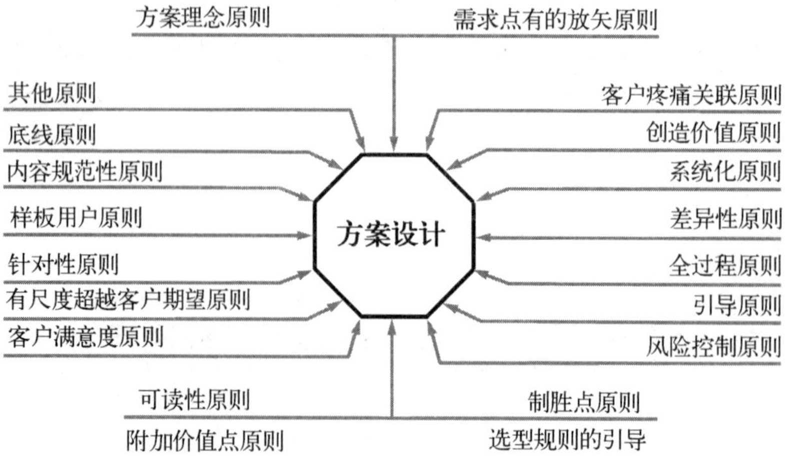

图12－1　方案设计原则

1. 方案理念原则

方案理念原则是投标方案设计的重要原则。理念是方案的精华，在一定程度上，大项目营销就是理念的营销与比拼。

项目设计理念、项目实施理念、相关管理智慧、专业技术的特长、核心能力、项目管理的独到之处等亮点都可以成为方案的理念。

因此，我们要注重设计大项目本身的顶层理念。顶层理念好，会促进大项目竞争占据最重要的领先位置。顶层理念一定要具有足够的高度才能称为顶层理念，要有足够价值、足够内涵，足够覆盖整个利益相关者群体，足够撬动和引领客户的核心需求。

在国家合作与竞争、外交谈判与博弈、政治博弈、经济合作与博弈、金融合作与博弈、重大谈判中，选准方案理念，定位方案理念，具有重要的价值。

2. 需求点有的放矢原则

我们要从客户需求出发，清晰定义并系统剖析客户需求，针对客户的需求点进行方案设计，将方案或产品与客户明显性需求的关联结合起来。

3. 客户疼痛关联原则

我们要考虑客户疼痛与产品或服务关联原则，要发现客户的问题点和疼痛点，进一步挖掘、引导和规划客户的需求，提供针对性解决方案，使客户的疼痛与方案关联，与产品或服务关联。

4. 创造价值原则

我们要以创造客户价值和创新客户价值为中心，设计方案。大项目营销是价值营销，因此，在考虑创造价值原则时，我们要充分参照价值营销的具体内容。

5. 系统化原则

我们要注重需求整合，实现需求的系统化，避免需求的碎片化。在此基础上，设计需求的解决方案。需求的解决方案也要系统化，而不能有任何遗漏。

6. 差异性原则

我们要对客户的具体特性需求进行研究，发现我们的产品及方案的独有特性能满足需求的地方，在方案中进行重点强调，通过差异化展现独特的东西和唯一性的东西。大项目营销是差异营销，因此，在考虑差异性原则时，我们要充分参照差异营销章节的具体内容。

7. 全过程原则

全过程原则就是要在方案设计中充分考虑大项目的整个价值链的服务过程，即大项目的售前、售中和售后的服务交付。在方案设计时，我们要从整体上进行大项目的售前、售中和售后的服务布局，为客户带来一条龙的高价值服务。

8. 引导原则

方案的酝酿与设计过程就是一个引导客户的过程。在这个过程中，我们要把客户的错误观念引导到正确的道路上来，要把客户的非理性引导为理性，要把客户的不合法引导为合法。

9. 风险控制原则

第一，在方案设计时候，我们要统筹考虑大项目的关键成功要素和关键风险要素，妥善处理和平衡各个要素，将失败和风险要素降低到最低。第二，我们要统筹考虑大项目售前、售中和售后管理的全过程，细化各个环节的风险控制，妥善处理三者之间的关系。第三，把握好产品与客户需求的差异性，制定完全方案，妥善处理差异性带来的风险。比如，对于产品型项目公司，我们要详细分析标准产品与客户需求的差异性，准确把握工作量和报价的合理性，既不能使项目报价过低而导致入不敷出的风险，也不能使项目报价过高而导致丢单的风险。第四，对于不能满足客户需求的地方，要制定专门的处理方案。

10. 制胜点原则

找到制胜点，方案营销就成功了一半。我们要善于分析项目形势，洞察同行方案及产品的优缺点，梳理清晰自身的优点和弱点，辨析自身的问题、机会和威胁，结合客户的关注点，设计制胜点。

11. 选型规则的引导

选型规则的引导也是我们在投标方案设计过程中需要关注的。我们要尽量在此环节充分引导客户，设定客观公平的选型规则，造就公平竞争。选型规则不公平，不仅伤害客户，还会伤害自己和同行，造成客户找不到最佳方案的后果。

但是，在现实的大项目竞争中，许多竞争对手瞄准选型规则大作文章，如设定他们特殊优势之处和不能被超越之处等。当然客户也应当建立公平公正和全面的选型规则，使选型规则成为公平竞争的规则，真正选出最优秀的供应商和解决方案。

12. 附加价值点原则

好的附加价值点可起到“奇兵”的功能，将会给方案营销加分。在此，我们要设计项目附加价值点、附加价值点的具体价值体现等。附加价值点一般是在基本价值的基础上，给大项目和客户带来的额外增值价值。

13. 可读性原则

一个好的方案一定要保证有可读性。第一，方案最好图文并茂，清晰易懂。第二，为了保证可读性，方案要针对不同决策人物、不同用户角色作个性化设计，使各类人员容易理解。第三，方案中所涉及的客户化界面要体现友好性和人性化等。第四，可考虑用动画技术展现方案。

14. 客户满意度原则

客户满意度直接影响着大项目的最终成败。客户满意度是一个相对的概念，是客户期望值与最终获得值之间的匹配程度。在方案设计时，我们要考虑客户期望值，争取用最好的方案去获得最佳的客户满意度。

15. 有尺度超越客户期望原则

客户满意度越高，我们付出的成本可能会越高，因此，我们要按照力所能及的条件，有尺度地超越客户期望，但也不能无限度超越客户满意。

16. 针对性原则

我们要制作针对性的解决方案，而不是笼统和通用的解决方案。针对性不仅体现在对个性化需求上“对症下药”，还体现在方案的各个组成部分都“对症下药”。例如，做投标方案设计时，要参考同行方案而设计针对性的方案，为此，我们要分析彼之长，我之短；以我之长，补己之短。力争使自己的方案最优，让客户满意。

17. 样板用户原则

样板用户往往是吸引客户眼球的重要手段。样板用户用得好，将会给大项目营销增分。样板用户一般是我方的成功客户。在方案设计时，要考虑同领域、同类型已经成功实施的样板用户，有助于赢得客户的特别信任。

18. 内容规范性原则

在投标过程中，我们要严格按照标书格式进行方案准备。一般来说，一份标准的完整建议书，应该考虑至少包含下列项目。

(1)封面及标题。

(2)标书感谢致辞。

(3)目录。

(4)项目回顾。

(5)招标书应答清单。

(6)项目目标。

(7)需求分析。

(8)解决方案。

(9)比较项目实施前及交付后的差异。

(10)成本效益分析。

(11)结论。

(12)供应商资格条件。

(13)附件。

19. 底线原则

需要我们注意的是，方案营销是有底线的。破解客户需求，提出全面解决的根治方案是一个难题。我们要考虑客户期望、资源瓶颈、限制条件、底线、能力瓶颈等问题的平衡。

实力决定方案营销的高度和内涵。自己没有实力，硬说自己有实力或者夸大实力，就是忽悠和欺骗。所以，方案营销也有底线。这个底线之一就是实力。

什么是实力呢？实力就是自己的家底。我们要盘点自己的家底，需要回答如下问题：我有什么？我能干什么？我能干好什么？我现在能干什么？我未来能干好什么？我与别人合作时的合作家底是什么？

我们不能跨越实力而故意夸大实力，否则，就会给自己和客户带来难以估计的风险，自己不能交付大项目。

在方案营销过程中，还有其他底线。比如，自己的核心利益的保障。我们要考虑自己核心利益的底线，这个底线是不能突破的。比如，有时候，我们也要考虑大项目的交付成本。如果自己交付成本过大而客户承诺的价格太低，就不能成交。

20. 其他原则

其他原则是依据竞争力提升或客户要求而要考虑的其他方案设计原则。例如合法性，方案内容要符合当地国家及地区的法律和法规等。

方案并无定式。方案的形式和方案内容可以是多种多样的。方案需要根据项目和客户问题具体分析。方案要根据不同项目、不同阶段、不同情势，客户关注的问题、疑惑等灵活变化。

总之，方案营销是大项目营销的重要内容。在方案营销中，我们需要考虑的因素非常多。对于客户需求，我们要尽最大努力去契合，但是，我们不一定要一味地迎合满足，要善于谈判和善于规划。需要注意的是，我们要注重诚信，防止由于不能直接实现的客户需求而产生的诚信风险。对不能直接实现的客户需求，我们绝对不能进行欺骗。对不能直接实现的客户需求，积极与客户坦诚交流，要么征得客户同意而变通解决，要么拒绝之，要么规划到未来需求，要么具体问题具体分析，寻找特定的解决方案。

自我检测

依据本章的内容，请进行自我检测和自我反思，分析优劣势和差距。依据本章的内容，进行实际应用的分析与思考。

休闲时光

该休息一会了，别让身心都太紧张了！请放松一下吧！

寻找和体会那种“不急不燥、无怨无恨、无忧无虑、无思无欲、无有压力、慈爱一切、悠然自得、极其清静、非常放松、非常轻松”的意境。

第 13 章

大项目营销的成功支柱——方案演讲

13.1　方案演讲至关重要——一讲定乾坤。

13.2　方案讲解需要思考的问题。

13.3　方案演讲前需要做好哪些准备？

13.4　方案演讲的注意事项。

13.5　方案演讲技巧演练。

好的方案演讲像一首好的音乐，有张有弛，能够紧紧影响和抓住客户。

方案演讲始终贯穿销售流程中的每一个环节，无论是面向单个观众，还是一群听众，高效的演讲沟通技能都非常重要。

方案演讲不是即兴随意演讲。好的方案演讲，能达到“不多说一句话，不少说一句话，不多说一个字，不少说一个字”，每一句话和每一个字都是精雕细刻和反复推敲的。

13.1　方案演讲至关重要——一讲定乾坤

方案演讲最重要的效果是给客户以影响力，影响客户的理念、思路和想法，提高客户对我们的了解和信任。

方案演讲就像一场面试，需要在客户面前进行正式的方案说明和应答。方案演示是一场严肃的表演，应考方要抓住机会突出表现自己的优点和亮点，尽量表现优秀的一面，让考试方通过这短暂的时间达成对我们的信任和赏识，为获得项目机会奠定基础。

13.2　方案讲解需要思考的问题

好的演讲像一首好的音乐，是对听众进行心理调试和激励的过程。演讲有张有弛，才能获得最佳效果。

方案讲解需要思考如下问题。

(1)如何策划解决方案说明会?

(2)谁负责演讲，谁负责答疑?

(3)给客户传递什么样的信息?

(4)如何充分利用语言表达的艺术?

(5)如何设计讲解的套路?

(6)如何利用不同客户内部角色的声音?

(7)什么内容需要直接表述?什么内容需要间接表述?

(8)优势如何表达?

(9)劣势如何表达?

(10)如何创造制胜的唯一性?

(11)怎样建立优势地位?

(12)如何实现“一讲定乾坤”?

13.3 方案演讲前需要做好哪些准备?

如何在短暂的演讲时间内充分“表演”，将你的才能和方案的智慧全部展现出来呢？在方案演讲前，我们要注意以下关键成功要素：珍惜每一次交流机会，充分了解听众(观众)，管理好目标，采取最有效的方法，团队强强联合、优势互补，要进行模拟演练，达到高质量的视听效果，如图 13－1 所示。

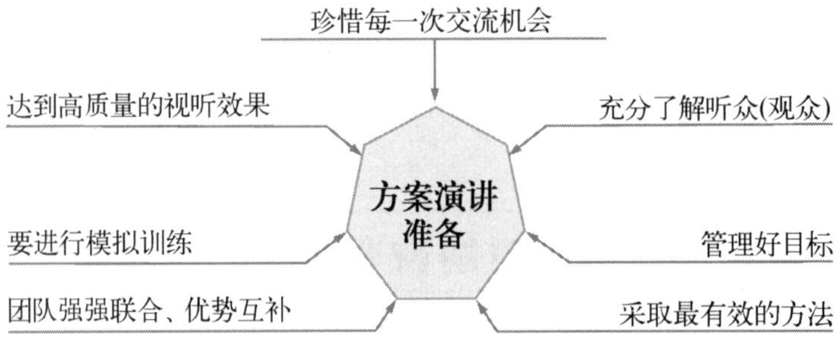

图 13－1 方案演讲前准备

1. 珍惜每一次交流机会

客户都是很挑剔的，要珍惜每一次与客户交流的机会，每一次机会既是机会也可能是威胁。客户(特别是新客户和高层客户)不是随时都愿意抽时间来听你陈述的，所以对每一次陈述涉及的方方面面都要尽可能多花时间和心思进行准备。

2. 充分了解听众(观众)

充分了解听众(观众)，可以帮助你达到目标。首先，要想真正了解听众，必须清晰听众对你的期望。其次，要注意听众想听到什么。再者，要站到听众的立场上，对客户需求有充分预估。例如，客户想从我这里了解和得到什么？通过哪些方面更容易赢得客户肯定的反应和信任？客户可能采取哪些挑剔行为？最后，预先考虑和准备客户可能提出的问题。

3. 管理好目标

不要为项目运作而运作，要清晰自己的目标，即要达到什么目的和结果。我们要系统分析目标是什么，想得到什么。每一个行动都要有目标，没有目标的行动要取消。目标需要进行科学思考和论证。要设计达到目标的路线图，每次项目行动后要分析目标达成的效果，分析偏差，制定下一次目标。

4. 采取最有效的方法

在设计所采用的方法时，我们要问自己：我准备用什么方法达成目标？

有时候，正确的方法可能是一个想法或者一个好的演讲技巧，可以帮助我们最快地达到目标，因此，要询问自己：哪句话能最好地帮助我达到目标？这是否符合客户的兴趣呢？我的成功能否建立在此方法基础上？

5. 团队强强联合、优势互补

方案讲解一定要选择高水平顾问与专家。同时，还要有答疑的顾问参加。需要针对不同专业组成不同的答疑队伍，如技术人员、实施队伍、售后服务、项目经理等等。

6. 要进行模拟演练

在给客户演讲之前，一定要自己先预演，甚至多次预演，保证陈述顺畅并具有感染力，避免“卡壳”；同时，演讲者对知识、心理、精神等要做好充分准备。

7. 达到高质量的视听效果

好的视听工具等是影响演讲效果的重要因素。因此，我们要对所有装备、演示产品、视觉设备、听觉设备等进行准备和检查，比如，笔记本、投影仪和麦克风等。同时，演讲所使用的 PPT、录像等资料应力求新颖、有吸引力。另外，演讲者要对语言和声音等进行练习，力求语言和声音富有魅力。总之，要实现高质量的视觉、听觉等的总体效果，创造最佳演讲条件和氛围。

13.4 方案演讲的注意事项

方案演讲需要注意以下事项：专业化形象、高效沟通、最有吸引力的内容陈述、富有魅力的声音、最恰当的形体语言、充分利用非语言交流、充分应用语言技巧。如图 13－2 所示。

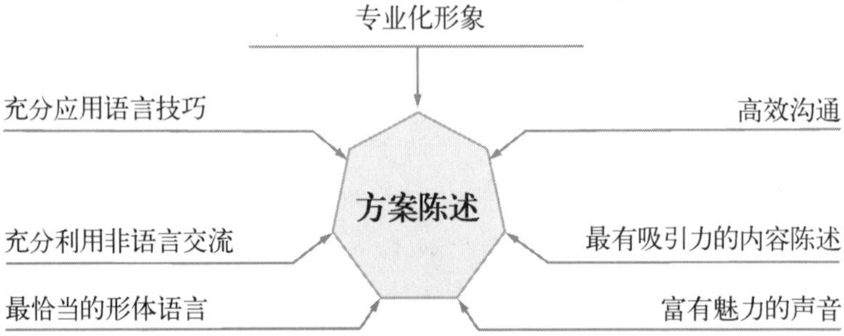

图 13－2 方案演讲需要注意以下事项

1. 专业化形象

言谈举止都要得当，形象要专业化，注意以下几点。

(1)穿着得体。

(2)不迟到。

(3)不嚼口香糖。

(4)不说脏话。

(5)忌母语与外语单词夹杂。

(6)沟通时不接电话。

(7)彬彬有礼。

(8)专业回应客户的疑问。

(9)恰当而心平气和地处理客户的挑剔。

(10)不卑不亢。

(11)坚守自己的承诺。

(12)尊重客户，保证客户良好的被重视感。

2. 高效沟通

高效沟通要注意以下几点。

(1) 要有清晰的书面材料。

(2) 要使用展示工具。

(3) 要有清晰的口头陈述。

(4) 要善于使用语言、声音、身体、表情等共同技巧。

(5) 口齿清晰、语速平稳、充满信心。

(6) 快乐、自信、热情。

(7) 保持目光接触，传递热情、真诚。

3. 最有吸引力的内容陈述

为了取得较好的效果，在内容陈述时，我们应注意将以下要素进行良好组合。

(1) 字。

(2) 句子。

(3) 句子之间的衔接。

(4) 句子的表达方式，如肯定句、疑问句、反问句。

(5) 每一段意思的表达和过渡。

(6) 语言。

(7) 整体内容的组织方式和表达方式。

4. 富有魅力的声音

我们要创造有魅力的声音，有魅力的声音本身就是一道美丽的风景，可以紧紧抓住客户。声音表达要注意以下要素的组合。

(1) 音量。

(2) 音质。

(3) 吐字。

(4) 语言连贯性。

(5) 语音、语调。

(6) 语速。

(7) 效果的冲击性和吸引力。

5. 最恰当的形体语言

我们要展现最恰当的形体语言，不过分不畏缩。形体语言表达要注意以下要素的组合。

(1)形象举止。

(2)身体姿势。

(3)身体移动、停止和站立。

(4)面部表情。

(5)手势。

(6)眼神。

(7)其他。

6. 充分利用非语言交流

我们要充分利用非语言交流，因此，注意以下几点。

(1)眼光接触使你更可信、真诚。

(2)姿势端正有利于呼吸和发音顺畅。

(3)当强调观点或要靠近听众时进行合适的位置移动。

(4)利用手势表达情感，但不要太多。

(5)其他。

7. 充分应用语言技巧

我们要充分应用能够抓住客户注意力的语言技巧，注意以下几点。

(1)善于运用案例方法。

(2)善于运用比喻和比较。

(3)适当穿插一些佚事和小故事。

(4)引用一些著名的语句。

(5)善于利用定量的数字。

(6)善于运用逻辑的方法。

(7)善于运用客户关注的绩效指标等。

(8)其他。

13.5　方案演讲技巧演练

演练时要进行分小组演练，角色包括客户、顾问、销售人员等。演练的主要内容包括陈述时间、陈述内容、客户疑问等。

首先，要对陈述时间和陈述内容进行设计。可先征求客户对陈述内容和陈述时间的建议，组织介绍陈述、技术陈述、互动交流等应当事先作好时间分配。要把握好陈述时间，每一张陈述 PPT 片可以在 2 ~3 分钟左右。当然，这可以根据具体情况进行调整。一般原则是 PPT 片不要讲解得太简短和太快，否则，不便于客户理解，容易让客户产生眼花缭乱的感觉。但是，PPT 片也不要讲解得太久，否则，客户容易感到单调和疲倦。可以根据演练测试，调整一张 PPT 片的内容多少。

其次，多举案例和用数字说明，案例一定要具有可信度和权威性，让客户理解尽量多的内容，留下很深、很特别的印象。

在整个陈述活动中的双向互动交流是十分重要的，分阶段讨论或者在陈述的最后应留够提问和讨论的时间，以集中讨论客户关心的问题。

在客户之中，可能有支持我们竞争对手的群体，有人可能会有意挑剔刁难，此时不要着急，要镇定自若。当客户提出质疑性或者挑剔性问题时，尽量现场解决。如果自己不了解，可以直接告诉客户自己拿不准，需要回去与专家讨论才能给一个准确的答案。

在回答问题前，最好重复一遍客户提出的问题进行确认，这样可以聚焦问题，避免答非所问。同时，有利于快速“解析”和“引导”，并缓冲时间便于舌战群儒。

在整个陈述过程中，要注意不要处处被客户牵着鼻子走。对那些非常成熟或者很先进、很专业、很科学的解决方案中的观点，请大胆、明确地以客户接受的方式与客户沟通，充分展现专业性和先进性。在整个陈述过程中，不要照稿子念，也不要背诵，要很专业性地熟练表述。

结束陈述时，要进行简短的回顾总结，对双方交流和达成的要点进行复述，建立双方共识和成果。

自我检测

依据本章的内容，请进行自我检测和自我反思，分析优劣势和差距。依据本章的内容，进行实际应用的分析与思考。

休闲时光

该休息一会了！

深吸一口气，慢慢地吐出来。心沉静下来，就这样观察自己的每一次呼吸，轻轻地使自己放松下来，让紧张感彻底消除。

第 14 章

大项目营销的成功支柱——产品演示

14.1　案例：为什么最懂产品的人去演示，却丢单了？

14.2　产品演示六步模型(DRFFVV)。

14.3　产品演示的陈述演练——DRFFVV 排练。

14.4　产品演示需要把握的原则。

14.5　如何组织产品演示？

我们需要思考“产品演示的本质是什么”？

产品往往是支撑解决方案落地的重要手段，或者是解决方案落地的重要交付物之一。产品演示是大项目营销中不可缺少的一环。

产品演示的目的是“眼见为实”，让客户对产品有准确的体验。产品演示只有对准靶子，才能发挥有效作用。

产品演示六步模型（DRFFVV）是产品演示成功的方法工具，其有利于促进产品演示逻辑的清晰化，有利于增强说服力，有利于促进产品演示工作的系统化和最终成功。

14.1　案例：为什么最懂产品的人去演示，却丢单了？

李某是一家电子企业生产制造系统的 ERP 顾问。一次，李某去一家电子制造企业进行产品演示，在去之前，他对该公司进行了深入了解，并对所需产品进行了个性化工作准备。在面对客户时，李某对生产制造的理念和产品的针对性进行了讲解。讲完后，李某有一种“一讲定乾坤”的感觉。客户从三楼一直将李某等人送到楼下，该项目顺利进入了商务谈判进程。

但是，后来的项目运作却有些画蛇添足，销售人员为了进一步炫耀自己产品的新亮点，又安排了一次产品演示，还特别邀请了懂产品细节的顾问去做产品演示。

李某知道此事后，很担心这次演示不好就会丢单。果然，产品演示不是特别理想，并没有打动用户。产品顾问在演示过程中事无巨细地讲解产品，并没有搞清楚客户的需求，客户听得很不耐烦。

最后的结果是，本来有好感的客户改变了态度，项目没有谈成。

为什么两次产品演示的效果截然不同呢？后来的产品演示为什么不理想呢？其中到底出现了什么问题？

启示：

客户在售前阶段往往吹毛求疵，因此产品演示要特别注意艺术和方法。因为，许多客户的思维是超前的，需求是很复杂的；产品演示的是现状的标准化产品，而不一定是基于客户未来需求的交付物，如果要达到客户满意程度，需要做大量细致的工作。否则，在客户彻底了解现有产品细节之时，就是客户失望之时，也是你丢单之时。另外，对于产品演示，特别是大项目的产品演示更要慎重处理，因为许多产品顾问只知道讲产品，而不知道射箭对准靶子。

做好产品演示并不是一件容易的事情。那么，我们如何做好产品演示呢？请看本章节的下述内容。

14.2　产品演示六步模型(DRFFVV)

产品演示的六步模型包括：需求陈述(Demand)、实现路径(Realize)、产品功能(Function)、产品特点(Feature)、价值展现(Value)、证明(Verify)，我们称之为DRFFVV模型，如图14－1所示。

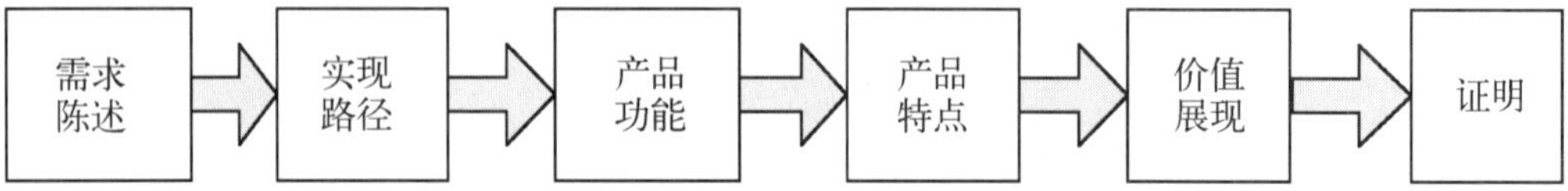

图14－1　产品演示模型DRFFVV

产品演示陈述的六步模型是产品演示的套路，是一个完美的论证过程，也是一个全方位展示产品的工具，既能使客户清晰了解产品，也能将产品的各方面内容系统表达出来。

14.3　产品演示的陈述演练——DRFFVV排练

1. 需求陈述(Demand)

需求陈述需要将客户的需求清晰而完整地表达出来，表明我是最懂客户的，其一般包括以下几个方面。

(1)开场白问候，感谢相关人员的支持。

(2)项目简要回顾和本次目标。

(3)陈述客户目前的状况。

(4)指出客户目前期望解决的问题点、期望及需求，引起客户注意及兴趣。

2. 实现路径(Realize)

实现路径主要指客户需求的实现路径，其一般包括以下几个方面。

(1)总体指导思想和解决思路、方案和产品理念。

(2)提供解决问题的对策或改善现状的对策。

(3)最佳实践介绍。

(4)解决方案采用的技术、方法、产品和服务。

3. 产品功能(Function)

产品功能要清晰展示所需要的产品及其实现的功能，其主要包括以下内容。

(1)拟采用的产品及产品功能。

(2)拟采用的服务及服务功能。

4. 产品特点(Feature)

产品特点是用来描述产品功能为客户带来的独特特点，一般从以下方面进行考虑。

(1)由问题解决相对应的产品功能延伸出来的特点。

(2)由问题解决相对应的产品功能延伸出来的优势。

5. 价值展现(Value)

价值展现主要表达产品给客户带来的价值。

(1)确认问题解决和特殊利益，确认客户的问题点及期望改善点。

(2)依据需求优先顺序，证明方案或产品能满足客户的特殊价值。

(3)让客户确信：我们的解决方案能够保障客户的价值提升。

(4)让客户确信：我们的解决方案能够给客户带来独特价值。

6. 证明(Verify)

证明主要通过案例、实践数据等佐证产品讲解的正确性、权威性、专业性。

(1)用成功案例等方法证明方案或产品的能力。

(2)异议识别、异议的解释和化解。

(3)客户内部怀疑声音的识别、论证和消除。

14.4 产品演示需要把握的原则

产品演示需要把握以下原则：明确演示目标；演示要一举成功；提前做好调研，摸清需求的虚实；明确演示对象和角色，做好情景模拟；注重亮点展示；套路化；对客户要有互动影响力；注重总体组合的介绍效果；演示后及时总结和评价。如图 14－2 所示。

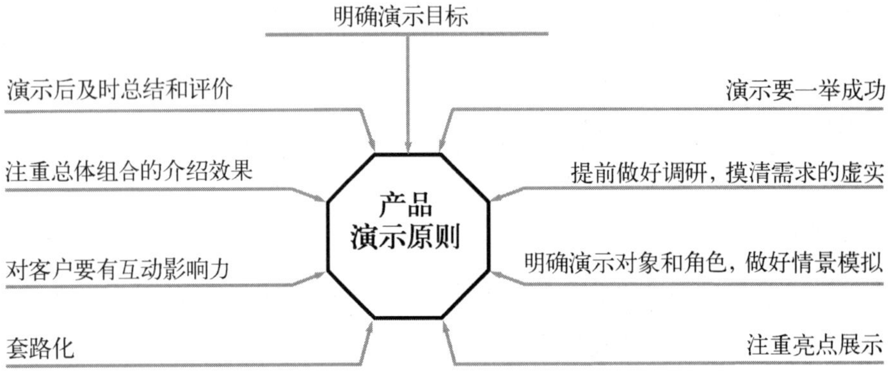

图 14－2 产品演示原则

1. 明确演示目标

产品演示是目的性极强的工作，就是要通过演示打动用户，促成签约。因此，我们要确定产品演示的目标，确定本次产品演示所要解决的问题及其要达到的结果。

2. 演示要一举成功

对于许多公司来说，产品一般是标准化产品，而客户需要的往往是个性化和特殊化的产品。标准化产品需要经过具体技术参数的设定、个性化和组装才能适合客户，而这又往往需要很长时间和很大的工作量。因此，我们不要随意地、匆匆忙忙地去演示产品，要提前规划演示时机，确保效果。

如果演示条件不具备，宁可推迟演示，也不要轻易安排演示，演示要一次就搞定客户。如果没有把握，就必须多花时间准备。仓促演示效果不好，易使客户产生不信任和怀疑，最终导致客户离你而去。

3. 提前做好调研，摸清需求的虚实

我们要做好用户的需求调研和业务分析。如果不了解客户需求的虚实，不了解产品与需求匹配的虚实，不了解竞争对手的产品匹配虚实，就轻易演示产品，很难有好效果，容易使大项目陷入长期的拉锯战。

4. 明确演示对象和角色，做好情景模拟

我们要清楚产品演示给谁看，不同人员关心的内容重点不一样，因此，可以根据领导层、执行层、操作层等人员的不同岗位和不同角色，设计不同的演示内容和情景。

5. 注重亮点展示

在产品演示过程中，要注意亮点总结和传播，强化对产品利益和附加价值等的阐述和传播。产品演示时，要充分结合客户需求去证明产品的好处。但是，我们要注意：产品的优点对客户不一定是有用的，有时甚至是累赘和缺点。只有适合客户需求的特点才是值得演示的。

6. 套路化

我们要形成与标准演示套路配套的标准演示方案、常见问题解答指南，形成类似于表演时的剧本。演示方案要口语化，强调可操作性。同时，随着产品发展和实施业务创新，要不断完善和更新演示套路。

7. 对客户要有互动影响力

有数据表明，客户可能只会记住听到的 10%，看到的 30%，却能记住参与的 80% 的内容。因此，在设计演讲套路时，关键点上要与客户进行互动，目标只有一个：对客户产生影响力。

8. 注重总体组合的介绍效果

要将组织的介绍、产品原理及体系的介绍、服务体系的介绍、实际功能演示控制等灵活组合起来，强化组合拳的效果。

9. 演示后及时总结和评价

演示后要及时总结和评价。对于产品演示中的不足，要及时寻找机会补救。同时，要对客户的疑问进行积极而及时的反馈。对于产品不能满足客户需求的部分，要诚实地回复客户，可考虑有策略地设计个性化的解决方案，赢得客户的认可。

14.5 如何组织产品演示？

一个好的产品演示是需要经过精心准备和反复演练的。演示工作一般分为六个阶段：演示计划确定、演示内容设计、模拟演练、演示前准备的检查、演示现场控制、评估改进。其中，每个阶段的工作内容和侧重点有所不同。如图 14－3 所示。

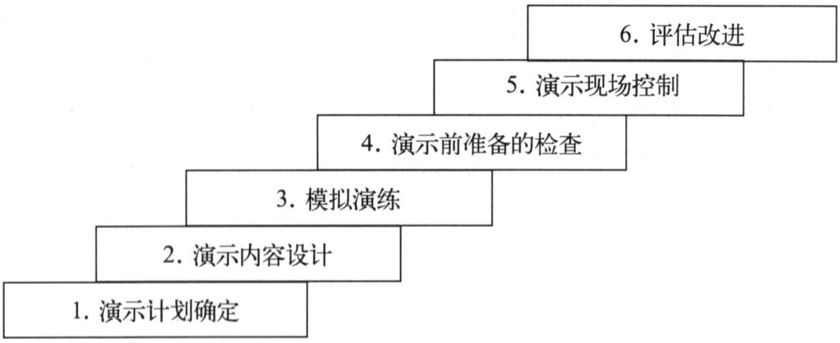

图 14－3　产品演示工作步骤

1. 演示计划确定

要保证演示成功，需精心策划演示计划，主要包括以下内容：

第一，确定演示计划安排。与客户和内部团队成员详细沟通好演示计划，演示计划应该包括演示地点、演示时间、演示内容、客户方参加人员、演示进程、演示设备等。请注意，一定要和用户详细沟通，确定客户内部目标客户的人员参加产品演示会，让对项目选型有影响的人员尽量参加，演示的时间宁可推迟，一定要保证关键目标客户到场。

第二，演示团队组建和演示启动工作。根据客户方参加人员组成和客户需求，确定我方演示人员的团队组成。对演示工作活动进行细分，层层分解落实，启动项目组的产品演示工作。

2. 演示内容设计

在演示内容上，我们需做大量的基础准备工作，其主要内容如下：

(1) 提前做好需求分析的准备工作。

在需求分析准备时，我们要对客户需求进行调研和业务分析，把握住客户需求，了解用户对哪些内容比较感兴趣，哪些不感兴趣。准备工作的每一个步骤始终要围绕演示需求进行，这样才能保证演示的针对性。

(2) 做好竞争对手的分析。

在此，我们要了解是否有竞争对手进行了演示，其效果如何。向竞争对手学习，以进行充分的准备。

(3) 做好演示产品与客户需求匹配分析。

首先，确定演示的产品。其次，分析产品与客户需求的匹配性。再者，确定是否进行定制配置，确定是否要协调资源，快速开发某些功能点或者按照用户数据建立演示环境。

(4) 设计产品演示思路。

产品演示一定有一个思路的整体设计和详细设计。这个思路要考虑客户情况、客户需求、演讲的内容、听众的特点、演讲的环境等。在此，我们要考虑：客户最需要什么？我们最想告诉客户什么？演示思路一般包括演示目标、演示资源、演示方法、产品理念、演示路径、演示价值等。

(5) 演讲词设计。

演讲词是非常重要的，演讲词的好坏决定着产品演示的成败。演讲词要有感染力、针对性、说服力和影响力。

3. 模拟演练

为了保证产品演讲的成功，我们要进行长时间的细致模拟准备。在模拟演练时，演讲者要脱离讲稿，确认自己对所介绍内容非常了解，对整个演讲内容非常熟悉。

4. 演示前准备的检查

演示前一般可从三个方面着手准备：产品检查、场地和设备检查、参加人员检查。

首先，我们要注意产品检查，确定产品的品质与性能是否符合客户要求。同时，确认产品安装的各项条件，如电源等配套设备是否符合条件，技术参数是否调整到位等。另外，做好备用品的准备，如备用投影机，以免展示中突然出现问题。还要确认检查演示设备及其用品是否齐全。

我们还要注意场地和设备检查。要检查展示场所如何布置，相关设备是否已经准备好。如果客户来我公司，可能还要准备“欢迎参观与指导”的横幅等。

我们还要对参与人员进行检查，对参与人员的服装和仪表仪容进行规范，同时，规划好每一个参与人员的角色，协调好各个角色的协同内容和条件。

5. 演示现场控制

在演示现场展示时，我们要注意理念与产品操作的具体结合，PPT 等演示工具与产品操作的具体结合。要对客户情绪进行感知和把握，对客户的问题进行及时反应，注意现场的灵活应变。

6. 评估改进

即使在一次演示中效果很好，也不意味着项目的最终成功。在成功演示后要马上总结分析，对客户提出的问题进行及时回复。如果产品演示不好，也要总结经验教训，对客户提出的问题，进行针对性解答，对演示中的不良效果要进行弥补。

自我检测

依据本章的内容，请进行自我检测和自我反思，分析优劣势和差距。依据本章的内容，进行实际应用的分析与思考。

休闲时光

该休息一会了，别让身心都太紧张了！请放松一下吧！大项目往往压力很大，让人紧紧绷绷。你不能太紧张了。只有能化解一切压力，身心放松，从容面对一切和淡定一切，才会做好大项目营销。

第 15 章

大项目营销是整合营销

15.1　案例：都是因为没有整合惹的麻烦？

15.2　什么是整合营销？

15.3　整合营销需要深思的问题。

15.4　整合营销需要考虑哪些原则？

15.5　整合营销模式。

15.6　整合营销的关键点。

影响客户认知和决策的重要因素是整个团队的一致性、递进性和可持续性。因此，从某种意义上说，项目整合营销就是实现项目的一致性、递进性和可持续性管理。

但是，项目整合营销管理做得很优秀的非常少，大多数组织需要大大改进。

有时候各个部门都很努力做事情，但是，从整体上看，每一个部门只注重自己的一亩三分地，各自为政，没有形成一个统一的整体，没有形成以大项目赢为目标和以需求等变化为中心的快速反应和服务机制。这淡化或阻碍了最终目标的实现。

大项目运作是一门科学与艺术，涉及的因素较多，我们需要在调研、客户拜访、讲标、方案制作、商务谈判、关系发展等各个方面加强整合。

整合营销就是调配、集成、监控和管理项目所涉及的所有因素，集中一切优势资源，形成无缝对接而又环环相扣的递进合力，打造一个连贯的、统一的和有效力的整体，促进项目的最终成功。

15.1　案例：都是因为没有整合惹的麻烦？

A 集团是一家集团型企业，主要以项目销售为主。A 集团设有总部专家团队、大区专家团队和分公司专家团队。为了赢得客户的认可，分公司的客户经理在项目初次调研时调用了分公司顾问，在第一次调研方案汇报时，调用了大区顾问主持演讲；在最后的讲标会议调集了总部顾问和集团副总裁进行讲标。

但是，调研、方案汇报、讲标环节在每一次内容讲解上都出现了重大脱节现象，每一次接触中，不同的团队小组对客户最初需求的理解出现重大差异，并且都坚持自己的观点。

更可怕的问题是，每一次与客户沟通的信息并没有完全传递给后来的项目继任者。在与客户的解决方案交流过程中，不同的专家对同一概念有前后矛盾的阐述，各说各话，令客户茫然。

特别是，在给客户递交的公司印刷资料中，因为没有及时更新，公司的服务分支机构数量与后来讲标时所说的数量存在重大差异。这些都引起了客户的怀疑，逐步失去了客户信任，最终丢掉了项目。

启示：

A 集团在项目上失败的主要原因是整合营销做得差。作为一个大型组织或项目型组织，如何才能做好整合营销呢？本章将主要揭示整合营销模式及其相关内容。

15.2　什么是整合营销？

整合营销是以项目赢为最终目标，建立健康的项目生态体系，在项目的每一个阶段、每一次接触、每一个客户地点，面对不同的客户人员，传递一致的信息，整合各类资源，协同各类手段，产生循序渐进的冲击力，发挥最大的合力，为客户创造最佳价值，赢得客户满意，取得最佳竞争力。

15.3 整合营销需要深思的问题

整合营销需要我们深思如下问题。

(1)为什么需要进行整合营销?

(2)哪些问题容易导致大项目失败?

(3)在日常大项目运作过程中，哪些问题需要通过整合营销解决?

(4)在日常大项目运作过程中，哪些瓶颈需要通过整合营销解决?

(5)在整合营销上，我们容易犯哪些错误?

(6)整合营销要整合什么?

(7)整合营销的最终目标是什么?

(8)当内外部发生变化时，如何进行整合营销?

15.4 整合营销需要考虑哪些原则?

在大项目整合营销中，我们一般需要考虑如下原则：体系性、统一性、系统性、绞合性和考核性，其具体内容如下。

1. 体系性

大项目营销本身就是一个体系性非常强的框架结构。我们要从组织高度建立覆盖各类型项目应用的体系结构，形成立体性的项目构架体系，实现大项目营销的体系性管理。在这个体系中，我们要将项目制定、项目评价与选择、项目实施、项目控制和反馈等看成是一个完整的过程来加以管理，强调项目思考、项目实施、项目监控等行为的整体性，进而充分提高这一过程的管理效果和效率。

2. 统一性

我们要对项目实行统一规划，建立统一注册、统一部署、统一标准、统一规范、统一管理、信息一致和数据集中的项目信息沟通平台，使多单位之间实现数据共享与交换，推动组织行动的整体一致性。对项目实现统一管理，可以对分散的项目资源进行有效的整合，强化大型组织对成员单位和用户实现“一站式”项目服务，可以实现资源互通共享，提高组织项目管理水平。

3. 系统性

有时候，我们对整合营销的专业性、复杂性、系统性、体系性认识不足，使我们白白浪费了许多机会，耗费了许多成本。项目要全要素地系统规划，使之形成一盘总的棋局，形成各要素齐全、专业配套的体系。项目要注意整体战略部署，要考虑全过程、全要素、全方位、全周期，要考虑时间性、空间性、多层次性、阶段性、手段组合性等内容，要考虑将各个要素有机融合为一体化管理体系，而不是多个要素及体系的简单相加。

4. 绞合性

首先，注重项目规划，注重项目路线图的设计与模拟验证，实现项目活动之间的严谨“绞合”和“层层嵌套”。其次，在项目运作过程中，通过项目评估、项目控制等，实现项目各类活动和各层次活动的一体化集成与协同。第三，防止粗放型管理，要逐步实现项目精细化管理，在细节上实现深层次的绞合。

5. 考核性

没有考核，一般就很难推进“提升”。为了推进整合营销，提升整合营销水平，可将整合营销纳入绩效考核范畴，通过考核提升项目的可管理性。因此，我们要建立整合营销的相关考核标准，形成科学的评价指标体系，制定全面的考核范围、程序和制度。绩效考核可考虑面向整合营销的事前规划、事中控制和事后评价，考虑整合营销的知识管理等内容。

15.5 整合营销模式

整合营销是指设立统一的项目目标，建立流程型项目组织，坚持正向信息强化原则，集成项目内外部资源，协同多个销售渠道，集成各类媒体传播途径，集中管理接触机会，集成多种举措，统一客户需求认知，统一客户内部不同声音，协同与整合各种解决方案，设计统一的项目传播内容，传递一致、递进而有效力的信息，统一客户内部的不同声音，用一个声音说话，如图 15－1 所示。

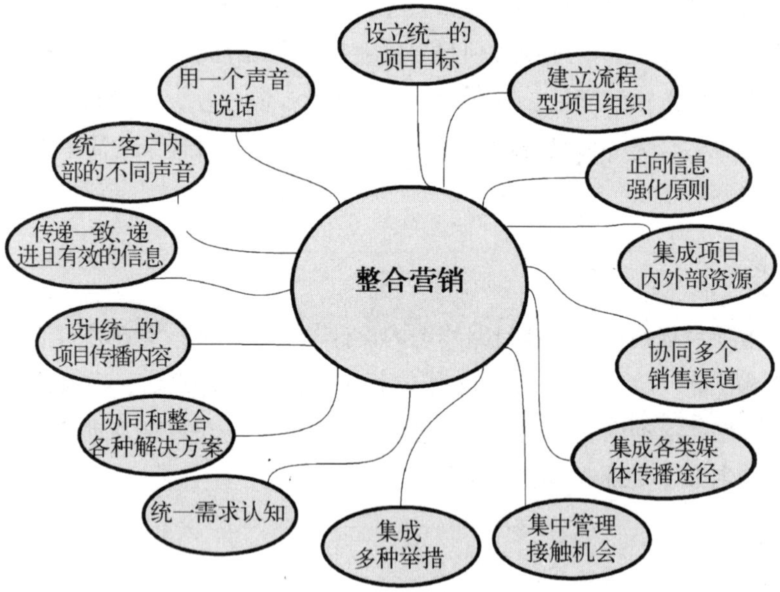

图 15－1 整合营销

15.6 整合营销的关键点

依据整合营销模式，主要介绍以下相关内容。

1. 设立统一的项目目标

设立统一的项目目标，需要注意以下内容。第一，分析和整合各个层次得来的客户需求。第二，要建立统一的项目目标，实现与客户的高效、无误沟通。第三，以项目目标和客户需求为核心，重组各级组织行为和市场行为，综合协调使用各种形式的传播方式，以统一的目标和统一的传播形象，传递一致的产品或方案信息，有目的和有计划地树立产品、方案、品牌在客户心目中的地位，建立与客户的长期密切关系。

2. 建立流程型项目组织

建立流程型项目组织是以客户为对象，打破传统的部门和职能限制，从业务的角度将组织活动横向连接，从输入到输出实现端到端的业务联通，从而提高客户和组织的价值。

传统的部门分工和职能划分主要以劳动分工和职能专业化为基础，组织内的部门划分非常细，各部门的专业化程度较高。但是部门关注的中心往往是部门业绩指标，并不关注大项目价值链中客户的需求，因此，对横向跨部门的流程没有统一的控制，缺乏协调，导致一些无效的工作存在。而绝大部分的业务流程都是跨部门实现的。再者，传统的部门界限势必隐藏有流程中的“三不管”地带，出现没有负责人也没有监控指标的现象，风险非常大。因此，我们要用一种“全流程”的视角和方法，找出并去除这些弊病，使流程体系达到一个高效状态。

通过战略目标导向，建立流程型项目组织，保证项目目标落地。以项目战略为导向，实现项目目标、角色责任与业务流程相关联，并通过目标、绩效指标和流程的层级分解，明确授权，实现战略落地。

优化流程管理，实现责任和绩效指标的合理、有效分解。流程规范的过程要遵循自上而下的原则，从高层流程向下层逐级分解，业务过程中的责任和指标也随着这个过程层层分解，步步落实，流程自上而下逐级分解，使每一个业务过程都得到详细描述，避免遗漏一些高风险却没有明确负责人的工作，方便查找出隐藏的问题及流程和责任的漏洞，消除管理漏洞。同时，将流程横向链接，打通各相关部门的协作环节，从输入到输出实现端到端的全流程；每一层、每一个流程都有明确的流程负责人和合理的流程绩效指标，流程才能得到有效监控，才能保证流程体系不会浮于表面，实现流程与业务的相辅相承。

以客户为出发点优化流程管理。流程的规范和优化都是以客户为出发点。为了实现更大的客户价值，流程的规范和优化，将变不合理流程为合理流程、变复杂流程为简单流程、变冗余流程为有效流程、变不增值的流程为增值的流程，实现运营效率的提高和成本的降低。

以需求等变化为出发点优化流程管理。在大项目运作过程中，有时候业务需求变化了，但是，大项目所涉及的各个部门的反应是脱节和滞后的，这会给大项目带来消极影响。因此，我们要建立大项目需求变化及其内外部变化的响应机制。

整个流程的规范过程，就是自上而下，不断对流程进行分析、优化、调整的过程，是一个循环往复、持续完善的过程。

3. 正向信息强化原则

项目涉及的每个部门、每个成员、每个职能都应负起信息顺畅传播与沟通的作用，使组织发出的所有信息都起到正向信息加强、提升组织形象的作用，并最终实现塑造独特的项目形象，创造最大的品牌价值，达到整合营销的终级目标。

如果所有的机会接触点都能传播相同的正向信息，就能最大化发挥传播的影响力，令传播的概念与客户已有的概念产生一定的关联，加深客户对该种概念的认知度。

4. 集成项目内外部资源

要建立相应的资源调配机制，从组织上保证整合营销的实施，规划组织的内外部资源，有效地管理各种相关资源。通过部门整合将原先分离于数个部门中相互有关联的岗位、资源整合为项目应用，避免资源和岗位的重复设置及沟通障碍，实现资源优化，减少沟通环节，提高工作效率。同时，将资源价值扩展到客户价值链每一环节的管理上。

协调和整合不同部门的功能，营销、广告、产品管理、售后服务、市场调研、生产、研究开发等职能等必须协调一致，将之调整为以客户需求为龙头，以大项目运作为核心的连贯的、统一的整体。

利益相关者是重要的资源。每一个大项目都存在着多个利益相关者，有的是客户，有的是自身团队成员，有的是供应商，有的是客户的客户。我们要注重利益相关者关系管理，充分调动和激励利益相关者，为大项目服务。

5. 协同多个销售渠道

要对各个销售渠道进行统一规划，特别是对于跨地区的集团型客户组织的大项目来说，更要统一各个销售渠道，防止内部销售渠道之间的抢单现象，防止因为抢单引起的不同信息、不同报价和不同方案问题。

6. 集成各类媒体传播途径

如果各类媒体不能有效集成，各类媒体在传播同一内容上出现矛盾冲突，将会给营销工作带来严重打击。我们要集成各类媒体传播途径，统一规范各种传播途径，向客户传递统一、一致的项目理念、信息和动态内容。

7. 集中管理接触机会

对于一个项目的客户接触机会，要有专人负责管理，防止不同部门的各自拜访引起的散乱现象。集中管理同一客户的接触机会，要对接触机会进行设计，例如，何时，由什么部门和人员进行接触等。

8. 集成多种举措

对于大项目推进过程中的各种措施，要集中统一规划，定期评估，统一部署，并根据进展情况进行不断优化。优秀的整合营销，能够沿着大项目的时空进展，不断递进各种措施，形成严密的层层嵌套和向前推进的体系。

9. 统一需求认知

如果大项目的团队成员在需求认知上不能高度统一，那么，在需求的解决方案上也会发生严重的分歧和矛盾，这将损害大项目的竞标。大项目的团队成员要对客户的需求进行认真研讨、反复论证和不断沟通，统一思想认识，形成一致而系统的需求方案。

10. 协同与整合各种解决方案

对大项目中各个时期的方案进行统一和协同管理是非常重要的。我们要协同各个时期和各种方式的解决方案。在时间维度上，给客户提交的设计方案和各种资料，要进行统一管理，保证延续性和递进性，防止出现前后矛盾或脱节现象。如果出现前后矛盾的现象，要分析是客户需求变化引起的，还是我们疏忽大意造成的。同时，建立与解决方案有关的概念定义和问题定义，统一定义各类内容。

11. 设计统一的项目传播内容

设计统一的项目价值思想和价值理念、项目竞争的亮点理念等，并首先在项目团队内部传播，以便一致对外。同样，在客户内部传播时，我们也要统一项目价值思想和价值理念、项目竞争的亮点理念等内容。

12. 传递一致、递进且有效的信息

要向客户的项目选型团队传递一致、递进而有效的信息。组织的信息传递要具有一致性，即纵向一致和横向一致。纵向一致是要求项目涉及的愿景、目标、方案、产品及大众传媒所传递的信息在相当长时期内协调一致；横向一致是指项目涉及的单位在同一时间内通过各种渠道所传递的信息要一致。

13. 统一客户内部的不同声音

统一客户内部的不同声音是非常重要的。第一，充分调动一切积极因素实现统一的传播目标，将传播信息转化为客户内部的具体概念、影响和声音。第二，收集客户内部的不同意见和声音，研究对策，协同各种途径和举措，促进客户认同。第三，促进客户向有利于项目和我方的方向发展，促进传播与共识的达成。

14. 用一个声音说话

大项目营销是声音传播的过程。营销团队要相互合作，通过合作形成在团队内一致的声音和对称的信息。我们要思考：

(1)我们要传递什么声音？

(2)如何追求“用一个声音说话”？

(3)哪些需要同一个声音去传递？

(4)哪些需要不同人去传递？

(5)如何实现同一个声音，一个传话渠道？

(6)如何进行不同声音、不同语调、不同观点的表达？

总之，我们要使各种要素无缝对接发生作用，进而赢得大项目签约。项目的连贯性和一致性是项目整合营销成功的保证。要以客户和项目为导向，对内外部资源、组织、知识、人员等进行整合，使各种因素无缝对接，使各种因素发挥相互促进的价值。

自我检测

依据本章的内容，请进行自我检测和自我反思，分析优劣势和差距。依据本章的内容，进行实际应用的分析与思考。

休闲时光

该休息一会了！

有时候，自已的不满、矛盾、痛苦境遇，皆来源于自己的不好的或缺少智慧的起心动念和行为。有时候，一切皆是我的错。外界只是自己内心的复制品和内心剧本的重演。改变外界，先从改变自己开始。

一切皆是我的错，是宽广的胸怀，是勇于担当的态度，是深入认识问题的方法，是每一位团队成员和整个团队觉悟与快速重生的智慧。

第 16 章

大项目营销是精益营销

16.1　问题反思。

16.2　什么是精益营销？

16.3　精益营销的目标。

16.4　精益营销的途径探索。

最好的大项目营销是耗费资源最少、周期最佳、收益价值最大的营销。这也是精益营销研究的内容。

精益营销是每一个大项目组织需要修炼的基本功和必须擅长的能力。

精益营销代表着大项目营销的投入产出管理水平，代表着大项目营销的运营效率，代表着大项目营销的成本控制力。

项目资源投入、项目周期、项目浪费、项目质量、项目成功率是精益营销需要综合考虑和平衡的关键内容。我们不能顾此失彼，不能为了“精益”而忘记了“赢”。

精益营销不仅体现在营销环节的精益，还应该体现在大项目交付环节的精益管理。因此，精益营销还需要大项目交付环节的精益管理能力的支撑。

16.1　问题反思

在大项目运作过程中，我们经常遇到以下问题：
有的项目前期投入资源和精力过多，但是，项目进程缓慢。
如何才能保证运用资源最少而效率最高？
如何破解“项目价格低”和“项目不赚钱”两大难题？
如何保证整个项目售前生命周期链条上时间、费用、质量、满意度、成功率的控制？

16.2　什么是精益营销？

精益营销就是降本增效、减亏为盈、开源节流，以最小成本和最微妙的营销，创造最大效益和价值，从粗放式经营到精细化和内涵式发展。

精益营销打造的是精益项目。精益项目是以最小成本，最高运营效率，创造最大的效益，最高的产品或方案价值、客户价值、客户满意度、忠诚度和品牌价值。

精益项目给我们带来哪些价值呢？在同等品质下，成本降低了，利润增加了，这样既可以打价格战，也可以高定价，竞争空间就增加了。也就是说，在现在的人员、客户、能力水平下，利润大大增加，项目的运营效率和效益增加。

精益项目的实质是项目管理运作内核的不断升级换代，追求的是项目的运营效率和效益增加。

16.3 精益营销的目标

精益的“精”就是指更少与更巧的投入，而“益”指更多与更好的产出。项目精益营销的最大目标就是追求项目的最大投入产出率。项目投入是项目的有形投入和无形投入的总和。项目产出是指项目成功签约后的项目价值，项目价值包括项目合同收入和项目无形价值。

项目投入产出率分为“狭义项目投入产出率”和“广义项目投入产出率”。

狭义项目投入产出率=项目合同收入/有形投入

广义项目投入产出率=(项目合同收入+项目无形价值)/(有形投入+无形投入)

影响项目投入产出率的因素至少包括以下几种，如图16－1所示。

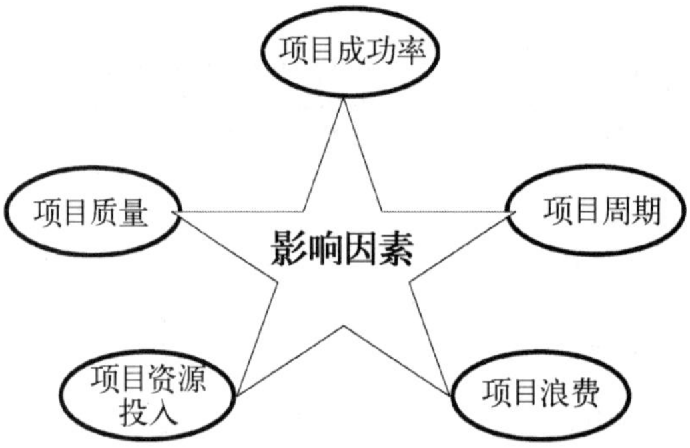

图16－1 影响项目投入产出率的因素

此外，我们还需要考虑如下问题：

(1)项目资源的投入有多少？

(2)项目是否最终签约？项目成功率有多大？

(3)项目的周期长短如何？

(4)项目是否存在浪费现象？

(5)项目的各个环节、活动及其交付物及其质量如何？

因此，我们在精益项目管理中，要尽量实现项目资源和人工投入最少，时间周期最佳，项目质量最高，项目投入产出率最高。

16.4　精益营销的途径探索

要取得项目精益营销，我们可以考虑从以下途径进行探索：建设精益团队；项目精益流程体系建设；对等规划与对等保障管理；活动管理；资源管理；项目投入产出机制建设；项目投入管理；项目产出管理；培育唯一优势，完善项目推进技术；项目精益六西格玛管理；规模化项目销售；认真学习、丰富和实践本书。在本节，我们将详细探讨具体内容，如图 16－2 所示。

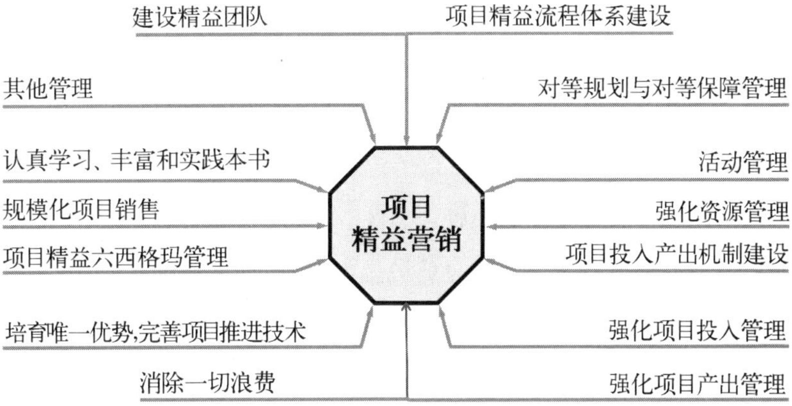

图 16－2　精益营销

1. 建设精益团队

第一，组建精益团队。第二，确定团队的目标和指标体系。第三，将精益目标和责任分解到组织结构的各个层次，落实到岗位。第四，将精益理念落实到团队成员行动之中。充分调动项目成员的积极性和创造性，平等尊重、信任员工，鼓励项目成员参与决策，尊重员工的建议和意见，注重上下级的交流和沟通；充分发挥员工的智慧和能力，提供不断改善流程的良好氛围；把问题和浪费及时地消灭在每一个岗位上；树立和宣传团队内部标杆。

2. 项目精益流程体系建设

不断改进流程是精益营销追求完美的思想体现，通过对项目流程的改善，不断地提高服务质量，降低项目成本，完善方案服务，永无止境地追求完美。建设项目精益流程体系，需要建立流程型组织，并进行流程评估、流程改进、方案实施和持续优化，如图 16 – 3 所示。

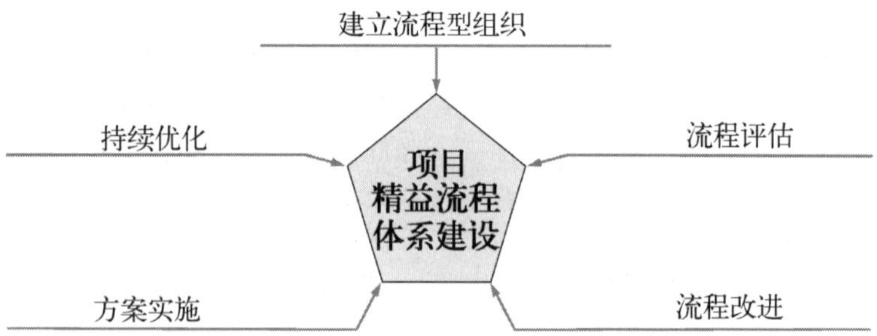

图 16 – 3　项目精益流程体系建设

(1) 建立流程型组织。

建立流程型组织，首先要组建流程管理团队，要设定流程负责人、流程审批人、流程协同人、流程发布人等角色。其次，建立项目流程体系，项目流程体系由顶层流程和层级式流程组成。再者，建立流程管理的流程，负责流程的设计、审核、修改、协同、发布、绩效改进等。最后，建立流程管理的激励机制，对流程的改进设定指标，对流程管理的相关促进因素进行激励。

(2) 流程评估。

任何流程都有改进的潜力。第一，我们要对流程改进的评价指标进行设计，如质量、周期、成本、交付物等。第二，对流程进行观察和测量，找出问题，进行定量分析。第三，系统洞察流程中的浪费现象。

(3) 流程改进。

我们要建立流程的改进机制。第一，提出改进方案。要改进流程，首先要了解现状，可以通过头脑风暴法，让小组的每一个成员发表自己的看法，分析流程中存在的问题和浪费现象，提出改进意见，确定几种可能的方案。第二，确定解决方案。对每条改进方案进行分析，确定最佳解决方案。

(4) 方案实施。

第一，经全体成员达成共识后，将措施细化。第二，要求参加人员共同负责，并亲自动手，尽快落实。第三，对措施的实施进行跟踪，监督执行人员按改进后的方案工作，确保改善成果。

(5) 持续优化。

第一，对流程的路线进行不断评估设计，不断优化流程的最佳路线，尽量减少无价值环节和活动。第二，对流程的支持策略和技术不断优化。第三，对流程的绩效进行持续管理。

3. 对等规划与对等保障管理

一般来说，项目中的最大浪费都是目标、活动、资源三者之间的不紧密无缝对接导致的浪费。

在许多大项目运作过程中，我们发现：组织资源紧张，组织中人人都很忙，但是，绩效效果往往并不好。为什么？

要记住：不是忙就有价值，不是干活就能创造价值。相反，没有合格资源保证的活动是失败的活动，没有目标的活动是徒劳无效的活动，没有活动和资源支持的目标是空中楼阁的目标。

目标、活动、资源三者之间的对等规划、对等保障管理，包括目标与活动的对等设计管理、活动与资源的对等保障管理，如图 16－4 所示。

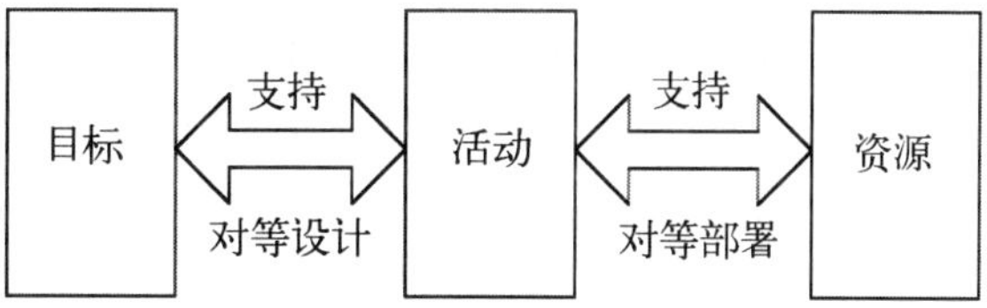

图 16－4　对等规划与对等保障管理

活动与资源的对等规划管理原则是目标、活动、资源三点要成一条直线，相互支持。

4. 活动管理

项目销售过程是由一连串的活动组成的。因此，活动是项目精益营销的重要抓手。活动管理主要包括活动规划、活动分析、活动持续改进、低价值活动管理、消除一切无效活动。如图 16－5 所示。

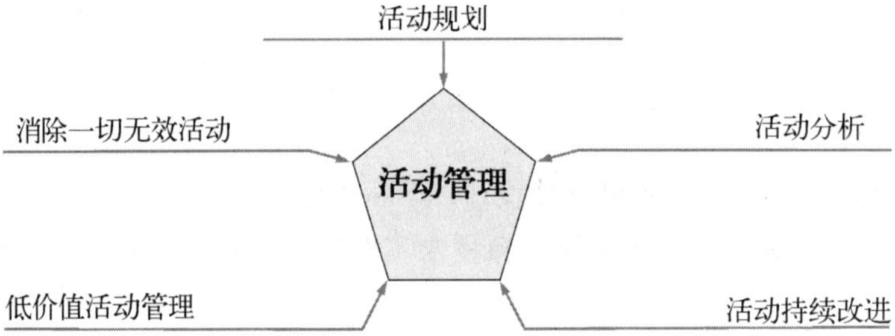

图 16－5　活动管理

(1) 活动规划。

对整个大项目营销活动进行规划，建立有价值的活动，即对目标实现有价值的活动，同时，根据目标设计路线图，找出最佳活动路线。

(2) 活动分析。

对活动目标的实现效果、成本、时间、质量进行分析，特别是与竞争对手进行标杆对比，找出改进点。

(3) 活动持续改进。

根据活动分析，对活动进行改进，活动改进要从顶层活动贯穿到底层活动。活动改进要长期化和持续化，要追求尽善尽美。

(4) 低价值活动管理。

尽量减少价值低的活动数量和活动频率，整合价值低的活动，如减少直接拜访次数，将两次并成一次。在实现目标的情况下，以低成本活动替代高成本活动。例如，能用 Email 解释清楚，就不用直接拜访和电话解释。

(5) 消除一切无效活动。

用精益的眼光去审查、分析项目过程，我们会发现种种无效劳动。而有时候，我们对这些无效劳动却熟视无睹，甚至认为是不可避免的。我们可以把项目过程划分为增加价值的过程和不增加价值的过程，前者也称创值过程，后者则称为浪费。

我们要从价值分析出发，找到改进潜力，利用员工的积极性和创造力，对项目流程、活动等方面进行不断改进，使项目运作无限接近完美的境界。

5. 强化资源管理

资源管理的好坏影响着项目精益水平。强化资源管理就要注重资源集中利用、提高资源协同效率、提高资源总体效率与个体效率。

(1) 资源集中利用。

运用资源最少的成功项目，才是最佳的营销。对于关键资源，我们要加强资源的集中调配和应用，确保最重要的资源集中在最有可能成功的对象上，集中优势资源打优势战役，保证最后能拿下订单。

(2) 提高资源协同效率。

注重销售与咨询协同。销售与咨询无缝协同可以大大降低成本，销售与咨询的最佳配合会发挥出强大生命力和制胜力，不但能够缩短项目周期，还能降低项目运作成本。但是，真正能够将销售和咨询两种能力运用恰当的大项目并不多，这正是我们需要提升的空间。

注重多层次共同协作。传统的管理思想认为，效率来自于明确的分工和严格按标准方法工作。这种思想的确为大量生产方式带来了许多好处，但同时也束缚了员工的智慧和创造力，使人员如同机器一样地工作，缺乏合作意识和灵活应变能力；使组织和个人能力不能完全发挥，从而使组织僵化或保守，丧失创新的动力。精益管理则要求员工在明确项目目标的前提下加强相互间的协作，既要注重明确的分工、严格按标准方法行事，又要解放员工的智慧和创造力，增进合作意识和灵活应变能力，使组织整体和个人的能力能完全发挥，促进组织开放和进步，增进创新的动力。大项目组织往往是多部门、多人员组成的虚拟组织，其协作范围广，涉及员工之间、部门和部门之间、领导者和员工之间的协作。这种协作打破了原有的组织障碍，通过相互交流和合作，解决跨部门、跨层次的问题，减少扯皮现象，消除彼此的指责和抱怨，在相互理解的前提下共同完成目标。

(3) 提升资源总体效率与个体效率。

资源配置效率是有效利用资源的核心。我们既要关注资源的个体效率提升，又要关注资源的总体效率提升，达到双方的平衡发展。建立长效的资源配置机制，需注意以下几点：

第一，建立资源效率的评估指标体系。第二，建立资源效率的动态反馈信息机制。第三，对资源效率进行分析，对资源配置失衡、资源效率闲置、高效资源、低效资源、无效资源、瓶颈资源等进行分析，找出问题背后的原因。第四，提出并落实提高资源效率解决方案，实现资源最佳分配，解决资源的浪费和损失。第五，建立长效的改进机制，不断优化资源配置机制。

6. 项目投入产出机制建设

项目投入产出机制建设是项目精益管理的重要内容。为此，我们要建立项目的效益化经营和效益化控制机制，强化绩效管理，推进全面质量管理。

(1)建立项目的效益化经营和效益化控制机制。

①依据项目的效益化经营和效益化控制机制，对项目收益进行管理。

②对项目投入产出的对象进行分类管理：项目、阶段、部门、人员等，对各个对象的投入产出率进行分析。

③探索提高投入产出效益的各种途径。一般来说，提高投入产出效益有以下四种途径：第一，投入不变，产出增加；第二，产出不变，投入减少；第三，投入减少，产出增加；第四，投入增加，产出更多地增加。因此，总地来说，要控制投入并增加产出。

(2)强化绩效管理。

①实现可持续绩效管理。我们不仅要重视财务绩效，还要重视驱动财务绩效提升的背后动力，实现从单一的财务绩效目标到多维度目标的绩效管理。

②充分论证组织体系的绩效落地举措，保证从组织战略目标、衡量指标、实现举措的统一。

③注重保证每一个成员都有目标。要有好的绩效目标分解、承诺的机制，保证绩效目标全维度分解到每一个成员个体。

④充分发挥每一个人的价值。大项目营销是激情营销，要充分发挥职工积极性、智慧和创造力。

⑤多用非物质激励手段。充分发挥非物质激励效用，丰富和优化非物质激励手段。

(3)全面质量管理。

所谓全面质量管理，就是建立起全员、全要素、全过程的质量保证体系。全面质量管理需要把握以下几个要点。

①全员性。项目中的每一个人，都会直接或间接地影响活动质量，因此，我们要求全员参加全面质量管理。

②全面性。全面质量管理不仅要提高项目交付物质量，还要提高每一环节及活动工作质量。

③预防性。建立质量管理点，全面质量管理变“事后把关”为“事前预防”，变“管结果”为“管因素”，对项目全过程进行有效的控制。

④满意性。以用户满意为原则，特别是最终用户满意为原则。

⑤持续改进性。推进 PDCA 循环的工作方法。PDCA 是英语 Plan(计划)、Do(执行)、Check(检查)、Action(总结、处理)四个词的第一字母的组合。PDCA 工作循环，就是按照计划、执行、检查、处理这四个阶段的顺序来进行管理工作。在质量管理活动中，要求把各项工作按照计划，经过实践，再检验其结果，将成功的方案纳入标准，将不成功的方案留待下一个循环去解决。这种工作程序，反映了开展管理活动的一般规律性。

⑥加强方法管理。加强方法管理，将最佳的项目方法予以标准化和系统化。

⑦充分发挥人的主观能动性。人是最关键的因素，人的智慧和积极性是很重要的。因此，要做好以下几方面工作：首先，提高人的质量意识，提高对自己工作重要性的认识；其次，加强技能训练，加强全面质量管理思想和方法的宣传教育，让人充分理解质量标准和项目作业标准；最后，加强对自我活动的质量控制。

7. 强化项目投入管理

加强项目投入管理，需要强化能力管理，进行费用管理，控制项目投入，主要包括以下内容。

(1) 强化能力管理。

大项目的好坏依赖于团队的能力，依赖于高素质的技术人才和管理人才。只有不断提高员工素质，重视对职工的培训，挖掘他们的潜力，使之掌握相关技能，具备分析问题和解决问题的能力，并为他们提供良好的工作环境和富于挑战性的工作，才能充分发挥他们各自的能力。

首先，建立大项目营销能力模型，对各个角色的素质和能力提出规划。其次，对现状能力和标杆能力进行比较，找出差距，提出能力提升方案。另外，实施和完善能力提升方案。在能力提升方案中，能力提升可通过专业技能培训、岗位培训、轮岗实践等方式提高人员素质，提升大项目技术技能，提高项目管理能力，培养协作精神和系统观念，使项目过程中的问题得到及时发现和解决，找到绩效整体改进的方法。

(2) 进行费用管理，控制项目投入。

建立对项目跟单费用的考核机制，实现销售费用的管理。对项目费用进行明细分类监控，如可按项目、时间、阶段、部门、报销人、费用类型等分类汇总统计和监控。可通过预算管理、额度管理、行政审批等手段，对相关费用进行控制。

8. 强化项目产出管理

项目产出管理是项目精益管理的重要内容，如图 16－6 所示。我们需要进行项目成功率管理，坚持项目需求与预算的对等原则，推进项目价值评估、项目风险评估，在项目售前咨询阶段就创造收入。

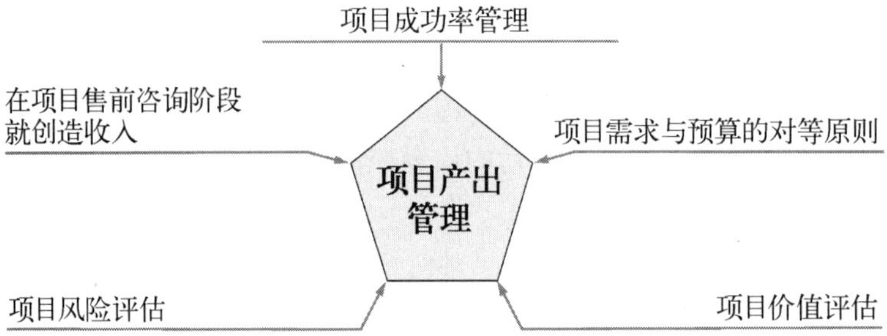

图 16－6　项目产出管理

(1)项目成功率管理。

第一，将项目成功率作为重要指标进行管理，分析每一次丢单的原因，对成功率进行监控和考核。第二，对于有把握的项目，要下力气保证项目签约快速成功，避免丢单。第三，对于似有似无的项目，要进行风险分析，逐个排查，提出解决方案，并高质量实施，争取一切可能的方法保证项目成功。第四，对于无把握的项目，要么及早关闭，要么想办法适当延长项目周期，以等待我方的优势机会来临。第五，建立售前的客户满意度管理机制，维护大项目运作过程中的客户满意，对客户抱怨等进行及时处理，促进大项目的成功率。

(2)项目需求与预算的对等原则。

客户的项目需求是否能满足？该项目会亏损吗？到底能赚多少钱？我到底要付出多少投入？这都是我们关注的问题。

在商务谈判中，要保证项目规模、需求与项目预算的对等原则来控制合同的签约。所谓项目需求与项目预算的对等原则，就是指合同的签约收入至少要与项目需求工作量引起的成本费用相等，否则，项目就亏损了。

在商务谈判中，项目需求必须反映供应商和客户的共同利益，它是一个双方共赢的谈判过程。绝对不能没有原则地满足客户提出的各种需求，要对项目提出明确的需求范围界定和预算界定，并被双方认可。如果出现变化，要保持需求与预算互动原则，需求增加的同时也要增加预算。

项目要争取实现赢利是谈判的基础和考虑点。对于客户的不同预算投入水平，我们可以提供不同的解决方案进行应对谈判，使得我方利益得到保证。在项目核算即将出现亏损时，必须明确地告诉客户这个项目亏损或盈利的程度，还要提醒客户因为预算不够导致的风险。

(3)项目价值评估。

建立项目价值评估体系。第一，根据项目价值，对现有跟踪项目进行价值分类。第二，对不同分类项目采取不同的资源保证和处理对策，按计划和重点分配资源。比如：对高价值项目，要投入主要资源，保证成功率。第三，项目运作过程中，力求按照项目价值去争取项目利益的谈判和项目控制。第四，项目签约后，对项目价值进行回顾评估和总结分析。

(4)项目风险评估。

建立项目的风险管理机制，及时发现风险，将风险降到最低。第一，对项目各个阶段可能出现的风险进行分析分类，对各类风险提出标准对策，建立风险矩阵。第二，对项目进行风险现状评估。第三，提出项目风险防范举措。第四，落实和实施项目风险防范举措，使风险管理机制不断循环完善。

(5)在项目售前咨询阶段就创造收入。

大项目往往涉及多专业领域的技术，需求很复杂，特别是在大项目的概念形成阶段、需求规划阶段，客户往往也需要咨询。在大项目售前阶段，可以采取培训、技术咨询等方式，启动客户内部的相关培训或者小型的技术咨询收费项目，这样在项目售前咨询阶段就收费。

9. 消除一切浪费

我们要从消除点滴浪费做起，向彻底消除浪费的目标前进。大项目工作中的浪费一旦在某种程度上被消除，则可能会出现项目利润几何级数的放大效应。

大项目浪费管理需要把握以下几点。第一，对项目中的浪费现象进行调研，找出现存问题。第二，对项目中的浪费进行分类。第三，对项目中的一切浪费现象因子，提出改进方案，进行实施。第四，对项目中的一切浪费现象监控分析，避免一些在时间、金钱、活动上的不增值行为。

在大项目中，都存在哪些浪费呢？在此，我们简单总结了大项目中存在的四类浪费。当然，还有其他类浪费，需要我们密切注意。

(1)加强对时间浪费的管理。

第一类浪费是时间的浪费。我们要杜绝在时间上存在的以下浪费现象。

①缺乏可执行的计划，计划安排不合理，工作难以按期完成。例如，没有得到客户认可，就匆忙执行计划。

②程序安排有问题，会造成主次不分，重点工作无人做。

③人员对月工作、周工作、日工作的内容缺少认识和策划。

④没有进行日清日升管理，对工作偏差不能及时校正。

⑤缺乏外部合作导致的浪费。例如，虽然我方资源已经准备好，但是客户的原有沟通会议日程一拖再拖。

⑥缺乏内部合作的浪费。

⑦纵容员工养成聊天、擅离工作岗位、浪费时间的坏习惯。

⑧疏于查问与改正员工临时旷职及请假的原因。

⑨未要求员工准时开始工作，松于监督。

⑩决策缓慢。

⑪计划检查不认真。

⑫不必要的请假与迟到或不守时。

⑬迟交工作交付物。

⑭工作中不必要的谈话与查问。

⑮领导不能适当安排自己的工作与时间。

⑯其他。

（2）加强对方案规划上的浪费管理。

第二类浪费是方案规划的浪费，我们要尽量减少以下现象的发生。

①未能真正弄清客户需求。

②固步自封的僵化思想。

③不与客户积极沟通。

④不积极参考员工的建议，也未能鼓励员工多提建议。

⑤未能从其他标杆案例中获取有益的知识。

⑥方案规划不能一次做好，而出现多次的返工、重做、纠正等浪费。

⑦其他。

（3）加强对资源的浪费管理。

第三类浪费是资源的浪费，我们要尽量减少以下现象的发生。

①组织或领导的命令、指示不清。

②缺乏纪律与严格，纵容粗心或不当的工作。

③交付物质量波动很大。

④纵容或不重视浪费。

⑤因为缺乏协同，可用的资源经常处于闲置状态或错配状态。

⑥纵容以不正当方法运作项目。

⑦存在人力的浪费。例如，合格人员不足，未使每一个员工尽其所能。

（4）加强其他浪费管理。

第四类浪费是其他浪费，我们要尽量减少以下现象的发生。

①无知和能力不足往往成为大项目中的最大浪费。

②对意外事故防范措手不及。

③责任推诿。

④客户服务意识的淡薄，丧失与客户服务的最佳时机。

⑤对客户需求变化的反馈没有形成系统的机制。

⑥其他。

10. 培育唯一优势，完善项目推进技术

如果我们具有成熟而先进的独有竞争力的技术、产品或解决方案，得到客户认可与欢迎，则成本会大大降低。

第一，培育具有唯一优势的产品和解决方案。我们要在技术、产品、解决方案上下大力气，开发出占有唯一优势的产品和解决方案。

第二，提供针对性强且专业性高的解决方案。针对性和专业性是打动客户的关键要素，向客户提供针对性强且专业高的解决方案，会促进项目进程加快。

第三，开发大项目营销的推进技术。开发大项目营销的推进技术，提升项目人员的操作技巧和推进技巧。开发专门针对高层领导者的大项目推进营销技术，提高项目推进能力和水平。

11. 项目精益六西格玛管理

在项目流程、活动、技术等规范化和标准化的基础上，我们还要通过六西格玛管理提升其水平。大项目实施六西格玛管理方法能给一个组织带来显著的业绩提升或成本降低。

六西格玛管理追求理想化的目标，如“交付物零失误”“零抱怨”等。组织追求精细管理，促进员工产生一种向“极限”挑战的动力，树立永不满足的进取精神，极大限度地激发员工潜在的智慧。

要积极探索六西格玛管理在大项目中的运用。六西格玛作为一种高度有效的流程设计、改造和优化技术，已成为世界上追求管理卓越最为重要的战略举措。

大项目六西格玛的含义是指：通过设计、监督每一个大项目业务流程，减少项目活动与目标的波动性，提高项目活动质量，降低组织的资源成本，以最少的投入和损耗赢得最大的客户满意度，实现对产品和流程的突破性质量改进，从而提高项目利润。六西格玛，意味着每一百万个项目活动中只有三四个错误或故障。

大项目六西格玛管理将组织的注意力同时集中在客户、组织、资源利用三个方面。

第一，大项目六西格玛管理强调从组织和项目的角度出发，而不只是强调单一产品或解决方案。

第二，大项目六西格玛管理是以客户为中心的管理理念，提升服务或过程的质量，强

调组织要站在客户的立场上考虑质量问题，采用科学的方法，对大项目的所有活动和交付物追求“无缺陷”的质量，消除无附加值活动，缩短项目周期，增强顾客满意，从而增加利润。

第三，大项目六西格玛管理关注降低资源成本，通过降低资源成本，尤其是不良质量成本损失，增加组织的收入。

第四，大项目六西格玛管理注重以客观数据为基础，以机会改进为契机来帮助大项目改进。通过定义“机会”与“失误”以及管理每个机会中的失误数，通过对每百万机会中的缺陷数进行测量和评价，获得改进机会，达到消除或减少工作差错及缺陷的目的。

第五，大项目六西格玛管理采用 DMAIC 改进方法。即：项目定义阶段（Define）、数据收集阶段（Measure）、数据分析阶段（Analysis）、项目改善阶段（Improve）、项目控制阶段（Control ）。

第六，成立项目组，建设骨干团队。大项目六西格玛管理注重团队队伍的建设，实行对不同层次的骨干进行严格的资格认证制度，注重大项目六西格玛队伍的骨干“黑带”和“绿带”的培养，策划一系列改进子项目。

12. 规模化项目销售

规模化项目销售是指能够采取低成本、短周期、很少的资源投入来达到大量的项目签约。要实现规模化项目销售，需要把握以下几点。

（1）建立系统的项目知识管理体系是规模化项目销售的基础。

（2）实现组织内部成功模式的快速复制和推广。

（3）推进标准化，推进产品和实施方案等的可快速复制性。

（4）项目资源的申请和调配透明化。

（5）推进项目运作流程标准化。

（6）推进人员能力快速复制提升。

13. 认真学习、丰富和实践本书

本书对大项目的关键成功因素作了大量的探索研究，我们需要深刻学习，并在此基础上不断实践，不断丰富和完善。在本书中，我们探索了项目精益管理的重要方法，需要不断实践创新。

自我检测

依据本章的内容，请进行自我检测和自我反思，分析优劣势和差距。依据本章的内容，进行实际应用的分析与思考。

休闲时光

该休息一会了！

别让身心都太紧张了！请放松一下吧！

有时，无明烦恼会产生。这时，该如何做呢？对于烦恼，逃避不行，任其发展也不行，要勇于面对，决不能让烦恼生根发芽。首先，分析烦恼产生的背后原因是什么，找到根本原因，并加以解决。即使非自己可控的原因，都要中止烦恼，善于淡漠之和管理之，要在心无任何一丝烦恼的境界中做事情。

第 17 章

大项目营销是过程营销

17.1　案例：为什么营销的过程管理异常重要？

17.2　案例：阶段划分过多会造成资源浪费和周期加长。

17.3　大项目营销阶段划分和管理需要思考哪些问题？

17.4　客户购买流程分析。

17.5　销售阶段划分的重新思考——四阶段划分法。

17.6　外交谈判等大项目阶段划分法。

大项目营销是过程营销。在这个过程中，我们要科学划分阶段，确定每一个阶段的目标、任务和策略，落实相关责任、权力和义务。同时，我们要进行科学的项目状态评估和项目控制管理，依据实际情况设计、优化和实施大项目路线图，最终赢得大项目。

我们的项目阶段划分能保证“项目赢”吗？

我们是否已经提前设计好项目取胜模式？

如何在项目规划的起跑点就能领先？

我们的项目运营管理能保证“项目赢”吗？

科学划分大项目阶段有利于减少冗余环节及活动，提高运作效率和资源利用效率。

大项目营销阶段划分、运作和控制，要遵循大项目营销规律，尊重客户的认知规律，实现层层递进的巧妙布局，为客户创造最佳价值。

17.1 案例：为什么营销的过程管理异常重要？

A 公司最近接到了一个新行业领域的管理咨询项目，对于 A 公司来讲，这是一个陌生的领域。销售人员几乎将 A 公司总部事业部负责销售支持和咨询实施的最好专家都动用了，拜访了客户许多次。但是效果并不好，不但没有取得客户信任，还被客户认为 A 公司在此领域无经验。原因是什么？

启示：

这是一个典型的管理咨询项目所遇到的问题，即如何做管理咨询，如何运作管理项目的问题，如何做大项目营销的问题。其实，咨询项目是需要按照一定流程运作的。

目前，我们的销售人员对管理咨询项目运作过程的理解还很肤浅。很多时候，在我们对行业和客户还不了解时就派咨询人员到客户那里“指手画脚”，犯了咨询项目运作的大忌。由于射箭无法对准靶子，用我们的标准产品去套客户个性化的需求，很容易使项目夭折。

对于我们非常熟悉、有许多成功案例的行业和我们不熟悉、没有成功案例的行业，怎么与客户接触，其流程控制是不一样的。

对我们不熟悉的领域和我们成熟的领域，其项目运作过程和方式是不同的。对于不熟悉的领域，首先要了解和熟悉客户的需求和运作模式，要严格控制好项目进程和客户的接触管理，策划和设计项目拜访计划，逐步引导客户。其实，只要我们能够控制好客户拜访进程，也能让客户觉得我们在新领域也很专业、很具有素养。而对于我们熟悉的领域，如果大项目运作过程控制不好，我们也会被客户认为不专业或水平低。

总之，这个案例告诉我们，大项目运作过程是应该进行科学管理的，大项目营销是过程管理的营销。做好过程管理，专业性竞争力就会显现出来。那么，大项目营销过程应该划分为几个阶段才合适呢？各个阶段如何掌控呢？本章节及其后续章节将探讨相关内容。

17.2 案例：阶段划分过多会造成资源浪费和周期加长

下面是一家设备公司的销售阶段划分，他们将项目分为 8 个阶段。第 1 阶段：目标客户挖掘。第 2 阶段：潜在销售机会定位。第 3 阶段：客户意向引导确认。第 4 阶段：客户立项推进。第 5 阶段：赢得客户初步认可。第 6 阶段：赢得客户深度认可。第 7 阶段：商务谈判。第 8 阶段：销售成交。该公司对每一个阶段都规定了相应的活动。请思考一下，该公司的销售阶段划分存在什么问题？

启示：

该公司销售阶段划分太多，阶段过多使项目周期拉长，耗费资源过多，项目效率降低。另外，该公司销售阶段划分方法没有抓到阶段划分的本质，将项目活动、策略与项目阶段混为一体，阶段和项目的推进手段混淆在一起，容易误导基层销售人员，使销售成功率降低。

大项目销售阶段应该划分为几个阶段最适合？划分阶段多好还是少好？用一句话来说就是，大项目销售阶段划分应该充分考虑客户采购流程、特点及其规律。下面我们详细探讨。

17.3 大项目营销阶段划分和管理需要思考哪些问题？

在大项目营销阶段划分和管理中，我们需要考虑如下问题。

(1)项目过程应该划分为几个阶段？

(2)项目阶段划分需要考虑什么要素？

(3)什么是影响项目阶段划分的最主要要素？

(4)为什么要规范项目阶段划分？

(5)如何通过项目阶段划分，缩短项目周期？

(6)如何从整体上进行项目管理?

(7)如何进行项目的各阶段管理?

(8)项目阶段划分好之后，如何进行项目阶段划分的例外管理?

(9)在项目的各个阶段中，如何集成各种营销技术与方案?

(10)如何通过优秀的项目管理，提升项目赢的几率?

17.4　客户购买流程分析

要清晰划分项目过程阶段，需要对客户购买流程进行深入分析，客户购买流程决定了大项目的销售流程，进而决定了大项目的阶段划分。

在许多组织或企业，大项目采购流程是零散的、本能反应式的，缺乏系统性和整体性。但是，经过综合考察分析，客户采购流程一般可以分为以下四个步骤：项目引入阶段、项目立项阶段、项目选型阶段、项目商务谈判阶段，如图 17 - 1 所示。

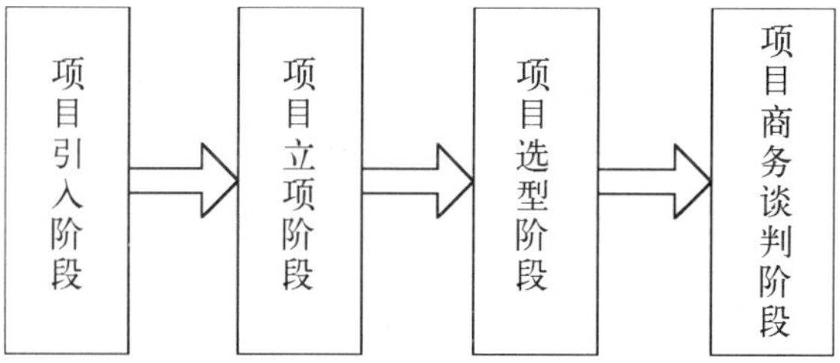

图 17 - 1　客户购买流程分析

在客户采购流程中，每一个阶段的主要任务如表 17 - 1 所示。

表 17 - 1　客户购买流程分析

序列号	阶段	主要任务
一	项目引入阶段	◆客户问题发现或者项目需求引入 ◆寻找供应商及解决方案 ◆供应商初步评估
二	项目立项阶段	◆项目可行性分析 ◆预算申请与招标立项

（续表）

序列号	阶段	主要任务
三	项目选型阶段	◆确定如何去采购、采购标准是什么等 ◆选择供应商 ◆评估解决方案，确定技术合格方
四	项目商务谈判阶段	◆价格谈判 ◆合同条款谈判 ◆签约

17.5 销售阶段划分的重新思考——四阶段划分法

对项目阶段进行科学的规划和划分，以实现项目的精细化管理，更有效地分析客户购买过程的心理变化和行为变化，可科学地影响和引导客户的需求和决策，实现项目的短、平、快。

供应商的销售行为和客户的购买行为存在着差异性。因此，销售阶段的划分要统筹兼顾，特别注意销售流程要围绕客户的采购决策流程进行。

根据以上案例和客户购买流程分析，我们将大项目的过程划分为以下四个阶段：项目准备阶段、需求创造阶段、项目推进阶段、商务签约阶段，如图 17－2 所示。

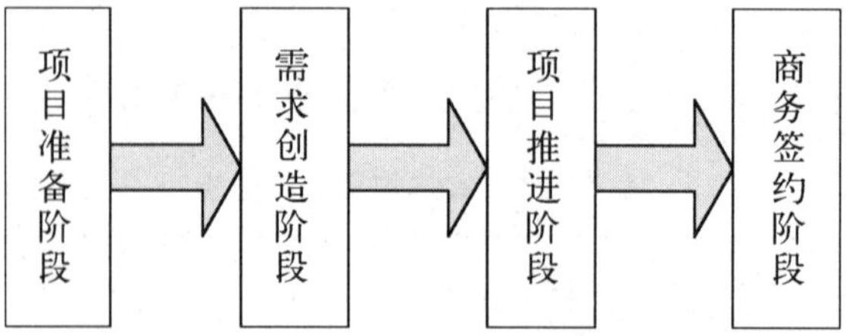

图 17－2　大项目销售阶段划分

这种划分方法，我们称为阶段控制链。其主要是从大项目运作的角度，结合客户的采购过程和供应商的销售流程，将大项目营销划分为四个阶段，分别是：项目准备阶段（Project Prepare）、需求创造阶段（Demand Create）、项目推进阶段（Propel Project）、商务签约阶段（Commercial Contracting），取每个阶段的英文首字母，组成为 PDPC，我们称之为阶段控制链。

阶段控制链(PDPC)描述了大项目营销的整个过程，是对大项目营销过程的阶段细分。在大项目营销的实践过程中，大项目营销并不一定包含这么多阶段，比如，对于有的招标项目来说，可能在项目推进阶段，我们才被告知参与招标。尽管如此，项目准备阶段和需求创造阶段的部分工作还是要及时弥补的，否则，仓促参与招标的胜算并不一定大。

在大项目的四个阶段中，每一个阶段对应着不同目标及需要解决的问题，其主要内容如下。

在项目准备阶段，其主要目标是识别项目，找到项目，初步沟通和确认项目意向。该阶段主要解决的问题是：如何快速找到目标客户，如何让客户找到你，确认是否要跟进大项目。

在需求创造阶段，其主要目标是在客户内部启动项目的立项需求。该阶段主要解决的问题是：如何在客户内部进行需求启动?

在项目推进阶段，其主要目标是创造有利于我方的竞争优势，最大化消除不利的影响，推进项目顺利进行，实现客户对我方技术或应用设计方案的认可。该阶段主要解决的问题是：如何快速推进项目，并实现我方决定性优势?

在商务签约阶段，其主要目标是促进顺利谈判，实现双赢。该阶段主要解决的问题是：如何实现快速成功签约，避免节外生枝?

17.6 外交谈判等大项目阶段划分法

对于国家外交谈判与合略谋划、国家间和平建设与冲突管理、国际格局与秩序重构、重大矛盾与冲突管控、重大舆情控制等，其项目阶段也基本划分为以下四个阶段：项目准备、需求创造、项目推进、商务签约(或共识达成)，如图 17 – 3 所示。

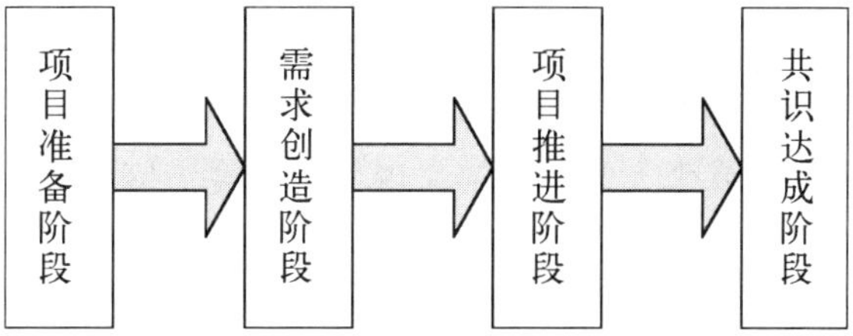

图 17 – 3 外交谈判类大项目销售阶段划分

与工程类大项目营销相比，国家外交谈判类大项目的目标和处理内容等是不同的。以外交为例，**卓越的外交是对对方不良起心动念的管理。其不是在对方不良意图已经成为既成事实时候或已经损害我方利益时候，才不得不去被动应付；而是当对方不良起心动念生起的一瞬间，进行快速将之破除在萌芽状态的管理，是使之不能或不敢产生不良意图和行为的管理。**

在外交谈判等大项目的四个阶段，其目标及需要解决的问题见如下内容。

在项目准备阶段，其主要目标是做好情报搜集工作，预先识别风险机会和不良企图，积极做好提前准备，最好将风险化于萌芽之时，预先识别利益机会，初步沟通和确认对方意向与初步动向。该阶段主要解决的问题是：如何快速识别机会？如何找到表面和深藏的利益相关者(或始作俑者)？确认是否要将之作为大项目进行跟进？

在需求创造阶段，其主要目标是确认利益相关者立场，挖掘利益相关者需求，进行利益相关者需求分析，找到对我方不利的需求，分析矛盾的焦点，试探利益相关者需求底线，摸清利益相关者退让底线和范围，分析我方需求的底线与处理原则，识别共同利益和冲突利益，按照我方利益与风险底线初步引导客户需求，有艺术地初步告知利益相关者不应该持有什么企图与需求。该阶段主要解决的问题是：如何在客户内部启动正确的需求，屏蔽和消除不合理需求？

在项目推进阶段，其主要目标是树立阶段性或终极目标，创造有利于我方的优势，最大化消除不良企图和需求，最大化消除深藏背后的始作俑者的不良影响，维护正当的核心利益，提出解决方案，商议谈判的议程，做好方案外的一切配套工作，避免利益相关者的极端化思想欲望及行为，避免冲突或争端升级，促进利益相关者对我方方案的认可。该阶段主要解决的问题是：提出趋利避害的解决方案，如何快速推进项目，并实现我方决定性优势？

在共识达成阶段，其主要目标是推进不同级别的谈判，注重谈判礼仪，促进顺利谈判，实现共赢，消除最后的争议与异议，促进共识的达成或协议的签署。大项目过程是新共识不断达成和创新的过程。该阶段主要解决的问题是：如何处理异议？如何促进共识的达成？

需要我们注意的是，由于篇幅内容限制，本书的“项目准备阶段、需求创造阶段、项目推进阶段、商务签约阶段”的内容是从企业的大项目营销角度撰写和举例的。对于外交谈判类大项目、国家级营销或个人事务营销来说，可适度借鉴参考相关内容，举一反三和灵活应变。

自我检测

依据本章的内容，请进行自我检测和自我反思，分析优劣势和差距。依据本章的内容，进行实际应用的分析与思考。

休闲时光

该休息一会了！

清醒和太认真负责的人，容易烦恼，因为聪明，看的太真，计较太多，烦恼更多。所以，欲成大器，保持定力是需要的。无论外界发生什么，不惊不惧，自己依然保持如如不动、轻松自在的心。

第 18 章

项目准备阶段管理

18.1　项目准备阶段的主要目标。

18.2　项目准备阶段需要考虑的问题。

18.3　项目准备阶段的策略。

项目准备阶段也称为大项目引入和初步准备阶段，是大项目的初步识别、评估、论证、定位、确认和筹备进入阶段。

对于已经存在而需要申报申请的大项目，如奥运会申办，我们在该阶段的主要任务是成立筹备组，找到客户，建立联系，初步沟通和确认项目意向，准备项目申请，进行初期准备工作。

对于已经具有成熟解决方案及产品的公司，在此阶段则需要不断开发新的大项目。因此，这类公司在项目准备阶段的主要任务就是快速挖掘潜在客户，规模化发现客户，快速发现高质量客户，富有魅力地吸引目标客户，让客户看到你，寻找到你，认可你和尊重你。

18.1　项目准备阶段的主要目标

项目准备阶段的主要目标包括以下内容。

(1)客户发现和项目发现。

(2)项目潜在机会管理。

(3)识别、筛选、定位目标客户。

(4)识别、筛选、定位项目需求和项目机会。

(5)快速、低成本地找到客户。

(6)让客户找到你。

(7)不要将时间和成本浪费在非客户身上。

(8)发现真机会，推动我方内部的项目立项，建立大项目筹备组。

(9)对于申报申请类项目，进行项目评估，提交项目申请。

(10)其他目标。

18.2　项目准备阶段需要考虑的问题

在项目准备阶段，一般需要考虑如下问题。

(1)如何快速寻找、识别最佳的新客户群及客户？

(2)为什么缺乏充足的销售线索？

(3)通过哪些途径可以拓展客户资源？

(4)如何利用电话销售、Email 等加强客户资源拓展？

(5)如何让客户找到你？

(6)如何快速找到新的客户并建立初步联系？

(7)如何实现非正面接触并取得良好效果？

(8)如何实现第一次初步接洽或拜访？

(9)客户是否有能力启动项目?

(10)客户是否有紧迫需求启动项目?

(11)客户是否值得持续跟踪下去?

(12)申报申请类项目如何进行项目评估?

(13)申报申请类项目如何持续跟进?

18.3 项目准备阶段的策略

项目准备阶段的策略一般包括：建立客户资源管理机制；对潜在的销售机会进行系统化、科学化管理；快速筛选和定位准客户；强化准客户分析；项目机会分析与评估；综合利用多种方式开发新客户；有效开发老客户；有效开发流失客户；注重客户关系的全生命周期管理；运用互联网营销等新技术方式；充分利用电话销售方式；强化初步拜访接触的精细化管理；持续跟踪，推动内部立项。如图 18-1 所示。

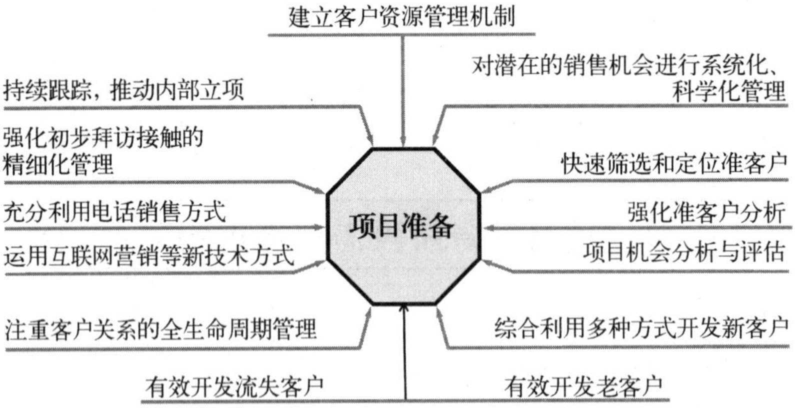

图 18-1 项目准备阶段的策略

1. 建立客户资源管理机制

对于企业来说，市场竞争最直接的表现就是企业对客户的竞争。但是，许多企业的客户资源管理和客户关系开发利用做得并不出色：客户信息分散在多部门或个别业务人员手里；客户数据支离破碎、不完整；现有和潜在客户资源不能在各部门间共享、开发和再升值；企业与客户不能有效接触、沟通和互动；维系客户关系的成本和绩效难以控制等。

我们要建立客户资源管理机制，设定客户资源管理表格工具，将客户资源很好地管理起来。在此，我们可以考虑设计“大项目漏斗工具”，通过“大项目漏斗工具”将所有的客户和大项目进程管理起来。

2. 对潜在的销售机会进行系统化、科学化管理

“销售机会”是必须重视的。在与客户进行交互活动后，销售人员经过初步评估，认为有可能在将来与客户达成合同，这就产生了一个销售机会。为此，我们要设立销售机会联络人、评估潜在销售机会、管理影响客户购买决定的因素，从而推动潜在客户成为真正的销售客户。在此基础上，对潜在的销售机会进行系统化、科学化管理。

3. 快速筛选和定位准客户

这个环节有三项工作：

首先，辨别准客户的特征，筛选出准客户。准客户一般具有如下特征：

①客户有明确的项目需求和意向；

②客户有明确的项目预算或能够快速批准预算；

③客户有指定的项目决策小组或项目决策人；

④客户的项目有明确的计划时间表。

其次，加强准客户的分类管理，采取不同的策略推进。准客户一般分为如下四类：具有直接需求的可马上启动的客户，潜在但是能短期启动项目的客户，项目暂时停滞客户，未来长期时间内启动项目的客户。每类客户推进的策略和程序显然是不一样的。

再次，强化准客户开发。要收集合格的客户信息，包括：客户的类型和规模、财务状况和信用度、对产品和服务的潜在要求、客户的需要和欲望、购买的影响者、购买能力等。

同时，我们还需要思考以下问题：

①准客户的区域分布在哪里？

②行业分布在哪里？

③准客户的生产规模、效益状况、经营模式是什么？

④接触人的年龄、文化、收入水平怎样？他们通常如何接受信息？他们信任什么样的资讯？他们经常去哪里？他们关心什么？他们与什么人参加什么样的活动？他们的价值观是什么？等等。

通过以上信息快速判断对方是不是“合格”的客户。

4. 强化准客户分析

准客户分析主要包括如下内容：客户需求分析、财务状况与预算分析、项目急迫性分析、项目的战略价值分析和风险评估，如图 18－2 所示。

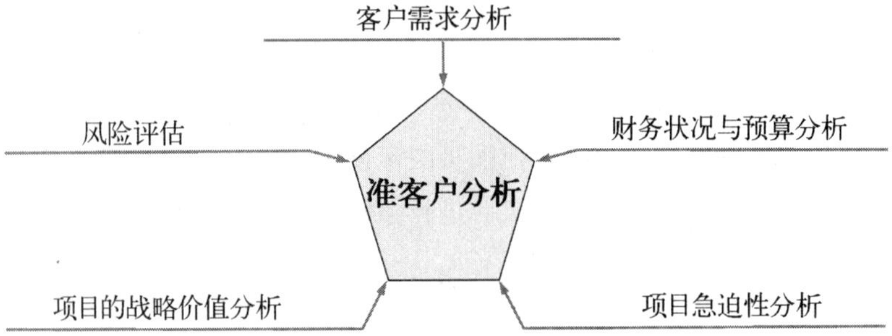

图 18－2　准客户分析

(1) 客户需求分析。

客户需求分析主要考察大项目需求处于什么阶段，比如：客户已决定进行项目采购计划、客户正在规划项目、客户具有项目潜在需求、客户没有需求等。

(2) 财务状况与预算分析。

财务状况与预算分析主要考察客户的财务状况和项目预算的准备情况，如财务状况良好、财务状况不佳、已经批准了足够项目预算、可能有初步预算、尚未有预算等。

(3) 项目急迫性分析。

项目急迫性分析主要考察客户项目的紧迫性程度，如：项目急迫性强，且有资源保障；项目急迫性不强，没有资源投入保障；项目遥遥无期等。

(4) 项目的战略价值分析。

项目的战略价值分析主要考察本项目对我方的价值处于什么层次，如：我方已经具有同类样板用户；我方还没有同类样板用户，具有开发推广价值；具有可复制推广性；在客户内部进行推广的可能性；具有高利润性；风险性低；其他等。

(5) 风险评估。

风险评估主要考察大项目实施的风险情况，如客户需求复杂，客户需求模糊不确定，客户人员对项目需求复杂性和实施难度估计不足，客户项目预算和项目资源投入过低而期望值过高，其他。

5. 项目机会分析与评估

大项目营销的第一步是弄清楚以下问题：这个项目是否应当做？如果做，成功把握有多大？我们是否具有竞争力？项目值得跟踪吗？此后，我们才能考虑制定具体的项目销售目标，进行项目跟进决策，采取具体措施，如图 18－3 所示。

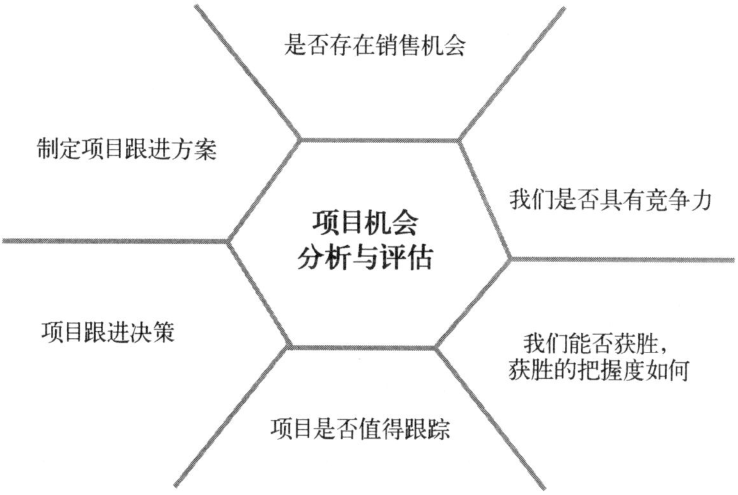

图 18－3　项目机会分析与评估

（1）是否存在销售机会？

许多失败的销售案例在一开始就注定了失败的命运。因为，并不是所有机会都意味着签约机会。如果参与竞争这个项目本身就可能是错误，机会不是我们需要的机会，即使投入巨大资源也是徒劳无益。因为此机会根本不是我们的机会。因此，在参与竞争之前或者刚开始时，我们必须得清楚回答：该项目是否应当做？它是我们的机会吗？

我们自己需要从业务收入增长、竞争力、资源支持、客户价值诉求等方面考虑。客户方需从以下角度考虑：客户项目的内容和要求、客户的业务状况、客户的财务状况、项目资金情况、项目的紧迫性等。

（2）我们是否具有竞争力？

这里需要考虑：正式的购买决策标准、有无适宜的解决方案、对销售资源的要求、与客户关系的现状、是否具有独特的商业价值。

（3）我们能否获胜，获胜的把握度如何？

对获胜的成功率进行分析，需要考虑如下问题。

关键的成功要素我们具备哪些？不具备的要素能否克服？是否可轻松地培养内部支持者？能否快速获得客户高层的认可？项目决策文化如何？有没有非正式的决策标准？

(4)项目是否值得跟踪?

在大项目营销中，我们可打价值战。如果打无价值之仗，就容易对项目投入产出估计不足，投入多而产出少，“赔本赚吆喝”。在此，我们需要对如下内容进行评估：短期收益、长期收益、利润率、风险度、战略价值等。

(5)项目跟进决策。

项目跟进决策主要决定项目是否要跟进，如表18－1所示。

表18－1　项目跟进审批决策

序号	评估内容	细分内容1	细分内容2	细分内容2	细分内容4	……	评估
1	项目客户价值分析						
2	项目客户支持度分析						
3	我方能力和资源分析						
4	项目竞争分析						
总体评估决策		决定项目进入与否。 如果放弃，是否有策略放弃。 如果跟进，要制定下一步目标、跟进策略和行动方案。					

(6)制定项目跟进方案。

项目跟进方案主要包括项目跟进的目标、策略及举措，如图18－2所示。

表18－2　制定项目跟进方案

	项目目标	项目竞争策略	项目行动计划方案	其他
1	最理想目标			
2	力争目标			
3	保底目标			

6. 综合利用多种方式开发新客户

一般来说，综合利用多种方式开发新客户的内容如下。

(1)设定新客户开发的目标和时间计划。

(2)分析本区域内的可能对象，使用多种方法(电话拜访、会议接触、样板客户介绍、展示邀请、政府、团体及其他机构介绍等)去开发新客户和潜在客户。

(3)充分利用市场活动，开发新客户。

(4)充分利用品牌影响力，增加品牌知名度和美誉度。

(5)充分运用互联网互动手段如微信、电话拜访、邮件联系、人员拜访等各种客户挖掘方法。

(6)挖掘和评估目标客户。在目标客户发现以后，我们要初步过滤目标客户，尽早确定客户是否值得跟进。

(7)充分开发多种信息途径：公共媒体、政府信息、经济组织、专业团体组织、各类社会活动、竞争对手、合作伙伴、社会关系、其他活动，等等。

(8)其他方式。例如，广告反馈、行业组织、企业家俱乐部、客户消息链、推销、目录、团体聚会、信息交流、内部记录、观察、行业服务人员、贸易会、展览展会、技术交流、登门拜访、测试和样品、赠品、商务活动、参观考察、培训学习、客户联谊会、公共媒体等。

7. 有效开发老客户

在开发老客户时，我们需要注意以下内容。

(1)老客户的产品升级。

(2)老客户的新产品功能的应用。

(3)休眠客户的启动。

(4)对老客户的新项目需求的识别与开发。

8. 有效开发流失客户

在开发流失客户时，我们需要注意以下内容。

(1)跟踪原来丢单项目的实施情况，了解客户的不满和抱怨。

(2)以优惠的策略吸引竞争对手的客户。

(3)对竞争对手的客户的新项目需求进行跟踪。

9. 注重客户关系的全生命周期管理

我们要重视客户关系管理，特别要重视客户的整个生命周期管理，一般需要注意以下内容。

(1)客户意见直接反馈：将客户反馈的意见直接反馈到本组织管理层。

(2)客户关系评估与分析：对客户整体与个体进行客户关系分析评估。

(3)客户关系规划：对客户关系的发展和改进进行策划并拟定工作计划。

(4)新客户关系改进：不断寻找新的客户，并与之建立联系。

（5）老客户关系改进：对于存在的客户关系实施改进。

10. 注重互联网营销等新技术方式

我们要积极采用多种营销方式开辟新的客户。

（1）开展互联网营销，可以通过网站网页、电子商务、搜索引擎、发表专业文章、博客等进行网上传播，可通过短信、微信、微博等手段，进行个人性或公司性的信息推广。

（2）通过日常邮件、网页式邮件等进行定期或不定期的专业性推广，扩大客户的接触范围，有计划、分步骤地逐步向客户传递我方的卖点。

（3）要注重培训式营销。通过开办或参加专业性的培训或研讨会议，举办特定主题的论坛等方式营销，灌输有针对性的内容和观点，树立专业和权威的形象，进一步吸引客户。

（4）专家式营销。专家式营销是一种让客户快速认可并推进项目的有效方式。我们可以利用单位内部资源或者社会专家资源，在客户挖掘阶段和客户发展阶段策划相应的专题研讨等活动进行高层次的营销。

11. 充分利用电话销售方式

电话销售，就是通过电话与客户建立起信任关系，发掘客户的需求，使客户认同并满足其需求的过程。电话销售区别于传统销售最大的特点之一是更有针对性、更具互动性。电话沟通比直接约访要节省时间，而且有充分准备，如资料、导购内容可以通过笔记来说明，增加信服力。

在电话销售前，需要进行如下准备工作：制定打电话的目的和目标；为了达到目标需要提问的问题；设想客户可能提到的问题并提前做好准备；预想打电话过程中可能出现的状况并提前做好准备；准备相关的资料；做好电话前的心态准备。此外，还要思考以下问题：通话结束后我希望客户做什么？客户又会采取什么行动？客户会按我的建议采取行动吗？

一个成功的电话销售，必须快速定位客户，挖掘准目标客户需求，影响客户，建立关系，不断推进，促进客户参与进来，做出项目深入进展承诺，为接触管理奠定基础。

电话营销要进行客户名单数据管理，打完电话要进行记录和分析，根据电话结果对客户进行分类（真正的客户、近期内有希望合作的客户、近期没有机会合作的潜在客户等）。

专业的电话销售技巧是实施成功电话销售的保证。电话营销人员需要提前准备标准电话销售脚本，并在实践中加以个性化的灵活运用来达到完美的销售。电话营销要注意连环发问技巧，要注重询问、检查、诊断、设计方案的过程。首先，通过寒暄、询问了解对方背景资料，通过有选择地认同、赞美建立对方的信赖度，通过连环发问检查、探测病因；然后，诊断问题，找出危机问题的需求点，开出处方即问题的解决方案，其中包含产品。

如果电话销售代表在销售技巧上运用不好，可能会导致功亏一篑。一个成功的销售电话，从电话开篇到需求辨识，从定位推荐到客户疑虑化解，最后到客户愿意接触的各个环节都需要把握好。

电话营销前要列出内容说明的关键点，然后再拔对方的电话号码，要当作对方就在眼前，慢速、清楚、恭敬地以正确积极的态度对话和陈述事情；对客户的需求有一个完整、清晰的了解。

在打电话过程中，要注意以下几点：礼貌而有吸引力的问候语；探询客户需求，提出解决方案和价值；随机应变；体现专业性。

要想赢得客户的信任，就要真心喜欢客户，对客户的话表现出兴趣、认可和关心，流露出发自内心、真心实意的感觉。

如果客户提出了问题，一定要在做好充分准备的情况下给予解答。对一时回答不了的问题，要通过查寻资料，从服务部门问询等渠道给客户回答。诚实的回应是很重要的，客户会对你的诚实给予好评。

电话结束后，要确认客户是否认同：您看这样能解决您的问题吗？您觉得这样合适吗？这样安排可以吗？电话挂断前要核对一下沟通要点，对方挂电话后再断电话。

电话结束后，要及时跟进，最好与客户确定出项目下一步骤的行动计划和进程表。同时，你还需要不断努力地与客户保持联系，逐步加强与客户的信任关系。

那么，如何面对客户在电话里的拒绝呢？

即使你的电话销售很完美，也会遇到客户的拒绝。电话销售要懂得如何应付对方的托词或者拒绝。电话拒绝基本有两种类型：一种是联系遭到拒绝，即电话不能找到目标客户；另一种是取得电话沟通后的需求拒绝。

电话拒绝的处理原则：先认同对方，后解释说明、强调见面理由，多次二择一要求。电话销售会经常遇到初步联系拒绝的情形，有时客户会说“留下你的电话号码，过后我们回复”或“经理在开会，我不知道什么时候结束”时，电话销售代表一定不要完全相信。这些托辞是销售者的路障，可以选择适当的论据来驳斥。可以追问什么时候才能找到经理。如果对方说：“老板没有时间”或“他在开会”，则应该立即回答“什么时候打电话才能找到他？”“我们暂且定下会谈时间，然后再确认，老板不同意的话也可以取消”等，要想办法绕过这些障碍。

电话销售有时会遇到对需求拒绝的情形。尽管完美解释了产品，但是对方说：“我们经理对你的产品不感兴趣，我们不需要。”这时，要善于从客户的电话中揣摩客户讲的每一句话，找出需求突破点，开发客户的其他需要；同时，要解释说电话可能说不清楚，需要建立联系，寄送一些资料便于他了解，等等。

需要我们注意的是，电话营销要注意客户的忌讳，要采取客户愿意的时机和方式进行沟通，否则，还不如不打电话。

另外，电话营销并不是最佳的沟通方式和手段，我们要充分利用先进的通讯手段和技术，善于集成各类沟通技术和手段，如电话营销与短信营销、微信营销、微博营销等，对客户进行全方位的细致入微的渗透，防止客户的反感。

12. 强化初步拜访接触的精细化管理

我们要加强初步拜访接触的精细化管理，一般要注意如下事项。

(1)接触最有可能让你成功的客户。

(2)如果客户承诺安排见面，事先需确认所有细节，包括姓名、电话号码、地址、路线、会面的时间和地点、接洽人的姓名、需要带的东西等。

(3)给人留下好印象：准时、穿着得体、开朗、积极主动。

(4)要仔细观察客户是否是潜在需求客户。

(5)通过提出适当的问题，了解客户的需求等。

(6)要找出一些可提高客户兴趣的话题。

(7)为客户提供需求的解决方案。

(8)引导客户提出所有要求。

(9)找出与客户的共同话题。

(10)对客户关心的需求，要在认真调查后给客户回答。

13. 持续跟踪，推动我方内部立项

发现真正的机会时，要争取推动项目的内部立项，一般要关注以下内容。

(1)建立客户持续跟踪的评价标准和机制。

(2)对客户和大项目进行评估：客户是否进入下一个阶段。

(3)对于具有真正机会的客户，快速进行我方内部的项目立项。

(4)评估是否需要组建正式的大项目营销团队。可先考虑暂时建立大项目跟进的筹备组，等时机成熟时，组建最完整的大项目营销团队。但是，大项目跟进的筹备组要提前谋划一切人、财、物的准备工作。

(5)对于已经立项处理的持续跟踪客户，进入下一个阶段。

(6)对于不能立项的客户，等待、观察或暂时关闭。

自我检测

依据本章的内容，请进行自我检测和自我反思，分析优劣势和差距。依据本章的内容，进行实际应用的分析与思考。

休闲时光

该休息一会了！别让身心都太紧张了！请放松一下吧！

大项目营销是心的不断修炼和持续升华过程。即使遇到逆境、不顺利、委屈、冤枉、恶意恶语行为等，仍不要用愤恨之心去回应。要心中无怨，心中无恨，心中有爱，视其为自己度化和转化的对象，感恩他们给自己自省反思与进步的机会，感恩他们给自己深入认识世界的经验，无私心地真诚为他们服务；还要视一切本质为善良，视一切本质为美好，相信未来一定是越来越好的！

第 19 章

需求创造阶段管理

19.1　需求创造阶段的主要目标。

19.2　需求创造阶段需要考虑的问题。

19.3　需求创造阶段的策略。

19.4　项目立项管理的关键成功因素。

需求创造阶段的主要实现目标是开发客户需求，找到客户需求的启蒙点和启动点。

需求创造是创造需求，发现需求，启动需求，激励需求，整合与升级需求。

需求创造就是唤醒梦中人，或者阻断不良需求、欲望、潜在企图和行为。

在需求创造阶段，我们既要有发现“宝石”矿藏的洞悉力，还要有“点石成金”的营销能力和实施能力。

需求创造是大项目营销必备的核心能力，是需要不断锤炼的基本功。只有卓越的“人才”，能把它发挥得淋漓尽致。

在需求创造阶段，我们要做好需求营销、价值营销和心理营销和团队营销。

19.1　需求创造阶段的主要目标

需求创造阶段最体现创造性和创新性。因为有的客户可能根本就不知道自己的需求，或者说根本就对此没有意识；有的客户没有系统的需求，有的客户需求需要进一步整合与升级。

需求创造就是启动客户的需求，实现互利共赢，各取所需。

需求创造阶段的主要目标包括以下内容。

(1)我方内部对大项目进行初步规划。

(2)大项目需求识别、开发和启动。

(3)找准客户需求和大项目需求启动的切入点。

(4)对客户的不合理需求及早识别及初步引导。

(5)需求规划与整合。

(6)需求在客户内部传播。

(7)需求管理。

(8)关系发展。

(9)促进客户对项目立项。

(10)跟进客户的项目立项。

(11)依据形势，确定是否在我方内部建立正式的大项目营销团队。

(12)其他目标。

19.2　需求创造阶段需要考虑的问题

在需求创造阶段，一般需要考虑如下问题。

(1)如何通过正式的客户拜访，取得客户的好感和信任?

(2)如何找到接近大客户主要决策者的捷径和方法?

(3) 如何发现和启动潜在销售机会?

(4) 如何启动客户的注意、兴趣和欲望?

(5) 如何发现和启动客户的需求?

(6) 如何引导和管理客户需求?

(7) 如何对不良需求等进行及时识别与初步引导?

(8) 为什么客户需要或想要进行此项目?

(9) 如何启动客户需求使项目进入真正考虑期?

(10) 客户是否有预算计划? 如何启动预算计划?

(11) 决策过程怎样? 谁是决策人物? 他了解此事情吗?

(12) 什么是基本决策因素?

(13) 项目目前大致的时间表如何? 如何推进?

(14) 如何使项目可行性研究报告顺利通过?

(15) 是否需要正式组建项目销售团队?

(16) 如何正式组建项目销售团队?

19.3 需求创造阶段的策略

在需求创造阶段,一般要考虑如下策略:优化需求创造路线图、找准需求启动的切入点、拓展需求创造途径、充分发挥需求创造原则、推动客户下决心变革、抢占先天竞争优势资源,如图 19－1 所示。

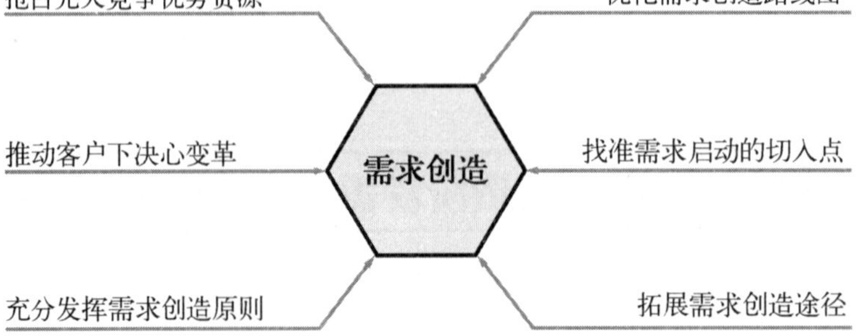

图 19－1 需求创造阶段的策略

1. 优化需求创造路线图

需求创造路线图主要包括客户调研、分析诊断、需求启发和启动、影响项目立项，如图 19－2 所示。我们要不断丰富需求创造路线图的内涵，不断改进和优化需求创造路线图，提高需求创造路线图的运作水平。

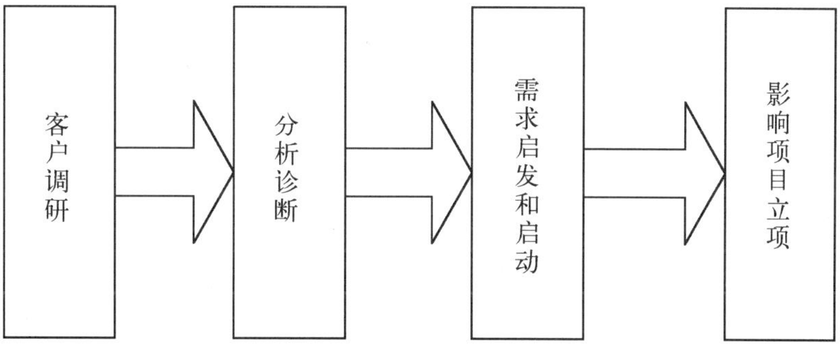

图 19－2　需求创造路线图

(1) 客户调研。

在客户调研环节，需要做以下事情。

①收集客户全貌信息。

②与客户约定详细调研。

③需求调研阶段需要关注的问题：客户对现状的感受如何，是满意还是抱怨？客户对存在问题的认识如何，是重视还是无动于衷？促使客户形成明确需求的因素有哪些？

(2) 分析诊断。

分析诊断主要包括以下内容。

①开发问题分析工具，对客户进行诊断，如进行客户的 SWOT 分析。

②发现客户的困难、问题及影响。

③帮助客户分析问题，找出解决问题的方法，即找出客户的需求和需求解决方案。

④帮助客户找到一个很好的方案，既经济又有效果，能很快改善现状，马上获得利益，解决问题，防止后患等。

(3) 需求启发和启动。

在需求启发和启动环节，需要做以下事情。

①引导客户认识需求及问题的严重性和紧迫性。

②在客户内部进行传播，让所有人(有权利的人)都知道大项目实施后的价值。

③说服客户对我们的方案、产品或服务感兴趣。

④启动客户思考如下问题：我是否真的有需求？需求有多强烈？哪些是不正确的需

求？需求的痛处和关键点在哪里？该需求需要投资多少钱？什么样的报价是合理的？

⑤推动客户考虑项目启动的时间表。

⑥向客户传递初步预算的概念。

⑦推进“预算计划行动”。

⑧鼓励客户采取进一步立项行动。

(4)影响项目立项。

在影响项目立项环节，需要做以下事情。

①辅助或者提供项目可行性分析报告的素材，或帮助客户进行项目可行性分析报告设计。

②促使客户将项目规划整合到客户总体发展规划战略之中。

③收集和管理客户立项及关键人物信息。

④影响客户立项决策的意识和过程。特别关注与需求和购买相关的信息，有时，过多的信息会让客户感到无所适从。通过对大量的信息进行过滤、吸收，客户往往在心里逐步形成了自己的购买标准，或者是较为模糊的“框框”。

⑤客户对自己的购买标准往往还有一个评估的过程。即依自我的评价和他人的影响，对各项购买标准的重要性依次排序。

2. 找准需求启动的切入点

找准切入点对项目的快速启动起着至关重要的作用。切入得好，项目启动成功；切入得不好，就不能取得预期的效果。

那么，该怎么准确地切入呢？

需求启动点就是让客户购买产品及服务的启动点，或者客户放弃不合理需求的启动点。我们需要思考以下内容。

(1)客户真正需要什么？

(2)客户遇到什么问题？

(3)客户真正缺少什么？

(4)客户是否有权作决定？

(5)客户是否有钱？

(6)客户的主要购买动机是什么？

(7)客户是否有不正确需求？

(8)如何促使客户放弃不正确需求？

3. 拓展需求创造途径

如何拓展需求创造途径呢？我们需要关注如下内容。

(1)寻找需求的突破口——开拓需求的引导方法和技术，可以采取市场会议、宣传资料、直接接触宣讲等方式，激发客户在项目应用需求上的兴趣。

(2)寻找需求的突破口——可采取直接需求创造的方法。

(3)开发用户的好奇心、希望和需求。

(4)寻找客户的问题和痛苦，进行问题识别和问题解决诊断，发现问题和潜在机会，确定痛处和关键问题，开发客户的需求。销售人员应与客户一起，切磋产生问题的原因和解决问题的方法，确定客户内部的交叉问题影响及影响程度，开发、分享和改变客户的观点。

(5)从客户的发展规划中寻找机会。

(6)在客户业绩和政绩提高的机会中寻找。

(7)样本用户和标杆用户引导。

(8)客户访问前的计划与调研；直接拜访并进行调研诊断后的建议方式；或者在机会成熟时，以可行性报告分析方式进行。

(9)详细调研诊断，开出个性化“药方”。

(10)挖掘需求与介绍宣传。

(11)寻找关系突破口，动之以情，拉近双方的距离 。

(12)找准并寻求关键人物支持。关键人物可以是客户高层领导者、核心业务部门的重量级人物。有了客户组织内部关键人物的点拨和支持，就能掌握真实、全面的项目数据和资料，实现良好的开局。

(13)客户观念的再造洗脑。了解客户现有解决问题的观点；在现有的观点中加进我们的影响；证实客户目前自己没有解决问题的能力；判断并权衡客户现有的解决问题的方式；发现、证实客户的痛苦；探索现有痛苦对其他方面的影响；再验证客户的观点并了解其购买力的情况；陈述客户将得到的效益；促进购买过程。

4. 充分发挥需求创造原则

需求创造是有技巧的，一般需要考虑以下原则。

(1)需求是创造出来的。

(2)需求是变化的。需求具有多样性、发展性和层次性等特点，并会随社会和科技进步以及经济发展升级和变化，而变化正是需求的突破点。

(3)有些需求在客户内部实际存在，但却没被客户发现或者没有引起重视，需要我们唤醒梦中人。

(4)有的客户对解决需求抱着思维僵化、固执己见的思想。

(5)潜在需求需要挖掘和诱导。

(6)创造需求就是发现、创造、提供客户认为最有价值的利益需求，即真正解决客户问题和满足客户需求的产品和服务。

(7)客户最重要的需求最好是我们有答案的成熟产品和服务需求。

(8)客户最重要的需求，源于病痛及其导致的后果。

(9)客户最重要的需求，来自顾虑及可能的风险。

(10)客户需求启动后是需要管理和控制的。

(11)“客户需求的创造和引导”需要艺术。

(12)“客户需求创造”需要以真诚去感动人，即以情感为主线，以客户价值创造为靶子。

5. 推动客户下决心变革

发掘出客户存在或潜在的问题，根据客户潜在需求和问题，编织客户痛苦链，让客户认识到问题的重要性和严重性；将痛苦解决与产品和服务联系，诱导客户的需求形成过程朝着有利于我方的方向发展。通过影响客户使客户产生改变现状的想法，使客户感到需要变革。

我们可以考虑如下做法，推动客户下决心变革。

(1)指出客户目前存在的问题。

(2)让客户认识到问题的存在，与客户达成共识。

(3)对客户现状问题进行全面分析，找出产生问题的原因，问题存在的潜在危机和不良后果。

(4)对原因因素进行总结和分析；并按影响力大小依次排列，形成原因因子排序。

(5)根据原因因子排列顺序，提出客户解决问题的先后考虑的指导原则，如原因因子排序原则等。

(6)根据原因因子排序原则等，提出最佳解决方案。

(7)争取客户认同解决方案。

(8)促使客户下定决心推进项目。

6. 抢占先天竞争优势资源

我们要注重抢占先天竞争优势资源，为项目选型打好基础，为此，要关注如下内容。

(1)提前搜集比竞争者更有利的战略性信息。

(2)提前发展比竞争者更有利的关系资源。

(3)全面把握竞争者的状况。掌握竞争者介入的状况及其优劣势以及各项交易条件等，获得竞争者的情报。我们应该尽量抵消不利影响，凸显自己的优势，协助客户做出正确的选择。

19.4　项目立项管理的关键成功因素

项目立项管理的关键成功因素需要考虑以下内容：项目立项方案设计的前期资料准备，了解客户的决策习惯，管理客户的采购程序，设计具有针对性和先进性的可行性解决方案，推动可行性方案在客户内部传播，获得客户内部认可，推动可行性方案的批准，然后便可确认项目正式立项并进入项目推进阶段了，如图 19－3 所示。

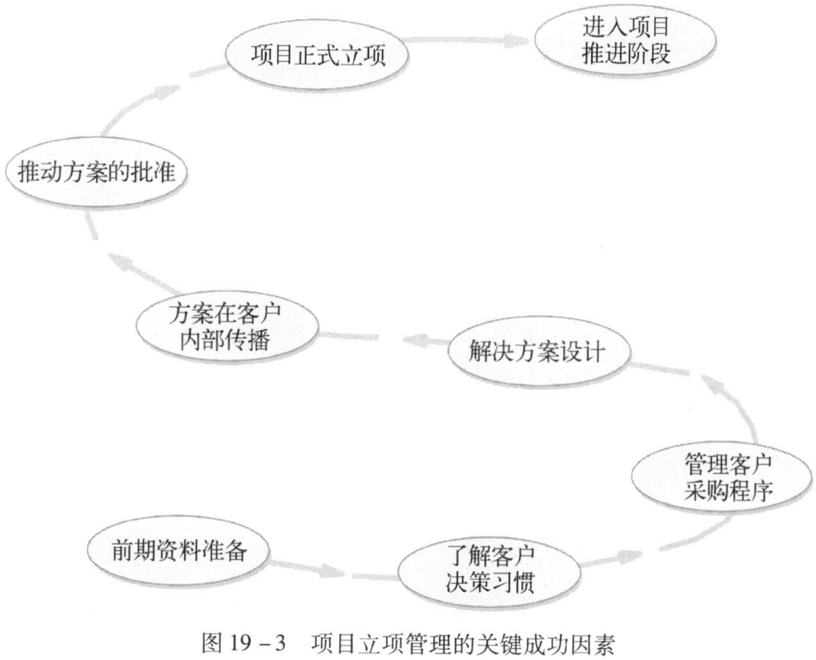

图 19－3　项目立项管理的关键成功因素

1. 前期资料准备

在项目立项前，我们要整理客户资料，为项目立项方案设计做好准备，其内容如下。

(1)客户的背景资料。包括成立时间、地点、长期合作伙伴、客户组织机构、联系电话、通信地址、网址和邮件地址、采购部门和支持部门、操作人员、管理层和高层客户、客户的业务情况、客户所在行业的主要产品。

(2)客户目前正在进行的项目情况，客户通过这个项目主要解决的问题。

(3)采购决策人和影响者。谁做决定、谁来确定采购指标、谁负责商务合同条款、谁负责签约、谁负责实施等。

(4)我们的机会在哪里？切入点在哪里？

(5)竞争对手的分析。例如，竞争对手的产品使用状况、客户对竞争对手的满意度、竞争对手销售代表的名字、销售的特点、竞争对手销售代表与客户之间的关系等。

(6)详细的采购时间计划。

(7)采购预算情况。

(8)我们在这个项目上能获得什么价值。

2. 了解客户的决策习惯

有些客户采取团队型决策，一次又一次的会议讨论，周期很长；有些客户采取一言堂方式，基本是一把手拍板，决策周期较短。

有些客户做购买决定时，习惯收集很详细的资料；有些客户习惯于只收集重点资料，而要求销售人员到现场对解决方案进行说明。

因此，事先了解客户购买决定的习惯，有助于提出适合客户的个性化解决方案。

3. 管理客户的采购程序

客户的采购程序是影响大项目成败的重要因素，我们要重视对客户采购程序的管理。首先，销售人员需要了解客户的通用采购程序，熟悉建议书的目标对象、预算范围等。其次，深入了解本项目的采购程序。同时，最好根据项目情况，适当引导客户的采购程序。

4. 设计具有针对性和先进性的可行性解决方案

在此阶段，要进行项目立项方案设计。立项方案的设计要从客户中来，到客户中去，一定要保证方案的可行性、针对性和先进性。

方案的可行性是指解决方案具有一系列循序渐进的实施步骤，保证方案能够落地生根。

方案的针对性是指解决方案适合客户个性化的需求。

方案的先进性是指解决方案要采用同时期或未来最先进的技术、方法、工艺等解决客户问题。

5. 推动可行性方案在客户内部传播，获得客户内部认可

可行性解决方案在客户内部进行充分传播沟通时，要保证客户团队参与方案的可行性沟通和论证，接受客户的质询，进一步完善解决方案，促进客户团队的支持认可。

要积极与项目立项的关键决策人士沟通方案，与客户内部的项目承办人、承办单位主管、使用人、预算控制部门、关键决策人士、其他人士等进行有效沟通，如图 19－4 所示。

图 19－4　客户项目团队

(1) 项目承办人。

客户方的项目承办人是代表单位和我们沟通的第一线人员，其扮演的角色往往要替我们向本单位的上级人员解释说明项目产品的特性、效用、价值等。与承办人充分沟通，能获得充分的项目细节信息。

(2) 承办单位主管。

项目建议书中的“目标”“理念”“技术实现路径”“实施方法”“成果与价值”是承办单位主管关心的重点，要就这些内容与他们充分沟通。项目建议书要能满足承办单位主管的需求。

(3) 使用人。

使用人关注的重点是存在的问题及改进之处，重点要说明我们的方案能够解决他们的问题。

(4) 预算控制部门。

预算控制部门人员关心的重点是费用预估是否符合预算。因此，关于费用部分，我们在撰写建议书时，可清楚、明确地写清各项费用状况，并以报表汇总各明细，让他们能一目了然。

(5) 关键决策人士。

关键决策人士关心的重点有两项，一项为效用价值，另一项为优先顺序。关键人士往往是高层领导者，他们的判断点多为产生的效用对营运管理有哪些帮助。例如，我们的方案或产品若能对提高销售人员的业绩有帮助，关键人士将能认同这种效用。另外，优先顺序也是关键人士判断的重点，因为关键人士是从组织全局角度思考问题，他们面对的不是单一事件，因此，他们会权衡完全不相干的两件事，而做出执行上的优先顺序。若销售人员疏忽了这方面的考虑，可能被关键人士判定暂缓而前功尽弃。若撰写建议书时能技巧地满足上面的两个条件，该建议书可能会具有强烈的说服力，能称职地扮演“无言的销售人员”的角色。

6. 推动可行性方案的批准

在本阶段，需要推动可行性解决方案纳入正常的决策流程，获得客户高层团队的审批，实现预算和选型计划批准执行。

在配合客户完成可行性解决方案后，在其批准过程中，可能还要配合客户进行“汇报会议”和相关答疑，以推动其获得通过。

一旦客户项目已经立项，我们对大项目营销的重视程度就要升级了，需要配备具有真正实力的销售人员和售前人员进入销售团队。

自我检测

依据本章的内容，请进行自我检测和自我反思，分析优劣势和差距。依据本章的内容，进行实际应用的分析与思考。

休闲时光

该休息一会了！

休息一下，积蓄力量。要特别有斗志，特别有精神，浑身上下特别有干劲和充满力气和活力。

第 20 章

项目推进阶段管理

项目推进阶段就是在创造出超越性优势条件下，推进项目进入下一步商务谈判的阶段。

在项目推进阶段，我们要赢得客户的整个决策团队。

大项目营销像培育鲜花一样，虽然，鲜花看起来很绚丽诱人，但是，鲜花的培育却是一个长期而需要耐心的过程。一粒种子从生根发芽，到最后开花结果，不仅需要浇水施肥，还需要精心养护，有时需要阳光，有时需要雨露。大项目营销也一样，只有具备勤奋、自省、专业能力、专业智慧、独有核心技术、耐心和毅力才能获得成功。

打造大项目生态系统，做好利益相关者关系管理，促进大项目良性循环是大项目营销的重要内容。

在项目推进阶段，我们要做好方案营销、方案演讲、产品演示、价值营销、团队营销、关系营销、差异化营销和整合营销。

20.1　项目推进阶段的主要目标

项目推进阶段是项目的加速促进阶段，也是关键时期。在此阶段，客户要进行招标选型，前期的所有铺垫就是为了在此阶段开花结果，否则，大项目就可能花落别家了。

项目推进阶段的主要目标包括以下内容。

(1)建立完整和强大的大项目营销团队。

(2)促进客户将项目选型纳入日程。

(3)辅助客户准备项目选型。

(4)推动项目内定招标。

(5)对不合理需求进行引导。

(6)设计最终解决方案。

(7)知己、知彼、知他。

(8)大项目公关。

(9)大项目造势。

(10)组织正式投标(如果采取投标方式)。

(11)安排答辩及演示。

(12)赢得客户对我方技术和解决方案的认可和良好评估。

(13)非正式试探性报价。

(14)强化多层次客户关系，建立统一战线。

(15)赢得客户多层级决策团队，获得关键人物的支持。

(16)引导客户进行供应商比较。

(17)展现各种能力，如产品能力、方案能力、实施方法论、实施能力、团队专业能力等。

(18)积极迎接客户评估团的考察，打赢“客户评估团考察”的战役。

(19)赢得客户信任。

(20)将竞争不利的影响力降到最低。

(21)在优势有利于我方的情况下，避免项目进展缓慢，力求缩短客户决策周期。

(22)以客户接受的方式，循序渐进推进项目。

(23)推进项目进入商务谈判阶段。

(24)其他目标。

20.2 项目推进阶段需要考虑的问题

项目推进阶段需要考虑的问题如下。

(1)客户对我们的认识和态度如何?

(2)客户对我们有何疑惑、贬损和不满?应对方案是什么?

(3)在客户决策过程中存在的异议，应采用什么策略与步骤?

(4)为什么该项目应该是我们的?

(5)我们是否知己知彼了?

(6)我们如何才能获胜?

(7)如何确定我方的长处与不足，并做到扬长避短?

(8)如何利用相对优势制胜?

(9)竞争对手都是谁?竞争对手都做了哪些事情?

(10)竞争对手及我方的优势、劣势都在哪里?

(11)竞争对手及我方的机会、威胁都在哪里?

(12)采取什么销售竞争策略?

(13)对决策者应采取什么样的关系策略?

(14)如何赢得一个决策团队 ?

(15)如何拜访客户高层领导，赢得他们的信任?

(16)如何顺利获得方案的投标评价?

(17)如何回应客户在某些方面的担忧或者挑剔?

(18)如何引导、征服反对者?

20.3 项目推进阶段的策略

项目推进阶段的策略主要包括以下内容：了解客户行为；密切关注客户的最新想法和

关心的问题；建立双方互信；客户期望管理；JIT反馈及回应；培养内线；争取非内线人员；向多级别决策者推进销售；了解客户内部的政治；适时巧妙推出新的制胜亮点；及时发现和清理阻碍；寻找不断推进的理由并落实推进；不断完善和改进项目计划；克服弱点，打破旧平衡，创造新平衡；重视选型规则；引导和建立项目决策流程；体验式销售；利用标杆案例推动项目；用数据说话，量化项目价值；处处主动，不断发起新的有效行动。如图20－1所示。

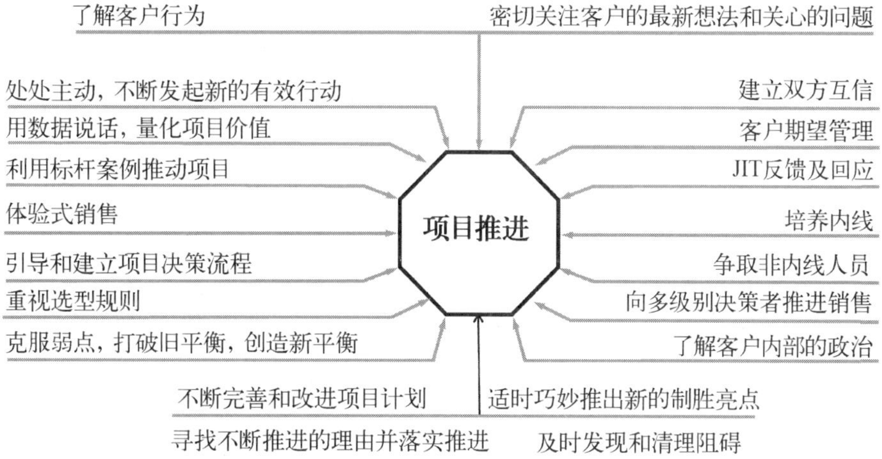

图20－1　项目推进阶段策略

1. 了解客户行为

在此阶段我们必须要清楚客户的行为。客户一般采取如下行为。

(1)客户心理非常想了解和比较各供应商。

(2)有时候客户也说谎话。

(3)在此阶段，客户可能会改变原先比较“忠诚”的姿态，转向竞争对手。

(4)拿着你帮助开发的项目方案“标准”，寻找其他的供应商。

(5)以咨询了解的方式，开始进行供应商比较。

(6)当发现竞争对手不能满足标准时，客户就又会走回来。然而，当对手的价值能超越我们时，客户会很快决定走向对手。

(7)当几家供应商的产品、服务或方案差不多时候，客户会左右摇摆或犹豫不决。

2. 密切关注客户的最新想法和关心的问题

此时，我们要密切关注客户的最新想法和关心的问题，客户通常会有如下问题。

(1)如何对各家供应商方案进行评估？

(2)该供应商真有解决问题的方案吗?

(3)哪个方案最能满足我们的需求?

(4)如何证明供应商的能力?

(5)到底应该选择哪个供应商呢?

(6)选择这一家供应商的后果会如何?

(7)拿到最好的性能或价格了吗?

(8)其他。

3. 建立双方互信

任何一笔生意成交的基础，靠的是什么?靠的就是双方建立起来的相互信任。为了取得客户的信赖，必须加深与客户的关系。

如果客户不信任销售人员和顾问，不相信我们的产品比其他竞争者的产品更有用，他们就会拒绝。实践表明，最快速的销售方式就是让客户相信购买的是真正符合他们最大利益的产品或方案。

(1)应该以客户所乐意接受的内容和方式，引导他们加深对购买价值的认识，使客户形成积极信任的态度。

(2)强化信任度。销售人员要想客户之所想，急客户之所急，为客户实现需求积极寻求解决方案。

(3)感情是增强客户信任的重要力量。强化与客户的沟通交流，共同语言越多，感情越深重，相互之间的信任气氛越容易形成，越容易产生信任。

(4)只有对方相信你所说的一切是真的，才能产生购买欲望。销售人员要诚实，不负责任地夸大其词只会使客户产生反感。

4. 客户期望的建设与管理

我们要重视对客户期望的管理，加强客户期望的建设，超越客户期望。为此，我们要重视以下内容。

(1)准确地把握客户的期望，重视客户未来的发展趋势。

(2)评估客户对我方的评价值。

(3)根据客户的期望落差，调整我方举措，提高客户的期望满意度。

(4)有计划和有策略地推进超越客户期望的行动，实现客户期望的超越。

5. JIT 反馈及回应

我们对客户的问题及需要，要进行 JIT(Just In Time)及时反馈与应答。为此，我们要重视以下内容。

(1)及时获得客户信息和需求。

(2)及时进行客户反馈。

(3)及时进行客户异议处理。

(4)及时获得客户承诺。

(5)以“帮助”的姿态出现。

(6)以“配合”的角色提供更多价值。

(7)换位思考，帮助客户成为出色的内部销售员。

6. 培养内线

培养内线是非常重要的。客户组织中的内线能帮助我们随时了解客户的真实需求，了解项目进展状况，及时反馈危险信息，提供方案的修改和指导意见，介绍和疏通关系，成为穿针引线的调节者，起到客户内部代言人作用。客户组织中内线，一般来自以下情况。

(1)客户内部的成员。

(2)相信我们及我们所在组织的人。

(3)相信我们能够满足他及其组织需求的人。

(4)对于购买决策有直接影响或间接影响的人。

(5)在客户内部有良好人际关系的人。

(6)支持者。

(7)其他。

7. 争取非内线人员

积极关注和争取非内线人员，在客户内部的非内线人员往往是以下人员。

(1)朋友：对于销售人员、组织、产品、服务或方案等感兴趣。

(2)期望销售人员成功的人：一心想使你成功，而不关心你的方案是否最为合适。

(3)个人利益人员：只关心个人的好处和利益，不管对于其所在组织的益处，有的需要利用你的方案来达到个人目的，如权力斗争。

(4)共同兴趣人员：同销售人员在某些爱好和兴趣上相同而结交的朋友。

(5)特殊关系人员：同决策者有特殊关系，但并不直接参与项目选型。

(6)专家人员：有某方面专业知识，但是属于项目应用和选型决策团队之外的人。

(7)反对者：在某方面反对你及你的方案等。

8. 步步为营向多级别决策者推进销售

步步为营，向多级别决策者推进销售，需要注意以下关键点。

(1)识别项目选型决策者。

(2)识别项目选型影响者。

(3)找出项目选型反对者。

(4)确定关键人物的拜访模式、关注焦点、各关键人物之间的关系。

(5)战略和战术相结合，制定多层次、多级别决策者的影响策略。

(6)制定向多级别决策者销售的计划方案。

9. 了解客户内部的“政治”

销售代表应该尽早与客户高层建立互信关系。在最初接触客户时，销售代表应该对客户的组织结构有充分的了解，知道谁是未来做采购决定的人以及谁将会对采购产生影响，尽快与他们建立并保持联系，取得他们的信任。

我们要分析选型团队的决策权利，分析决策人员在组织中的权力配置和关系，分析各方的观点分歧和日常派系倾向或斗争，防止自己掉入客户内部“政治”斗争的漩涡之中。

10. 适时巧妙推出新的制胜亮点

适时巧妙策划和推出本项目产品或服务的新优势亮点，要重视以下内容。

(1)对所有产品和服务的竞争力进行全方位的分析。

(2)设计方案及展示。

(3)确定自身的长处与不足并做到扬长避短。

(4)屏蔽竞争威胁。

(5)设计何时发起优势展示行动。

(6)巧妙地将自己与竞争对手进行比较。

(7)设计和让客户认同我方方案产品与服务的优势。

(8)推销各种服务(如增值服务、特殊优惠等)的价值。

(9)用投资回报率等工具来展示增值利益。

11. 及时发现和清理阻碍

在大项目营销过程中，我们要及时发现和清理阻碍。

(1)我们要清晰什么是阻碍?

(2)分析阻碍存在的地方，如决策者及影响者、客户异议、客户的不良企图、竞争对手、客户的不满意、我们的产品和技术瓶颈、我们的项目理论体系缺陷、解决方案的缺陷、技术人员专业性不足、其他。

(3)根据阻碍种类和特点，积极调整销售策略，完善和优化相关推进行动，设计制胜解决方案，赢得客户对我们的信心，坚定客户对我们信心。

12. 寻找不断推进的理由，并落实推进

在项目过程中，我们要寻找不断推进的理由，并落实推进，主要考虑以下内容。

(1)回顾和总结客户的痛苦及其产生原因，寻找更有利的说服理由。

(2)游说客户，强化项目的未来前景。

(3)展现我们承担项目的有利证据，如时间理由、预算理由、利益理由、竞争理由、实施周期理由、其它理由。

(4)安排样板用户参观、本单位考察、客户对产品及服务的亲身体验等。

(5)其他。

13. 不断完善和改进项目计划

我们要具有自省反思精神，根据项目进展情况，不断优化我方项目销售过程，不断优化和增强项目资源，不断完善和改进项目内容，不断递进制胜策略，不断优化项目时间进度表，不断改进行动计划，不断向客户提出好的改进建议。

完善和改进项目计划的目的是按照客户容易接受的方式，不断让客户认识价值，不断为客户创造价值。因此，在完善和改进项目计划时候，我们要充分与客户沟通，争取客户的认可、接受和信任。

14. 克服弱点，打破旧平衡，创造新平衡

如果处于不利位置，你要想办法打破旧的平衡，创造新的平衡，实现以弱胜强，以小搏大。为此，我们要创造新的制胜规则，优化总体解决方案，为客户创造独特价值，克服

弱点，增强优点，强化优势，消除不利影响，争取主导优势地位，争取获胜。

如果我们在项目竞争中处于有利位置，也要想办法打破旧平衡，创造新平衡，实现强者更强。为此，我们要千方百计进一步强化优势，丰富优势内容。同时，我们要有危机意识，主动寻找漏洞，堵塞漏洞，化解存在的潜在威胁。

15. 重视选型规则

我们要重视选型规则，需要注意以下内容。

(1)从明确的客户需求出发影响购买决策。

(2)强调我们最擅长的领域。

(3)将我们解决方案最能满足的需求，推荐为重要的选型规则。

(4)为客户创造独特价值。

(5)为客户创造更系统、更全面的价值。

16. 引导和建立项目决策流程

项目决策流程直接影响着决策效率和项目选型结果。在此，要注意以下几点：

(1)引导和建立有利于项目快速推进的项目决策流程。

(2)引导和建立公平透明的项目决策流程。

(3)引导和建立有价值的项目决策流程。

17. 体验式销售

整个大项目营销的过程就是供应商搭建体验式平台，为客户提供购买的全面体验过程。客户在我们搭建的虚拟体验平台上感受、经历、体验整个售前、售中和售后过程，使客户感受美好，促进客户认可和信任。体验式销售需要关注如下事项。

(1)通过标杆案例和现场模拟环境进行体验。

(2)全面设计售前体验、售中体验和售后体验过程，做好体验演示和服务。

(3)有形需求与无形需求相结合。

(4)注意各个客户角色的体验需求是不一样的，要个性化定制。

(5)实现方案可视化，促使客户理念和想法尽可能落地。

(6)分析客户想法，打消客户疑虑，提升客户信任度。

(7)诱发客户视觉和感觉，促进客户愉快式体验，激发购买欲望。

(8)要有竞争力，能够经得起客户考验。否则，体验式销售变成了体验式丢单。

(9)强化与客户的互动，将客户的疑问、不满转化为方案中的亮点。

18. 利用标杆案例推动项目

标杆案例是我们成熟的已交付成功的大项目。标杆案例是推动项目的重要手段。但是，需要注意以下几点：

(1)标杆案例一定要选择好，最好选择与项目和客户业务接近的案例。

(2)标杆案例要提炼、总结出亮点，保证该亮点对客户的项目有启发价值。

(3)通过标杆案例尽量屏蔽客户的不良想法和对我方不利的影响。

(4)标杆案例不可能与客户期望完全一致，注意解释其差异性。

(5)标杆案例的交流要能够保证对项目推进有好处，赢得客户信任。

19. 用数据说话，量化项目价值

用数据将项目的价值进行量化，需要把握以下几点：

(1)量化项目增值利益，用数据表达能够为客户提供的价值和利益。

(2)将项目的投入产出比按照项目实施周期进行量化。

(3)对比项目实施前后的有形价值提升图。

(4)尽量将无形价值进行量化。

(5)量化我们的专业能力，让客户对我们的技术能力、售前能力、实施能力和售后维护能力产生信心。

(6)量化数据要有依据，不能虚无缥缈。

20. 处处主动，不断发起新的有效行动

要以积极主动的心态去推动项目。需要把握以下几点：

(1)遇到项目挫折，不要怨天尤人，不要悲观失望。

(2)要用千方百计和绞尽脑汁的境界去推动项目。

(3)不断评估项目形势，根据项目问题和偏差，制定项目推进举措。

(4)发动新行动计划，要有新亮点。

(5)先发制人，赢得先动优势。

(6)对于不利的事情，要主动防御，变被动为主动。

(7)发起新的有效行动时，不要卤莽行动，要有备而发。

(8)请记住：主动、主动、再主动！

(9)也请记住：有时候，主动进攻的最好方法是等待和防守，要掌握好进攻、等待与防守的火候，注意快慢相间，动静结合，刚柔相济，不断变化和递进方向与行动。

20.4 从大项目招标案例看项目竞争策略

以下故事为一个政府采购项目案例。

自某城市要采购2000辆公共汽车以来，许多厂商间的暗战及与相关部门的积极沟通就未停止过，各个厂商都在努力争抢这块蛋糕。在此政府采购招标项目中，共有A、B、C、D、E、F、G七家购买标书参加竞标。

政府采购向来备受重视，每次都会吸引众多企业参与。政府采购和政府行为的日渐透明化、程序化和市场化，对企业意味着更多的商机。

需要采购的政府相关部门并不直接参与购买，他们会向采购代理机构提出申请，经代理机构审批后，购买方就委托采购代理机构进行政府采购。购买方被称为是采购人。那些采购代理机构充当第三方的角色，他们按政府招标流程进行供应商选择。

在政府的采购方式中，公开招标是最主要的方式，采购代理机构负责判断并做出选择。通常，代理机构会根据各采购单子的采购方式，临时成立评标委员会、竞争性谈判小组或询价小组。小组的成员通常由采购人、采购代理机构的工作人员以及专家组成，但是一般来说，具体人员信息在整个采购招标过程中是对供应商保密的。

首先，代理招标单位宣布截至某时间有哪些参加投标单位，确定邀请参加谈判的供应商名单。

A公司通过一周的标书准备，按照招标上说的时间20日上午10点前投标书，但是，晚了10分钟才匆忙赶到现场，而被认定不具投标资格。虽然，经过解释勉强维持投标资格，但是，在验证投标人的委托人身份时，由于委托人没有带身份证，进而宣布投标无效。

点评：

我们要严格按照采购流程和规定进行投标。政府采购的流程性很强，供应商在参与政府采购时，首先要注意的就是熟悉并严格遵守相关程序，对流程与标书不能有丝毫懈怠。

在供应商递交标书之后，供应商撤离评标会议室，评标专家进场评标。在正式招标中，评标专家都是临时在专家数据库中抽取，并且遵循严格的程序，各种不公平因素就很难发挥。专家决定着供应商的最终选择，谈判小组由采购人代表和有关专家共三人以上的单数组成，其中专家的人数不得少于成员总数的三分之二；专家名单由随机抽选确定和通知。

专家是决定供应商命运的重要力量。经历同一采购代理机构的多次招标后，供应商会发现，那些专家小组的成员尽管每次在变，但偶尔也会有一些熟悉的面孔。通常，采购代理机构会设立评审专家库，有的已经建成了，有的正在建，不同行业和不同领域都会有个名单。虽然，每次专家小组的名单不尽相同，但专家库的名单却是相对稳定的。有时政府采购中的专家组成并不完全是随机的，代理机构的喜好与采购人的建议在其中起着一定的作用。

为了取得项目成功，G 供应商在此前一个政府采购项目中，提前千方百计打探出了专家小组的名单，因为他们知道，如果影响了专家，就能影响到竞标的结果，这当然不属于公开的行为。G 供应商的公关部门专门负责在平时与代理机构以及专家库中的专家进行交流，通过巧妙的方式，召开研讨会、邀请对方来公司考察咨询，增进专家对公司的了解和感情，强化关系，以便在采购过程中能够有所照顾。有的重要专家还采取现金、娱乐消费、子女出国、期权、咨询费等方式进行公关。因此，G 供应商在前一个政府采购项目中被认定有不法记录，按规定在 3 年内禁止参与政府采购。故而此次被宣布投标无效。

政府招标小组对供应商提交的响应文件进行符合性检查，未通过符合性检查的供应商投标无效。B 公司也出现了失误，报价书并没有按照招标书的要求进行盖章，也被宣布投标无效。C 公司在资格条件中，项目要求提交保密资质，但是 C 公司并没有准备好，因为疏忽提交了过期的资格资质，也被宣布无效投标。通过符合性检查的供应商，D、E、F 采用抽签方式确定谈判次序，进入下一流程。

点评：资格资料准备是非常重要的，要一丝不苟按照标书要求进行。

接着，进入商务和技术评分环节。政府招标谈判小组按照《评分文件》的要求，进行商务和技术评分。谈判小组成员按照评分文件的要求，独立对各供应商进行评分，由工作人员负责录入分数。

随后，进入谈判阶段。政府招标谈判小组所有成员集中与单一供应商分别进行谈判，供应商准备好本项目的原型演示文件，进行 30 分钟的陈述与演示，演示后进行谈判。谈判的主要内容是：谈判小组与供应商双方进行技术、商务和价格方面的磋商和谈判，谈判结果形成纪要文件，该谈判纪要构成响应文件的一部分，谈判的目标是使参加谈判的每家供应商提供的产品和服务基本一致，不能达成基本一致的应具有可比性。

D 公司在原型演示演讲中超时间约 2 分钟，被扣分。E 公司递交的响应文件的装订顺序不符合要求被扣分。F 公司在产品、服务、性能、响应速度、成功案例方面的整体解决方案，竞争力都超越其他竞争对手，得到了最高分。

点评： 解决方案是非常重要的，要一丝不苟按照标书要求进行。

随后，进入报价谈判环节。所有参加谈判的供应商在规定时间密封递交本轮谈判的最后报价，统一进行拆封和公开唱价。最后报价一般不得高于第一次报价，若最终报价高于第一次报价，供应商应给出充分解释，并经政府招标谈判小组确认为有效报价，否则以第一次报价作为最后报价。

接着，进入统计综合评分和推荐候选资格供应商环节。依照综合分数由高到低排列，得出供应商名次。若综合评分相同的，以报价低的列前。谈判小组按综合分数由高到低排名顺序推荐候选资格供应商前三名为资格供应商候选人。

接下来，进入"将谈判结果向用户报告"的环节。采购人在收到评审报告后五个工作日内，根据谈判小组的书面报告和推荐的前三名供应商候选人，确认其中一家为成交供应商；如采购人未能在以上规定时间内将成交供应商确认书提交给采购代理人，则视为采购人同意评标委员会推荐的成交候选人第一名为成交供应商。

最后，确定最终签约的供应商。采购代理机构将以书面方式发出《成交通知书》，同时在招投标中心网站上发出成交信息。《成交通知书》一经发出，即发生法律效力。

点评：

由于政府采购实施时间不长，很多供应商的投标经验不足。一些企业失败不是因为其产品，而主要是对招标投标法和招标程序不熟悉。我们要注意了解法律法规，详细关注投标文件需求，设计最佳产品、服务和解决方案，组建正式的投标团队。

自我检测

依据本章的内容，请进行自我检测和自我反思，分析优劣势和差距。依据本章的内容，进行实际应用的分析与思考。

休闲时光

该休息一会了！

大项目容易让人耿耿于怀、斤斤计较、心潮澎湃、寝食难安和异常煎熬。但是，平和的心是非常重要的。

第 21 章

商务签约阶段管理

21.1　案例：来自销售团队内部的一封信。

21.2　案例：客户突然提出苛刻条件。

21.3　案例：为什么报价策略成了滑铁卢？

21.4　商务签约阶段的主要目标。

21.5　商务签约阶段需要考虑的问题。

21.6　商务签约阶段的策略。

21.7　商务谈判需要注意的关键点。

商务签约阶段确定了大项目输与赢的最终结局。

在商务签约阶段，最容易犯难以挽回的错误。这是需要注意的。

商务签约阶段是讨价还价、异议处理、共识达成、特殊需求达成谅解的阶段。

在商务签约阶段，我们要全力以赴，排除一切障碍，尽量争取以最佳性价比赢得大项目。

大项目中的利益相关者的利益平衡、利益协同、利益激励是大项目签约的重要影响要素。

在商务签约阶段，我们要做好价值营销、心理营销、团队营销、关系营销、差异化营销、精益营销和整合营销。

21.1　案例：来自销售团队内部的一封信

有一个大项目，通过了技术评估并完成了技术谈判，顺利进入了商务谈判过程，销售人员多次催促售前顾问改写实施建议书，虽然改写了多次，客户就是不认可。对此，售前顾问有自己的看法，他以邮件的方式向销售部门总经理反映了情况。以下为其中一封邮件。

曾总：

我认为，关于达力公司招标项目拖的时间太长了。现在，客户要求不断修改实施建议书。但是售前实施建议书与签约后实施的调研建议书是不同的，前期的实施建议书是标准建议书，是双方用来沟通的资料，目的是在此基础上进行交流。实施建议书可以在谈判现场当场修改和完善，而不是销售人员拿着方案去客户那里简单问方案行不行，然后就改。因此，实施建议书是谈判谈出来的，而不是写出来的。后来的谈判我没有参加，因而不知道客户的具体意见和需求，仅靠听销售人员传递的信息只能是雾里看花。

点评：

大项目进入商务谈判后，实施计划书、合同等是讨价还价的结果，而不是坐在办公室就能空想出来的，谈判起着至关重要的作用。该项目销售人员没有此方面的经验，以为大项目的实施建议书与普通标准产品的实施建议书一样简单。

21.2　案例：客户突然提出苛刻条件

在一个银行流程管理咨询项目的商务谈判环节，客户主管突然提出苛刻的完全不能实现的条件：要供应商提供6家国内外银行的相关母本资料作为合同交付物。供应商一方的总经理对此丝毫没有准备，但是，为了赢得这个项目，供应商总经理不得不答应下来。但是，该总经理对能不能完成该任务，心里根本无底。这为该项目的后续进展埋下了风险。

点评：

在商务谈判中，有时候，客户会对已经确定的技术条款等内容提出新的内容，如何面对客户提出的苛刻条件呢？我们需要在自己能力承受的范围内，尽量据理力争，并达成双方的谅解。

21.3　案例：为什么报价策略成了滑铁卢？

在一个约20亿美元的大型工程项目投标中，项目顺利进入到商务比价阶段。几个回合之后，大部分竞争对手都已被淘汰出局，进入商务签约阶段的供应商只剩三家。在第一轮报价中，各个供应商的价格相差很大。因此，客户要求三家供应商进行第二轮报价。但是，在技术谈判中占据最优优势的A供应商报价后，却被宣布淘汰出局。

点评：

在商务签约阶段，报价环节控制不好，报价策略容易造成滑铁卢或者为竞争对手做了嫁衣。那么，什么是好的报价呢？如何通过报价提高竞争力呢？

我们既要重视价值竞争，也要重视价格竞争，在价值竞争上打价格战，给客户带来最大价值。此时，必须让客户充分认识到你的性价比是最佳的，而不是从自己的角度认为自己的价值和价格是最好的。

在商务签约阶段，我们要做好哪些工作来保证一流的竞争力呢？请见本章节探讨的下述相关内容。

21.4　商务签约阶段的主要目标

商务签约阶段的主要目标包括以下内容。

(1)打消客户疑虑和担心。

(2)维护我方核心利益底线。

(3)营造好的商务谈判氛围。

(4)引导和消除不合理需求。

(5)创造商务谈判砝码和制胜条件。

(6)清晰了解客户最终预算或可接受的价格或商务条件底线。

(7)价格测算、讨论和报价确定。

(8)向客户证明报价是合理的。

(9)实施增加客户信心的行动，促进客户签约。

(10)解除竞争对手的不利影响。

(11)确定商务进度表。

(12)商务协商及谈判。

(13)价格商议，避免“成交额较低、折扣率太高、利润率较低”的现象。

(14)以恰当方式对客户进行相关承诺，赢得客户全面信任。

(15)做到万无一失，避免丢单。

(16)避免发生“不了了之而导致项目暂停等”的情况 。

(17)合同起草和合同审批。

(18)完成合同签约。

(19)其他目标。

21.5　商务签约阶段需要考虑的问题

商务签约阶段需要考虑如下问题。

(1)为什么有的项目开始时轰轰烈烈，但是最后不能善终?

(2)为什么商务阶段更容易丢掉项目?

(3)面对众多竞争对手，如何报价?

(4)如何快速缩短商务谈判周期?

(5)如何在商务谈判中消除不利因素，取得最佳效果?

(6)在竞争对手完全占据优势的情况下，是主动放弃还是最后一搏?

(7)如何在与竞争对手及客户的博弈中取得成功?

(8)如何辨别项目中出现的烟雾弹?

(9)如何造就双赢，避免大单签小?

(10)如何评估项目价值，避免项目实施阶段出现投入产出倒挂现象？

(11)如何避免超需求承诺现象？

21.6 商务签约阶段的策略

商务签约阶段的策略主要包括以下内容：驾驭商务签约阶段的递进进程；强化关键时刻管理；游说客户最高层；只要有一线希望，就不要轻言放弃；小心竞争对手卷土重来和后来居上；双赢谈判；有策略地说“不”；在冲刺阶段，及时弥补漏洞，消除疑虑，一鼓作气，一举夺标；谈判角色的协同与配合技巧；提高知己知彼的谈判力；采取具有竞争力的价格策略；其他策略等。如图 21－1 所示。

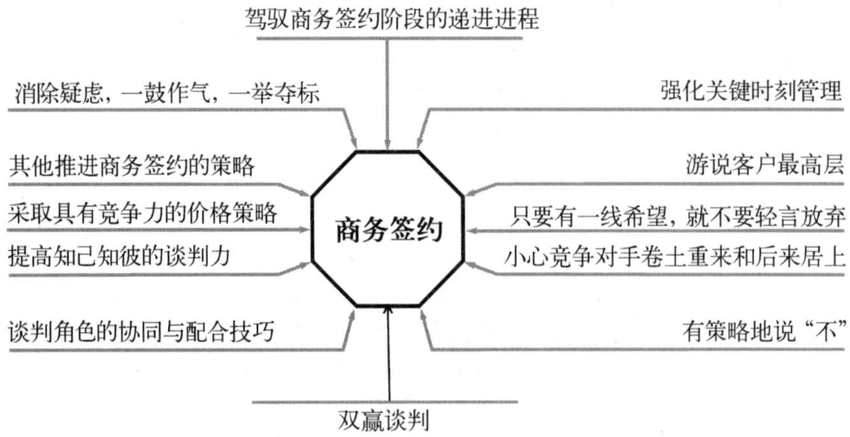

图 21－1　商务签约阶段策略

1. 驾驭商务签约阶段的递进进程

对商务签约阶段进行细分，有助于加强精细化管理，设计不同的谈判策略，提高商务签约的取胜几率。根据商务签约阶段的工作特点，商务签约阶段要彻底解除客户的所有疑问和异议，使悬空问题得到解答和妥善处理，因此，我们要细分商务签约阶段的进程活动，采取好的谈判策略，取得最终的胜利。

商务签约阶段可以细分为四个分阶段，主要包括观点明示阶段、异议交锋阶段、共识达成阶段、协议签署阶段，如图 21－2 所示。

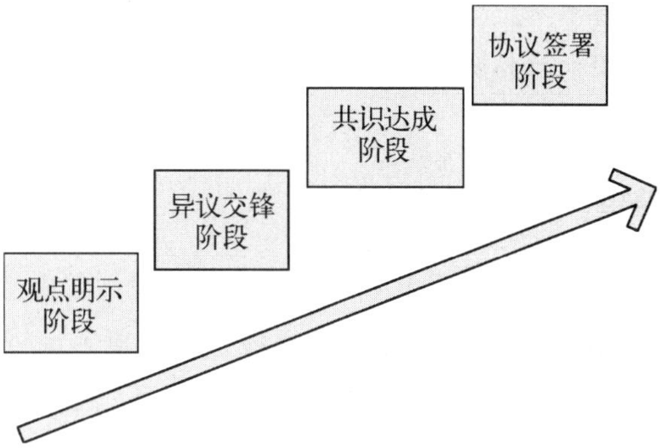

图21－2　商务签约阶段

“观点明示阶段”是最终澄清双方需求和解决方案的阶段。在观点明示阶段，我们要将自己的相关观点清晰表达给客户，使客户清晰理解解决方案的内容。

“异议交锋阶段”是双方存在的异议、提出疑问的阶段。在异议交锋阶段，双方可能在价格、技术、项目实施进度、质量管理、人员选择等方面存在异议，有时候双方会据理力争，相互僵持。

“共识达成阶段”是双方通过技术谈判和商务谈判，解决异议及相关问题，不断达成新共识并最终达成总共识的阶段。

“协议签署阶段”是客户对大项目的供应商进行最后的评估、选择，确定最终的合作伙伴，签署协议的过程。

2. 强化关键时刻管理

关键时刻管理是非常重要的，我们要紧紧把握商务签约阶段的每一个关键时刻。在每一个关键时刻，我们要提前预测和谋划，注重细节管理，注重问题发现，注重问题的及时解决。在关键时刻，我们要拿出应对方案，发挥真正的效用。

3. 游说客户最高层

游说客户最高层，要把握以下几点：

(1)充分评估客户高层的需求。

(2)充分准备沟通内容。

(3)高层拜访者的职位力求双方对等。

(4)对出席的高层领导的角色扮演和演讲内容要提前告之自己的高层。

(5)高层游说活动要有效果，达到对客户有冲击力，对项目进程有重大推进的目的。

(6)时机不成熟，不要安排高层游说活动，否则，副作用很大。

4. 只要有一线希望，就不要轻言放弃

有时候，我们感到好像竞争对手已经将客户搞定了，我们似乎希望很渺茫。这时，我们要透过现象看本质，仔细分析：竞争对手已经将哪些客户搞定了？他们都做了哪些工作？他们是否真的搞定了客户？客户还有哪些不满意点？我们如何切入？有没有翻盘机会？请记住：客户团队不是铁板一块，我们总有办法和方式进入，并赢得优势。

5. 小心竞争对手卷土重来和后来居上

即使我方占据有利态势，也要小心竞争对手卷土重来。请注意以下几点。

(1)每个竞争对手都会想方设法，创造自己的优势。

(2)每个竞争对手都会发展自己的内线。

(3)当竞争对手卷土重来时，要注意其新的竞争利器是什么?

(4)对卷土重来的对手，不要掉以轻心，要早做准备。

(5)积极向竞争对手学习，吸人之长，补己之短。

6. 双赢谈判

谈判的过程就是一个说服的过程，就是寻找双方最佳利益结合点的过程。以企业为例，企业首先是一个利润中心，我们不能破坏企业与商家之间的双赢规则。因为只要一方失去了利益，可能就会中断合作。客户满足自己的需求，而企业实现自己的价值，这就是双赢。另外，我们要养成勤于思考，勤于总结的习惯，我们每天面对不同的客户，就要用不同的方式去谈判，达成最满意的结果。

7. 有策略地说“不”

在商务谈判过程中，当考虑说“不”时，要确定是否有相关的证据和案例支持你说“不”，要保证客观公正。然后，要选择说“不”的时机和技巧，恰当地向客户表达。不要经常说“不”，但是，当你说“不”时，最好能得到客户的认同和支持。

8. 谈判角色的协同与配合技巧

我们要重视谈判角色的协同与配合技巧，要不断提升谈判角色的协同与配合水平。第一，巧妙设计不同级别的谈判，分别解决不同种类的问题。第二，注重我方各种角色的搭配，如决策者、技术人员、商务负责人等的搭配。第三，各种团队成员的角色要注重配合，取得合力效果。第四，各种团队成员的配合技巧要巧妙设计，既不能僵硬，也不要逢迎。第五，各种团队成员的协同配合技巧要恰到好处。第五，争取到对自己最有利的态势，为讨价还价奠定基础。

9. 提高知己知彼的谈判力

知己知彼，百战不殆。了解对方越多，对掌握先机和主动权的自己越有利，掌握主动的机会就越多，我们把它称之为知己知彼的谈判力。谈判力的目的是达到双赢，达到互惠互利。

谈判力的表现不是你能够滔滔不绝地说话，而是你能够抓住要点，首先满足客户的需求，其次满足自己的需求。而双方都有异议时，还要考虑平时掌握的客户信息，了解客户幕后背景信息。掌握的信息越多，就越占据优势。

10. 采取具有竞争力的价格策略

价格是项目竞争中强有力的武器，但是，无限度降价只会给项目带来利润的急剧下降。在价格策略设计和价格谈判上，我们要注意以下内容。

(1)制定项目定价流程和定价方法、优惠与折扣策略。

(2)可考虑用“加减原则”控制价格，即通过功能增减或人员增减等来调整价格。

(3)以非价格行动回应客户的压价。

(4)采取“同等价值对等同等价格”原则，向客户提供不同的价值方案和价格选择，依据实际情况灵活处理。

(5)提醒客户由于竞相降价可能引发的服务质量下降或实施风险；建立双赢价格，引导客户高价格会得到高质量服务。

(6)使用选择性的价格行为。在价格竞争下，可采用不同的降价策略，如数量与折扣、时间与折扣、一揽子计划等。

11. 消除疑虑，一鼓作气，一举夺标

在此阶段，我们要及时弥补漏洞，消除客户存在的任何疑虑，一鼓作气，一举夺标。为此，我们需要关注如下内容。

(1)分析项目进程中的障碍因素，找出清除障碍的方法，采取行动排除一切障碍。

(2)项目中的障碍因素有时是我们的不良运作造成的，有时是客户的疑虑造成的，有的是我们的弱势，有的是竞争对手的行动，有的是竞争对手的比较优势等。

(3)分析客户的疑虑，及时清除。

(4)有时候，退就是进。先退让一步，也许可以为项目的顺利前进奠定基础。

21.7　商务谈判需要注意的关键点

商务谈判需要注意如下关键点：适时拿出自己的谈判砝码、做好报价管理、清晰界定合同需求、不要无原则地答应客户要求、巧妙处理关键异议、有效消除客户怀疑、有效化解客户敌意，如图21－3所示。

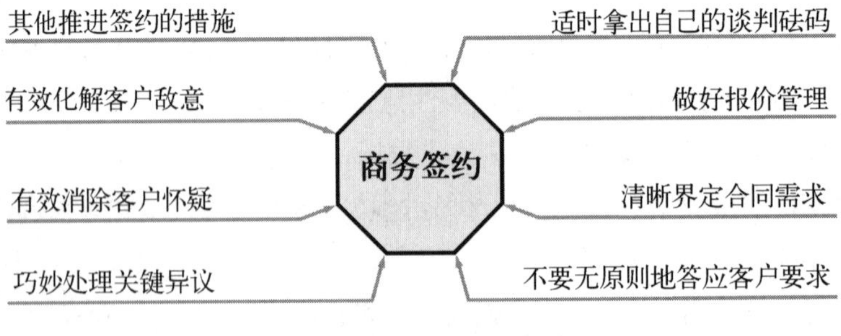

图21－3　商务签约关键点

1. 适时拿出自己的谈判砝码

在考虑谈判的砝码时，一般考虑如下内容。

(1)谈判砝码是你与客户讨价还价的东西。

(2)谈判砝码是竞争对手不能做到，而你能做到的、能吸引客户亮点的东西。

(3)谈判砝码是你独有而客户在外边找不到的东西。

(4)谈判砝码是客户最看重和最欣赏的东西，或者是客户对你不能忍痛割爱的东西。

(5)谈判砝码是客户最关键的需求。

(6)谈判砝码是你与客户可持续合作与发展的东西。

(7)谈判砝码是你能在谈判中让步，而竞争对手很难让步的东西。

(8)谈判砝码是你能在谈判中使客户让步的东西。

(9)谈判砝码是使客户进一步增值的东西。

(10)谈判砝码是使双方进一步双赢的东西。

(11)方案、手段、产品、服务、技术、价格等内容都可以考虑作为谈判砝码。

(12)谈判砝码需要根据项目的具体情况进行具体分析。

(13)有的砝码在此项目能起作用，但在另外的项目中则没有任何价值。

(14)谈判中要争取和创造对项目最有利的砝码。

(15)谈判砝码要适时推出，不能乱出牌。

2. 做好报价管理

报价是大项目中非常重要的环节，我们要考虑以下内容。

(1)大项目的报价要根据项目战略价值、项目工作量、竞争情况、客户的可承受能力、客户关系、客户的可持续需求、项目进程、项目利润等因素确定。

(2)大项目报价最好与客户关键人员一起讨论确定。

(3)大项目报价不能很高，也不能很低。

(4)不要轻易向没有决策权的客户进行正式报价。

(5)整个大项目营销的过程都是影响和调试客户对预算心理承受能力的过程。

(6)大项目报价要赢得客户心理上的价值认可。

(7)大项目报价的最佳境界是价值营销。

3. 清晰界定合同需求

合同需求要清晰界定，一般要考虑如下内容。

(1)合同需求必须有明确的范围界定，并被双方认可。

(2)合同需求的界定一般需要很长时间反复沟通交流。

(3)合同需求往往以交付物成果的形式体现出来，交付物要清晰。

(4)在合同需求界定时，需要明确项目各个阶段的交付物和总体交付物。

(5)各个阶段的交付物和总体交付物要列明时间要求。

(6)各个阶段的交付物和总体交付物要列明验收方式和验收标准。

(7)交付物要列明交付的前提条件，如客户配合及提供的条件。

(8)交付物要有免责条款。

(9)其他。

4. 不要无原则地答应客户要求

坚持原则，不要轻易许诺，避免承诺过多而引起项目不能交付的后患，注意以下几点。

(1)对于客户提出的各种要求，要进行风险评估。

(2)对于客户提出的各种要求，要量力而行。

(3)不要主动过多承诺客户需求。

(4)对于不合理并且不能满足的客户需求，可晓之以理，让客户取消需求。

(5)对于不能满足的客户需求，可动之以情，争取客户同情，让客户取消需求。

(6)对于不能满足的客户重要需求，可争取客户延迟需求。

(7)对于不能满足的客户重要需求，可将需求作为向客户提出新增预算的砝码。

(8)以客户需求置换你的需求。

(9)对客户需求进行有增有减平衡。

5. 巧妙处理关键异议

巧妙处理关键异议，需要考虑如下内容。

(1)应当欢迎客户的异议。

(2)不要因为客户的异议而争吵，不应该说“不”或“我反对”。

(3)自己不确定时，不要迅速做出回答。

(4)不要提供太多信息或者过分回答。

(5)在应答异议时，千万不能猜测或给出错误的答复。

(6)对异议的回答，可与团队组织商量，回答要自信完整。

(7)对于客户的异议要站在客户的角度考虑问题，让客户感到我们的诚心。

(8)异议很大时，需要与自己的团队协商，必要时申请更高层次负责人去沟通解决。

(9)其他。

6. 有效消除客户怀疑

在大项目营销过程中，客户内部存在各方面的怀疑是正常的。大项目营销过程就是客户不断怀疑和我们不断消除怀疑的过程。我们要重视客户的怀疑，为此，应考虑如下内容。

(1)对客户怀疑要进行预估和提前识别，做好准备，充分准备消除怀疑的证据。

(2)对客户怀疑要进行充分的原因分析，辨析因果关系和来龙去脉。

(3)对客户怀疑要进行快速有效的回复，及时消除客户怀疑。

(4)千方百计找到化解客户怀疑的最有效方法。

(5)不要让“客户怀疑”越长越大。

(6)其他。

7. 有效化解客户敌意

我们要重视客户的敌意。大项目过程中，客户产生敌意是正常的，我们要重视。为此，我们要考虑如下内容。

(1)对客户敌意要进行预估和提前识别，提前做好准备，充分准备消除敌意的方法。

(2)对客户敌意要进行充分的原因分析，找到因果关系和来龙去脉。

(3)对客户敌意要进行及时有效化解，不能拖延和视而不见。

(4)要千方百计找到化解客户敌意的最有效方法。

(5)不要让“客户敌意”越长越大。

(6)其他。

自我检测

依据本章的内容，请进行自我检测和自我反思，分析优劣势和差距。依据本章的内容，进行实际应用的分析与思考。

休闲时光

该休息一会了！

有时候，大项目千头万绪，自己异常急躁和烦闷。心乱则一切都乱，心静则外界逐步平静。心不断静和持续定，才能生智慧。保持特别静定的心是何等珍贵！

第 22 章

如何进行项目状态评估？

22.1 案例：“最好”的团队成了业绩“最差”的团队。

22.2 案例：细节决定成败，自省让我成功。

22.3 知己知彼才能百战不殆，项目需要不断审视和评估！

22.4 我们必须清晰“项目评估”的基本含义。

22.5 项目评估需要深思的问题。

22.6 项目评估要取得成功，必须坚持哪些原则？

22.7 项目评估模型(SFGD)。

22.8 项目评估体系的构成。

22.9 项目评估的主要内容是什么？

22.10 项目评估不能犯哪些错误？

22.11 如何判断项目危险和即将丢单？

22.12 项目评估成功的关键要素有哪些？

知己知彼，百战不殆。项目的每次接触、每个步骤、每一阶段都要进行评估、比较分析和领先模式设计。这是大项目赢的重要环节之一。

在大项目运作过程中，对手往往不会给我们犯错误的机会，一个错误可能带来大冲击。我们必须及时识别错误，提前改正。因此，项目评估要先知先觉、快知快觉和准确定位，而不能不知不觉、慢知慢觉、后知后觉和错知错觉。

如何前瞻性洞察项目态势，洞悉营销方向，进而展开有机的项目组织和运营？项目评估就是审时度势，辨析我情、敌情、行情和他情，培养敏锐的营销洞察力，使项目运作登高望远，使项目不断沿着正确方向迈进。

我们需要自省和思辨的能力，能够成为清醒者，时刻保持清醒头脑，能够认识自己、自我反省、自我醒悟。我们既要正视成绩，也要勇敢承认错误。不能因为成绩而骄傲自满、掩饰错误，也不能因为错误而否定成绩、怀疑和诽谤既定的正确方向。

项目评估是一项我们必须重视的能力，优秀的项目团队能够见滴水之冰而知天下之寒。

22.1　案例："最好"的团队成了业绩"最差"的团队

在一个大型项目的投标过程中，A公司的售前顾问、实施技术专家、客户经理都是非常专业且有经验的人，他们一起对客户进行了多次拜访。后天，他们就要将标书提交给客户了，于是他们召开了项目评估会议，对之前的客户拜访活动进行回顾和反思。

客户经理认为，自己的客户关系维护是一流且到位的；售前顾问认为，自己对客户需求的理解比任何竞争对手都深入而全面；实施技术专家认为，自己的实施方案讲解赢得了客户的好感。项目团队成员都在自卖自夸，认为自己是最好的，都在隐藏自己的不利、夸大自己的功劳，项目似乎已经顺风顺水可以高枕无忧了，整个项目评估会议变成了"表彰会"，而对项目中存在的问题，大家似乎不愿意去触及。有时候旁听的张经理提出问题，但是，大家都在指责对方，千方百计将责任推向对方，而没有反思自己的所作所为。此时，张经理似乎感觉，项目已陷入了危机。

一个月过去了，客户发来通知：A公司的项目综合评分排名第二，很遗憾地失去了项目最终中标资格。

尽管如此，由这几个人组成的项目团队仍没有认真反思项目丢单原因，而是按照原有惯性在运作着。就这样，A公司的项目团队在大项目竞争中屡战屡败，曾经"最好"的团队成为了业绩"最差"的团队。

启示：

为什么有些项目表面看似很顺利，却危机重重？看待同样一个事情，为什么不同的人得出不同的结论？

主要是对人对己评价标准不一样。有的人评价标准更客观、更系统、标尺更严格、精度更细致，而有的人更主观、更粗放、浅显和宽松。用主观、粗放、浅显和宽松的标尺去衡量一个项目活动，可能得出非常成功的结论，但是，用客观、系统、严格、更细的标尺去衡量一个项目活动，可能得出危机和风险非常大的结论。

项目评估要能够敢于正视问题、自我挑刺和自我反省，要敢于批评和自我批评。出现问题不可怕，看不到问题、回避问题和隐藏问题才是最可怕的。客观地发现问题和认真解决问题，就是组织强大和胜利之本。如果明明存在问题却视而不见，仍然处于自我麻痹和陶醉中，或者只进行走马观花的评估与反思，评估与反思流于形式、不到位、不彻底、不系统，没有找到本质、没有成为项目再次重生和腾飞的基点，那么项目就很难有赢的机会。

项目评估要在真相的基础上才能奏效。失真的评估是可怕的，将使项目走向一条失败之路。项目评估要找到真相，在真相的基础上进行评估和采取对策。否则，在假相的基础上，评估就会得出错误的结论，进而采取错误的行动。因此，寻找和复原真相，辨别客观事实和假相也是项目评估的重要内容。

本案例向我们提出了如何进行项目评估的问题。到底如何进行项目评估呢？如何正确发挥项目评估作用，为项目的成功保驾护航呢？本章将逐步向你展开项目评估的具体内容和方法，这将为你赢得大项目奠定基础。

22.2 案例：细节决定成败，自省让我成功

H公司的客户经理李经理原来很缺乏大项目营销经验，大项目失败率非常高。经过痛苦的磨练，李经理终于找到了一些规律，大项目营销逐步有了好转。以下是他对目前一段经历的总结。

作为客户经理，我原来一直是一个失败者。但是，自从我养成注重细节、总结反省的习惯之后，我逐步找到了成功的感觉。

作为客户经理，我经常问自己：我是不是不够细致？

在每一次与客户沟通时，我都积极召集团队人员，召开项目情况分析会，仔细地回忆与客户交往的每一个细节，客户说过的每一句话，每个人对每个线索的细节进行反复地研讨、分析和推敲，这往往给了我的团队很大启发和意外收获，特别是在项目遇到问题和挫折时，我们能很快找到症结，并及时调整策略方向，最终出现转机。

现在我养成了每天自省的习惯：不管再忙再累，每天晚上睡前至少拿出50分钟把当天做业务的情况像演电视一样在脑子里过一遍，不漏过任何一个细节，检查客户接触过程中我哪些地方做的好，哪些地方做的不好，原因是什么，下次如何去改进，是否有更好的办法。还要进行客户话语分析，哪些是弦外之音？哪些是客户期望？客户不满意点是什么？如何采取措施？

正是因为每天“日事日细，日事日评，日事日省，日事日悟，日事日清，日事日高”的习惯，我的业务能力提高得很快，重复犯错误的机会减少了，每一次与客户的接触质量逐步提高，项目运作越来越顺。这个办法看起来很简单，但很有效。一直到今天，我仍坚持

着这个习惯，使我受益无穷。

启示：

没有自省，就没有进步。通过自省分析，创造价值；通过评估，发现改进方向。我们一定要不断反思项目，不断研究和学习竞争对手，不断研究项目运作，不断研究客户，要日事日细、日事日评、日事日悟、日事日清、日事日高，为大项目的成功打下坚实的基础。

22.3　知己知彼才能百战不殆，项目需要不断审视和评估！

1. 如何才能百战百胜?

世界上是否有常胜将军?

如何成为百战百胜的常胜将军?

成为常胜将军的第一前提条件是什么?

知己知彼，百战不殆。作为百战百胜的常胜将军的前提条件就是知己知彼，知己知彼就要做好项目评估。

要取得大项目的成功，就要善于评估项目相关各个因素的情势，把握项目发展脉搏，就要善于分析和评估——分析创造价值，评估确定改进方向。

2. 为什么要建立项目评估机制?

(1)没有评估就不能对项目进行积极的快速反应，项目运作会经常处于被动；没有评估就不能对项目进行针对性管理和改进。因此，要管理什么，就评估什么。

(2)在项目实际运作过程中，各种外部因素会发生很大的变化和不确定性，而有时我们很难预料这些变化和不确定性，这将会导致项目无法顺利进行。因此，缺乏系统、详细而持续的跟踪、评估和监督往往是大项目营销失败的原因之一。

(3)组织内外部环境和自身条件会随时发生变化，必须及时跟踪、审计、分析和研究这些“变化”“变数”“不确定性”和“突变性”。通过项目评估，可以实现项目侦察和判断，为主动迎接和适应由于环境变化所带来的挑战奠定基础。

(4)通过项目评估，可以对可能发生的项目路线图设计偏差和执行偏差提出审计和预警，使得管理层能及时最大化回避风险和降低损失。项目评估是项目控制的基础前提，项目评估为项目控制提供科学依据。

(5)项目评估不仅对日常运作信息和风险信息等进行评估和预测，还对绩效信息进行评估和预测。因此，项目评估是项目绩效管理的基础前提，项目评估为项目绩效评价提供有价值的依据。

(6)在项目实施过程中，往往存在着这样或那样的矛盾或不平衡，存在着各类资源的配置或项目运作问题。通过项目评估，可以清晰而系统地认识相关矛盾、不平衡和问题，为破解项目实施过程中的难题奠定基础。

(7)受认识能力的主观性和局限性等因素的影响，在项目规划或实施上有可能存在一定的认识误区。通过项目评估手段，找到有效证据，深化项目认知，统一团队成员在认识和见解上的各种不同、争议和新疑惑。

(8)通过项目评估，建立完善而系统的项目分析框架，为项目实施行动奠定基础。

22.4 我们必须清晰“项目评估”的基本含义

清晰“项目评估”的基本含义，是做好项目评估的第一步。那么，什么是项目评估呢?

项目评估就是及时、准确地进行项目测量、项目反馈、项目监视、项目预测和偏差分析。

项目评估的本质是建立敏锐而清晰的洞察力。通过项目评估，审时度势，进行形势、目标、路线、过程、手段、要素、效率与效果等的分析与评价。

22.5 项目评估需要深思的问题

在项目评估时，我们需要考虑如下问题。

(1)我是谁?
(2)我已经取得的成绩是什么?我好在哪里?原因是什么?
(3)如何进一步提升成绩?
(4)现在存在哪些问题?
(5)我犯了哪些错误?我错在哪里?根源在哪里?
(6)我在哪里?我到了哪里?我为什么在这里?
(7)我是在正确的路上吗?偏离既定航向有多远?
(8)原定目标和路线图与内外部环境相符合吗?
(9)我迷路了吗?如何迷途知返?
(10)我的行动和行为如何?
(11)实施过程出现了什么问题?
(12)内外部环境变化带来了什么机会?
(13)内外部环境变化带来了什么隐患和威胁?
(14)如何建立与时俱进的项目洞察力和决策判断力?
(15)组织如何建立项目与环境的联动响应机制?
(16)我的核心优势是什么?我的劣势和不足是什么?
(17)竞争对手状况如何?
(18)我方和客户的利益相关者状况如何?
(19)眼前面临的困难是什么?未来面临的困难是什么?
(20)从全局和局部来看,本质原因是什么?
(21)现阶段的主要矛盾是什么?
(22)面临的最重大威胁、困难、机会、优势及劣势是什么?
(23)如何面对美好理想与艰难现实的矛盾?
(24)现象、变化、偏差、真相都是什么?
(25)是否存在恶性循环?哪些地方存在?
(26)能否认清对手本质?
(27)我的认识是否客观、全面和系统?
(28)如何进行正确的评估?
(29)什么即将来临?潜藏着什么样的危险?
(30)客户现在如何看待我?我们在客户中的印象是什么?
(31)我为什么能赢?
(32)我是否客观和正确地评价了自己?
(33)项目预测准确率为什么低?
(34)我需要坚持,还是要退出?

22.6 项目评估要取得成功，必须坚持哪些原则？

关于项目评估，通常考虑如下原则。

1. 及时准确原则

首先，要及时跟踪和扫描快速变化的情况，为项目控制决策提供及时的信息。其次，要精确度量各个项目要素的定性和定量变化。

2. 自省原则

没有自我反省的意识和思维，就不能很好地评价自己，进而就不能发现问题，很难取得进步。自我反省能够使团队成员和整个团队及时发现问题、错误和潜在风险，并及时改进。

3. 客观认识

在项目运作过程中，往往容易出现报喜不报忧或者夸大成绩、掩盖错误等现象。项目评估要坚持客观认识原则，评估结论和意见不能有个人的任何狭隘偏见，要反映客观事实和真相。

4. 认识到位

评估不到位和认识不到位是大项目失败的重要原因。我们对各类要素要评估到位和认识到位，而不能停留在表面层次。我们要善于透过现象看到本质，透过一个环节看到整个系统，透过一个程度量级看到更高程度量级。

5. 系统性

项目评估要坚持系统性原则。不能“头痛医头，脚痛医脚”，要全面地评价目标、路线、过程、方法、手段、组织、人员等内容。另外，要全面认识需要特定评估的对象。

6. 识别先兆原则

首先，要见滴水之冰而知天下之寒，能够识别先机，为提前占领先机奠定基础。其次，能够识别潜在风险。再者，能够识别引起重大后果的微小变化。

7. 量变与质变识别原则

对于内外部环境的重要变化、影响因素、项目实施过程中的成绩和偏差，要识别哪些是量变，哪些是质变，哪些即将由量变向质变转变，哪些是初始量变，变化幅度如何，影响程度如何等。

8. 找到病根原则

第一，既要识别结果，又要识别导致结果的各项因素，辨识其中的联系。第二，从末端现象识别到源头原因识别，找到因果关系，发现本质。第三，在复杂的各层次格局中，寻找问题的本质。

22.7　项目评估模型(SFGD)

项目评估模型主要由四个部分组成：测量项目、反馈项目、监督项目和偏差分析。如图 22 - 1 所示。

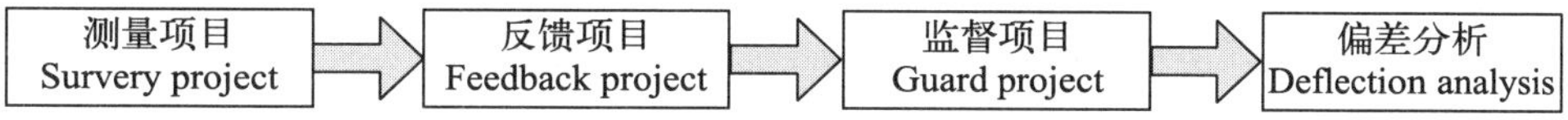

图 22 - 1　项目评估模型(SFGD)

我们取项目评估模型四个部分的英文首字母而组成 SFGD。有意思的是，SFGD 恰好是 Safeguard 的缩写，而 Safeguard 的意思就是警戒和预防保护的含义，这与项目评估的初衷不谋而合。项目评估的初衷就是项目警戒和项目预警预防，是抵御项目风险的重要防线。因此，我们也称项目评估模型（SFGD）为“项目监视预警模型”。

项目评估模型体现了项目评估的中立性本意，项目评估要提供独立、公正、客观的评估建议，项目评估并不介入到项目指挥、项目督导、项目控制等管控活动。

“测量项目”是项目评估模型的第一个部分，其主要工作是建立测量项目的指标评价体系，进行项目数据、信息、相关对象、要素的测算工作。

“反馈项目”是项目评估模型的第二个部分，其主要工作是项目信息的收集、汇总、加工和传递。

“监督项目”是项目评估模型的第三个部分，其主要工作是项目关键信息的跟踪、预警提示、风险警戒。

“偏差分析”是项目评估模型的第四个部分，其主要是偏差差距等分析、原因分析、相关判断和编制评估报告。

22.8 项目评估体系的构成

对应项目评估模型，我们将项目评估体系分为四个组成部分：项目测量体系、项目反馈体系、项目监督体系和项目偏差分析体系。这四个体系形成了一个首尾相连的闭环改进循环，促使项目评估管理水平不断提高。

“项目测量体系”是对项目进行测量的体系。项目测量的前提是首先要制定和设计一套合理的项目评价指标体系，再根据评价指标来进行项目测量。

“项目反馈体系”是项目信息的收集、汇总、加工和传递系统。我们要全面、及时、准确地了解项目的执行情况及其结果，而这需要通过信息反馈来实现，我们将实现项目信息传递和反馈的系统称为项目反馈体系。项目反馈体系是项目信息情报取得的重要基础。项目反馈体系主要包括项目指标信息格式确定、信息来源确定、信息收集、信息加工、信息呈报等内容，项目反馈体系一般需要信息技术及软件工具支撑。

“项目监督体系”是项目信息的跟踪、预警预报系统。项目监督体系主要包括监督机构、监督内容、监督方法、项目审计机制、项目信息的风险预警报警机制等内容。

"项目偏差分析体系"主要是根据评价标准和标杆，进行偏差识别、风险诊断，分析偏差及风险的因果本质，识别问题，剖析根本原因，预测相关发展趋势。

22.9　项目评估的主要内容是什么?

项目评估主要涉及建立全生命周期的项目形势分析、把握好项目评估的主要对象、项目五情分析、建立项目五情分析表格模版、项目首次进入的分析、项目日常运作的分析，如图 22－2 所示。

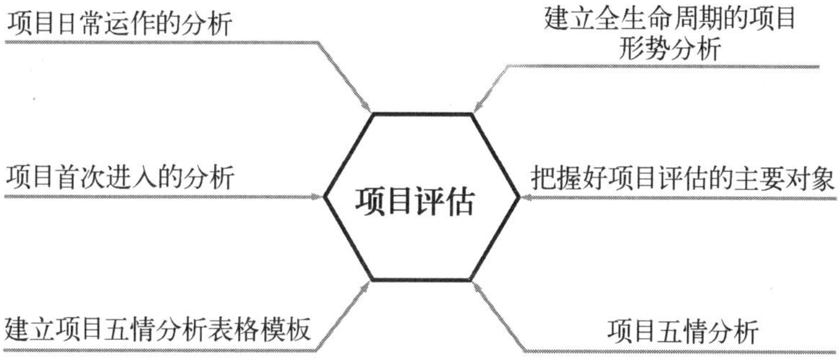

图 22－2　项目评估的主要内容

1. 建立全生命周期的项目形势分析

我们要建立覆盖项目全生命周期的项目形势分析。为此，我们要密切把握项目各个阶段的形势动态，做到心中有数，为调整项目运作思路打好基础，这是项目取得成功的保障。在项目全生命周期中的各个阶段：项目准备、需求创造、项目推进、商务签约，都需要进行项目形势分析。

2. 把握好项目评估的主要对象

在整个项目的全生命周期中，项目形势都是动态变化的。竞争越激烈，动态变化越激烈，因此，要建立覆盖项目全生命周期的项目形势分析，明晰项目评估的主要对象。项目评估对象(见图 22－3)主要包括：客户、行情、项目、我方、对手。

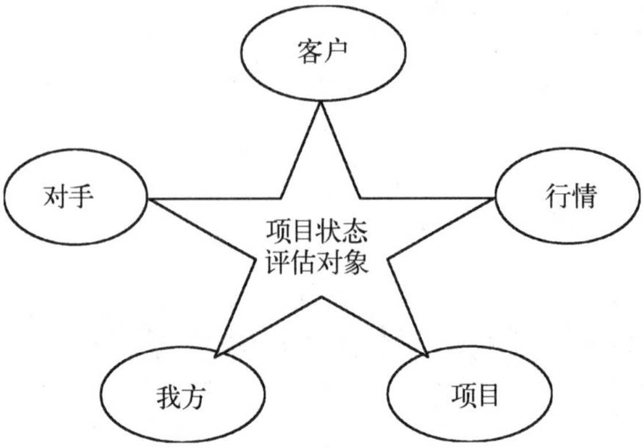

图 22－3　项目评估对象

项目的负责人要对项目评估对象的状态敏于思考，经常评估和分析每个对象都在什么位置，实际状况是什么样子。

3. 项目五情分析

项目负责人的头脑中要有五个动态的对象：客户、行情、项目、我方、对手。这五个对象的状态是不断变化的。五个对象状态的变化情况称为五情，如图 22－4 所示。

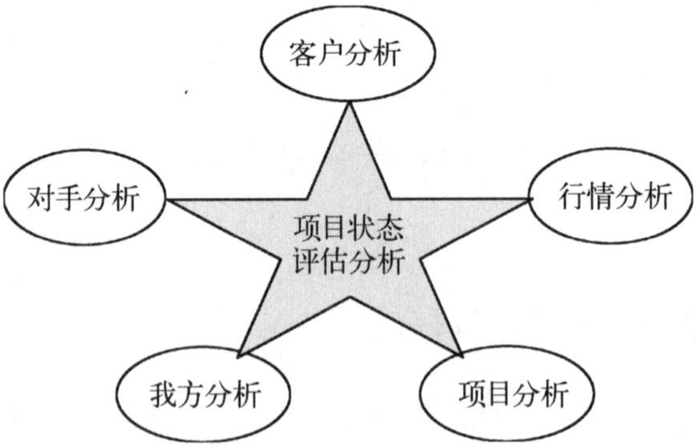

图 22－4　项目五情分析

每一个对象又细分为小对象，我们称小对象为维度，每一个对象由许多维度组成。每一个对象的好坏是由维度的状态情况决定的。因此，对五个对象和其维度的详细、深入分析，我们称为五情分析，也就是：客户情况分析、行情情况分析、项目情况分析、我方情况分析、对手情况分析。

4. 建立项目五情分析表格模板

我们需要结合组织和项目的实际情况，建立项目五情分析表格模板，其主要包括以下内容。

(1)客户情况分析表。

(2)项目敌情分析表。

(3)项目行情分析表。

(4)我方情况分析表。

(5)项目变数分析表。

(6)项目阶段自我运作评价表。

(7)其他。

5. 项目首次进入的分析

项目首次进入需要分析什么内容?在项目首次接触时，我们可以参考以下分析内容。

第一，该项目是否是我们的机会?

(1)该项目具体需求和客户期望是什么?

(2)项目的选型进度和最终期限是怎样的?

(3)客户投资回报有多少?

(4)项目有无预算?项目预算是多少?

第二，我们是否可以竞争?

(1)客户的选型决策规则是什么?

(2)客户的选型决策规则对我方有利吗?

(3)我们的方案是否适合客户需求?不适合的话，差距有多大?

(4)差距弥补所需的资源能够得到组织支持吗?

(5)客户愿意承担差距成本吗?

(6)竞争对手状况如何?

(7)我们与竞争对手比较有何优势和劣势?

(8)我们什么强，强到什么程度?

(9)我们什么弱，弱到什么程度?

(10)我们与客户关系如何?

(11)项目竞争激烈吗?

(12)我们的胜算几率有多大？

第三，该项目值得去拼吗？

(1)项目需要投入多少的资金、时间、人力？
(2)项目回报是什么？项目销售收入和利润如何？
(3)项目投入产出的时间和净值是什么？
(4)这个项目值得我们花费这么大力量吗？
(5)如果输的话，对我们的损失和消极作用是什么？
(6)我们输得起吗？
(7)最好的结果是什么？最坏的结果是什么？
(8)中间结果有几种可能？

6. 项目日常运作的分析

项目日常运作需要分析哪些内容？在项目日常运作分析时，可以从以下几个角度进行考察。

第一，项目分析内容。

在项目日常运作中，我们主要针对项目分析以下内容。
(1)项目主旋律方向。
(2)项目决策流程。
(3)项目需求及选型规则。
(4)项目预算和进度。
(5)存在变数的环节。
(6)其他。

第二，客户分析的维度内容。

客户分析的维度主要包括以下内容。
(1)客户组织及角色。
(2)客户决策链的权力结构分析。
(3)客户内部的各种声音。
(4)客户的各种现象。
(5)客户的招数。
(6)客户内部政治斗争和利益影响地图。
(7)其他。

第三，我方分析的维度内容。

我方分析的维度主要包括以下内容。

(1)项目进退赢分析：这项目还值得去做吗？我方能赢吗？我方如何赢？

(2)我方团队能力：团队能力差在哪里？如何弥补？

(3)我方资源支持的匹配情况：我方单位、产品、服务、咨询支持的差距和优势有哪些？

(4)接触机会分析：是否应该接触，如何进行接触管理等？

(5)我方计划和举措分析：计划是否经过演练评估？是否考虑周全？客户如何反应？

(6)我方的方案：能满足客户的需求吗？如何改进？

(7)其他。

第四，行情分析的维度内容。

行情分析的维度主要包括以下内容。

(1)项目设计涉及的技术最新趋势、方法和借鉴。

(2)项目实施方法的最新趋势、方法和借鉴。

(3)项目所涉及元素的最新发展情况分析。

(4)标杆经验和教训。

(5)其他。

第五，竞争分析的维度内容。

项目进行过程中，我们一定要不断地研究竞争对手，不断地评估竞争情况，需要分析如下内容。

(1)竞争对手的种种招数和现象。

(2)客户对竞争对手的支持度分析，特别应注重客户决策者的支持度。

(3)竞争对手影响力分析，如竞争对手实施举措后形成的优势、劣势等。

(4)竞争策略分析、制定与执行。

(5)竞争排序分析。

(6)我方与竞争对手的 SWOT 分析，包括解决方案、产品、服务、价格、品质、品牌等。

22.10 项目评估不能犯哪些错误？

(1)在过去和现在的成绩面前不能时刻保持清醒头脑，沾沾自喜、一直妄想活在过去的优势和保持原有特长而不思进取。

(2)项目五情评估没有形成长久的项目管理机制。

(3)团队成员对评估有抵触情绪，特别不愿意评估与自己工作相关的内容。

(4)评估评价改进和精益求精的团队文化没有形成。

(5)得不到评估需要的准确信息。

(6)定性分析容易陷入主观主导而有失客观公正。

(7)错误地估计形势。

(8)自欺欺人，隐瞒对自己不利的真实情况。

(9)以偏概全。

(10)对劣势和错误等不能正确认识和反省，存在力图掩盖等现象。

(11)思想、思维和意识落后，不能洞察即将到来的变化和趋势。

(12)项目评估体系不科学，没有正确的评估思想、方法、标准、流程和规则。

(13)找不到真相和病根。

(14)利欲熏心，导致看不清前面的路。

(15)没有实现环境监测与动态评估的结合。

(16)项目评估不客观、不全面、不系统。

(17)项目评估结论出现严重错误。

(18)项目评估不到位。

(19)项目评估不能超前预测。

(20)其他。

22.11　如何判断项目危险和即将丢单？

项目团队对于项目的最新现象要敏感，发生以下情况时，要采取应急措施争取扭转乾坤。以下是项目危险和丢单的几大警戒信号。

(1)客户躲避、拒绝再次接触或一直推托接触。

(2)客户更关注和支持竞争对手，不断地赞扬竞争对手。

(3)客户会反反复复要求我们演示，但是，每次演示效果都达不到客户期望。

(4)与客户高层领导拜访沟通的效果很差。

(5)连续两次与客户接触的重要汇报会议的效果都很差。

(6)竞争对手已经进行多次高层领导沟通，但是，客户推迟或拒绝给我方安排高层拜访。

(7)客户对我们的新方案、新技术不再感兴趣，只是应付。

(8)客户选型团队的几个主要人物都暗示或明示我们的产品、人员、技术不符合客户需求。客户说自己最重视某方面内容，而我们却做得不好，或有很大差距。

(9)客户不停地索取更多信息资料，但拒绝交换信息和相关资料。

(10)客户将我们的重要资料转移给竞争对手。

(11)客户没有任何积极、肯定的回答。

(12)客户利用其他事情打断我们的拜访。

(13)项目选型规则与我们实力差距较大。

(14)客户要求的关键指标(商务类和技术类等指标)与我们实力差距较大。

(15)其他。

22.12　项目评估成功的关键要素有哪些？

在项目评估过程中，我们必须重视项目评估的如下关键成功要素：科学的项目测量体系是项目评估的基础、对内外部变化和项目偏差要快速认识、对内外部变化和项目偏差要准确判断、不断提高项目偏差分析报告的质量水准、项目评估后的控制对策。

1. 科学的项目测量体系是项目评估的基础

对于任何一个组织来讲，要全面地评价和准确地反映项目都是一个难题。项目测量标准决定着项目评估结果，进而影响着项目的改进方向。如果项目测量标准偏离正确的方向，则项目的控制方向会偏离正确的轨道。因此，我们要重视项目测量标准。

项目测量的基础工作就是制定和设计一套合理的评价指标体系，通过建立项目测量标准和评价指标体系来进行项目测量。项目测量的评价指标体系要真实准确、全面系统地反映各层级项目执行情况的变化，反映项目的内外部影响因素的变化，这是对评价指标体系的最基本要求。

项目评价指标体系是决定项目测量好坏的基础，因此，我们要重视项目评价指标体系的建立。要根据影响项目的关键因素等，确定项目信息的评价指标体系。评价指标体系要能够全面系统地反映项目变化，主要包括层级指标体系结构、指标描述定义、评价标准、指标公式、指标权重和指标负责人等内容。

2. 对内外部变化和项目偏差要快速认识

项目执行的过程就是不断适应内外部变化的过程。但是，有的变化是好的，有的变化是坏的。对于内外部变化，快速识别是非常重要的。特别是在竞争激烈的领域，客户需求不断变化的领域，新技术层出不穷的领域，要缩短反应时间，比竞争者具有更快的判断和认识能力。

项目执行的过程就是不断调整项目偏差的过程。项目偏差是预算目标与实际结果的差距，也称为预实差。我们不仅要审视和把握项目偏差的微小量变，还要辨析项目偏差的量变和质变规律，快速认识项目偏差的量变和质变的本质原因，准确定位其发展趋势和控制手段。

3. 对内外部变化和项目偏差要准确判断

无论项目制定得多么全面而详细，由于环境瞬息万变，总让人感到“计划赶不上变化”。因此，准确对项目实施情况和内外部变化情况进行评估，并据此采取准确行动，是保证组织实现既定项目目标的基础前提。

项目评价活动应当持续地进行，而不只是在特定时期的期末或在发生了问题时才进行。但是，许多组织习惯于在季末或年末，甚至是只有到发生重大问题或者出现严重挫折时，才考虑重新评估审视项目。因此，我们要实时保持对内外部变化和项目偏差的项目评估能力。

组织要对项目测量指标体系中各指标信息的各种变化情况准确判断，要准确评价各层级指标数据的量变和质变，准确监控各层级指标信息的传导和放大效应，分析、评估其中的根本原因和发展趋势。

在项目执行阶段，要准确跟踪项目执行过程中的变化，对变化要进行准确的解析，使驾驭“变化”的新手段能及时落实到项目行动部署中。

4. 不断提高项目偏差分析报告的质量水准

项目偏差分析报告是项目偏差分析体系的最重要内容，也是项目评估环节的核心交付物。需要注意以下内容：

(1)项目偏差分析报告撰写要实事求是，客观分析，不能好大喜功、报喜不报忧。

(2)对比是项目偏差分析的重要方法，通过实际值与计划值或标杆值等的比较，可以确定是否发生偏离。对比时，要合理选择比较对象，要建立目标实际值与计划值等之间的正对应关系。

(3)可对目标偏离度进行分级，确定目标偏离的衡量标准。

(4)项目偏差分析要注重直接的因果分析。

(5)要重视项目偏差的总体动态监控。

(6)项目偏差分析报告中的各项指标来自项目测量体系，各项指标的信息收集要确保有专人负责，以保证信息的准确性。

项目偏差分析报告的主要内容包括：指标评价对象、项目偏差分析的指标评价体系构成、信息收集流程、信息准确性说明、重大事项预警报警、目标达成情况总览、目标未达成差异因果分析、重大差异因果分析及检讨、项目失误或失败活动分析、重大事件评估、可控因素与不可控因素的因素分析、项目丢单分析、项目赢单分析等。

5. 项目评估后的控制对策

项目控制是项目管理者根据项目评估结果，设计控制方案，在最佳时机采取最佳措施，纠正项目偏差，控制风险，实现项目与组织内外部环境的适应性和匹配性，确保项目在正确的轨道上顺利前行。

通过项目评估，对内外部变化和项目偏差要明察秋毫，及时识别项目潜在的微小危机，采取有效的控制对策，防范项目危机的出现和泛滥。因此，我们要注意以下内容。

(1)项目形势分析后，要及时对症下药，进入项目控制环节。

(2)要及时采取措施，防微杜渐。

(3)正确对待错误。第一，尽量不犯错误；第二，尽量少犯错误；第三，犯了错误，能很快意识到错误，并知错能改。

(4)进行领先模式设计。

(5)控制手段要勇于创新。

(6)控制行动要紧锣密鼓，多层次、多环节推进，主导项目主旋律。

(7)要善于向成功学习，做成功者所做的事情；要善于向失败学习，在自己和他人的失败中寻找出路，研究别人的错误可以少犯错误。

(8)要精细设计计划，并进行模拟推演改进。做好计划是成功的最重要环节之一。“夫未战而庙算胜者，得算多也；未战而庙算不胜者，得算少也。多算胜，少算不胜，而况于无算乎？吾以此观之，胜负见矣。”在详细的评估和计划预先演练中能够赢的，在真实竞争中赢的概率就会高；在详尽的计划预先演练时不能赢的，在真实竞争中赢的概率就会低。越多模拟推算，赢的概率越高。所以，只要看看行动前的计划工作做到什么程度，基本上这场仗的胜负就可以预测了。每一次行动前的计划工作非常重要。因此，在项目评估后，要确定正确的对策和计划。

(9)有些定单注定不是我们的！与其陪太子读书，不如早早退而收网。

自我检测

依据本章的内容，请进行自我检测和自我反思，分析优劣势和差距。依据本章的内容，进行实际应用的分析与思考。

休闲时光

该休息一会了！

人生如赶路，我们一直处于急匆匆忙于向前奔跑，也不知道最终的目的地。有时候，从来没有真正体会到什么是真正的放松？真正的放松也需要遵循科学的方法与规律。

就在此时此刻，请停留下来，放下一切，让大脑停止一切思考，轻轻地享受你现在所处环境的气息，抱着一种美好的积极心态去欣赏现在周围所存在的一切。

第 23 章

如何进行项目控制?

23.1　究竟什么才是项目控制?

23.2　为什么必须锻造高水平的项目控制?

23.3　项目控制不能犯哪些错误?

23.4　项目控制必须深思哪些问题?

23.5　项目控制要取得成功，必须坚持哪些原则?

23.6　项目控制目标是什么?

23.7　项目控制对象如何考虑?

23.8　项目控制步骤模型(REAIM)。

23.9　项目路线图来自哪里?

23.10　项目时间节奏的控制艺术。

23.11　商务控制过程中刚柔相济的控制。

23.12　如何实现项目的短平快?

23.13　案例分析：功到自然成。

为什么实施各种措施后，客户依然无动于衷？为什么我们做的都是无用功？我们错在哪里？我们该如何改进？

项目控制是非常重要的，也是非常难的。

短、平、快是项目追求的目标。要创造出最佳的项目路线图：在形势最有利于我们时，尽量速战速决；而处于最差劣势时，可延缓项目周期。

许多项目管理粗放而不成系统，身在激烈的对局中，组织对外界环境反应慢、不正确，常常是环境逼到哪里，项目才想到哪里、走到哪里。有时，只有招架之功，很难有还手之力。

许多时候，没有做好充分而系统的准备，项目行动就“仓促上马”，容易手忙脚乱、节外生枝、半途而废。同时，又找不到改进点和突破点，认为自己已经很好了。这时候，最需要解放思想，强化系统性、精细化、专业化、自省性和前瞻性能力。

优秀的项目控制，能够不断改进项目过程中的弱点和错误，不断革除组织各层次的弊端，使项目渐进佳境。

项目控制不能“头痛医头，脚痛医脚”，不能“一叶障目不见森林”，要一体同观，系统控制。

项目动态滚动设计是项目控制的重要内容，能够使项目与时俱进和灵活应变。而领先模式设计是项目动态滚动设计中的重要内容。

23.1　究竟什么才是项目控制?

项目控制是项目管理者根据项目评估结果，确立项目目标和目标值，设计控制方案，在最佳时机采取最佳措施，纠正项目偏差，控制风险，实现项目与内外部环境的适应性和匹配性，确保项目在正确的轨道上顺利前行，并最终取得成功。

在一定程度上说，项目控制是针对目标及路线图、不确定性、变化与偏差的定位与控制管理。项目控制代表项目应变能力和项目落地过程中的重新定位、偏差修复及革新能力。

项目控制实质是项目的动态设计、动态改进、动态调整、创新和优化。

23.2　为什么必须锻造高水平的项目控制?

首先，项目控制有利于改正在项目方向与路线图上的错误。错误的或不适合的项目方向及路径会给组织带来很大的困难，甚至造成不可估量的损失。因此，在完成项目规划并制定项目实施计划后，通过项目控制可以使组织及时矫正错误，使管理层能在错误损失扩大或者无法挽回之前采取措施加以改进，将项目规划等风险降到最低。

其次，项目控制有利于校正与“既定项目方向及路线图”不符合的行动偏差。项目控制作为一种防微杜渐的控制手段，可及时校正行动偏差，确保行动与项目方向、路径不偏离，使项目结果符合预期目标。

再次，项目控制使项目具有应变能力。在项目实施过程中，会遇到一系列复杂乃至难以预测的变化。通过项目控制，使项目执行手段等随着内外部情况变化及项目实施变化而进行相应的动态调整，在项目各个管理层次上推陈出新，促进项目适应和驾驭变化。

最后，项目控制有利于持续改进绩效。项目实施是一个动态而持续改进的过程，项目控制可以保障组织沿着正确的方向，稳定、健康、持续地改进绩效、提升自我、突破自我，从“项目一般”迈向“项目良好”，从“项目良好”迈向“项目优秀”，从“项目优秀”迈向“项目卓越”。

23.3 项目控制不能犯哪些错误？

在项目控制环节，我们不能犯如下错误。

(1)没有进行科学的项目评估分析，就进入项目控制阶段。

(2)项目评估分析结论错误或者不准确，导致项目控制决策出现偏差。

(3)针对原有方案的改进，不能进行准确的重新定位，进而制定不出好的项目控制方案。

(4)针对变化、偏差和新问题，不能进行准确定位，进而制定不出好的项目控制方案。

(5)针对内外部变化、问题和紧急事件反应缓慢，项目控制反应滞后。

(6)只有最初的项目规划方案，项目的动态规划能力弱。

(7)领导者贪婪，组织盲目冒进和大跃进，各类资源和能力跟不上。

(8)项目控制的决策者意图不端正，导致项目控制手段等出现偏差。

(9)组织体系不能及时推动“质变创新”，以迎合即将到来的大趋势。

(10)项目控制“头痛医头，脚痛医脚”，“一叶障目不见森林”。

(11)同一问题重复发生，没有得到根治。

(12)发现问题不能及时找到对策。

(13)没有将事前控制、事中控制、事后控制良好结合起来。

(14)没有系统建立起控制体系。

(15)没有建立各类控制的启动条件。

(16)集权与分权没有有效结合。

(17)激励与约束没有实现统一。

(18)项目控制决策失误。

(19)各级领导者项目控制和项目控制思维不严谨、不严密。

(20)项目控制方案使项目达不到“领先和制胜”。

(21)其他。

23.4　项目控制必须深思哪些问题?

在项目控制中，我们需要考虑如下问题。

(1)项目控制的目的是什么?

(2)项目如何随机应变和与时俱进?

(3)如何才能赢?现在这样做，赢的几率如何?

(4)我们靠什么才能使绩效跃进一个台阶?

(5)我们靠什么才能取得最终的胜利?

(6)如何考虑领先模式优化?

(7)为了保证科学发展，如何实现项目各要素的动态平衡?

(8)如何选择项目控制的对象及内容?

(9)如何进行项目控制的定位?

(10)如何进行项目控制决策?

(11)如何进行各种类型的项目控制?

(12)项目控制的步骤是什么?

(13)项目控制的标准是什么?

(14)项目最高领导者是否具有总揽全局的意识、思维和能力?

23.5　项目控制要取得成功，必须坚持哪些原则?

关于项目控制原则，有以下几种：自我反省原则、预防性原则、准备性原则、针对性原则、有效性原则、系统性原则、动态控制原则、灵敏性原则、策略性原则。

1. 自我反省原则

项目控制的第一个环节就是在项目评估数据的基础上进行回顾检讨。回顾检讨不能走形式，要具有批评与自我批评的精神，不能避重就轻、以偏概全，要能客观地自我反省。

2. 预防性原则

首先，项目控制要对未来变化和不确定性等具有前瞻性，谋划好预测、预见，做好预测、预见。其次，从“事后治理”改进为“源头控制”，做好超前管理，以预防为主，做到防患于未然。再者，要善于防微杜渐，在问题爆发之前，将之消灭于萌芽状态；在危机可控之前，将危机化解。

3. 准备性原则

准备性原则包括四方面含义：第一，做好一切准备。第二，要有完备的预案。第三，要有详细可实施的计划。第四，要有情况恶化及局势升级的准备。

4. 针对性原则

项目控制不能无的放矢，要有的放矢，选准对象，瞄准目标，抓住关键和本质，解决真正的问题。

5. 有效性原则

如果项目控制不到位，只能是一句空话。项目控制手段要到位，要有适应局势升级的多种手段。另外，要守住底线原则，相关活动不能越过底线，还要注重项目控制效果，提升项目控制质量。

6. 系统性原则

项目控制要坚持系统性原则。第一，项目控制不要“头痛医头，脚痛医脚”，而要全方位、多领域、多层次。第二，控制手段要齐全和系统，具有组合拳效应。第三，要有局势升级的控制手段，具有多种控制选项。第四，控制手段要逐步规律化和制度化。第五，项目控制要保持持续性，时间维度要长、中、短期结合，要坚持事前、事中和事后控制的集成和统一。事后控制也要重视，要及时进行事后经验和教训的反省和总结，杜绝错误的再次发生。

7. 动态控制原则

项目控制要坚持动态控制原则。项目的实施过程就是项目的动态评估、动态思考、动态规划、动态调整与动态落实的过程。在项目的实施过程中，我们不能仅停留在最初静态的规划结果上，要用敏锐的眼光对现状事实、结果、未来等进行持续观察、动态监测，动态修订和改进规划方案，使规划方案与现状及未来变化相适应，使项目真正“活”起来。

8. 灵敏性原则

项目控制要坚持灵敏性原则。首先，项目控制手段应跟上内外部变化节奏。在项目评估基础上，要根据情况敏捷出牌，要能知道何时出牌，出什么牌，出什么程度的牌。其次，项目控制必须适应持续不断的变化，要识机知变。最后，对变化及影响要素进行及时解析，使驾驭变化的新手段能及时推陈出新和落实到项目行动部署中。

9. 策略性原则

项目控制要在识别量变与质变的基础上，采取适当的策略。有的情况需要置之不理或暂时任其发展；有的情况需要见到苗头时候就要扑灭；有的情况需要敏捷处理，采取雷霆万钧的控制手段。

23.6　项目控制目标是什么?

项目控制目标是以最佳的路径、最适宜的方法、最小的阻力、最微小的偏差、最低的成本、最高的效率、最适宜的质量、最佳的成果、最好的绩效、最可控的风险，实现各级项目目标，最终赢得项目。

23.7 项目控制对象如何考虑？

在项目控制时，首先要明确“对什么进行控制”，也就是先要确定项目控制对象。在此基础上，再进一步确定每一个控制对象的具体内容。

在本章节中，我们主要探讨：选择项目控制对象时，要考虑哪些问题？项目控制对象的具体内容是什么？

1. 选择项目控制对象的原则

在选择项目控制对象时，需要考虑以下原则。

(1)项目目标不同，项目控制对象不同。

(2)项目内容不同，项目控制对象不同。

(3)项目瓶颈不同，项目控制对象不同。

(4)组织类型不同，项目控制对象不同。

(5)项目控制类型不同，项目控制对象不同。

(6)项目执行组织能力不同，项目控制对象不同。

(7)关键岗位的人员能力及素质不同，项目控制对象不同。

(8)在项目管理的不同阶段，项目重点不一样，项目控制的对象也不同。

(9)其他。

2. 项目控制对象的选择

选择项目控制对象，可以参考如下内容。

(1)项目控制对象可以是项目目标体系。

(2)项目控制对象可以是项目路线图。

(3)项目控制是对项目成功要素的引导、扶持、强化和控制，是对项目失败要素的弱化、抑制、去除和驾驭。因此，项目控制对象可以是项目成功要素，也可以是项目失败要素。

(4)项目控制对象可以是五个动态的对象：项目、客户、对手、我方、行情，以及这五个对象状态的变化情况，即五情的方向发展。

(5)项目控制对象可以是项目关键举措及其关键要素等。

(6)项目控制对象可以是项目管理要素，如项目管理流程及制度等。

(7)项目控制对象可以是项目目标要素、项目过程要素等。

(8)项目控制对象可以是项目生命周期的过程及环节，如项目规划、项目实施和项目结案等。

(9)项目控制对象可以是项目绩效及其细分种类、绩效指标等。同时，绩效考核和绩效激励是项目控制的重要内容。

(10)项目控制对象可以是新出现的问题、新出现的事件、重大偏差。

(11)项目控制对象可以是新的管理方法、工具。

(12)项目控制对象可以是“变化”及“变化”的对象，实现“变化”的分析、预测、规划、实施和控制。

(13)项目控制对象可以是“不确定性”。

(14)项目控制对象可以是项目预算。预算控制是项目控制的关键环节。

(15)项目控制对象可以是关键审查点，例如，按照需求或者某一风险控制标准，设立关键审查点。

(16)项目控制对象可以是内部人员能力及其调整控制。

(17)项目控制对象可以是结果、质量、进度、重要工作内容、重点偏差、组织机构调整、合规、制度、风险、问责等。

(18)其他。

23.8　项目控制步骤模型(REAIM)

任何一个项目控制都需要经过以下五个步骤：回顾检讨、改进设计、评审方案、实施行动和监督检查。我们将之称为项目控制步骤模型，如图 23－1 所示。

图 23－1　项目控制步骤模型(REAIM)

项目控制需要严格遵循项目控制步骤模型，这将有利于提高项目控制管理的规范化，有利于提升项目控制的严谨性，有利于推动项目控制决策的科学化，有利于逐步改进项目控制的质量。

将项目控制步骤的英文（Review，Enhance，Assess，Implement，Monitor）的第一个字母组合起来，即为REAIM，我们称之为REAIM模型。“REAIM”在英文中，具有“重新瞄准目标、重新对准目标”的含义，这与项目控制的本意不谋而合：项目控制就是瞄准正确的项目目标，对项目目标、路线、行动和结果等偏差等不断进行校准，使项目执行不偏离项目目标，使项目执行精确对准项目目标的靶心，使项目执行在正确的轨道上前行。

“回顾检讨”主要是在项目评估的基础上进行回顾和反省，总结经验教训，剖析现象及问题，分析原因，找出差距，分析影响程度，确立定位，初步识别控制路径，辨析控制对象、控制类型和具体控制手段。

“改进设计”主要是设计差距改进和目标提升的方案，确立控制目标，设计控制对象、控制类型、控制路径、具体控制手段。

“评审方案”主要是对“改进方案”进行评审、决策和进一步优化。

“实施行动”主要是对“改进方案”进行布置、落实和执行。

“监督检查”主要是对实施过程及成果进行跟踪、检查、验收和结案。

23.9 项目路线图来自哪里？

我们在前面几个章节探讨了项目划分的几个阶段，这只是通用的标准。在现实中，大项目的阶段划分并不一定能严格按照以上进程划分。比如，在关系完全到位时，项目阶段可能会缩短，直接进入商务谈判和签约；而有时项目控制不好，项目阶段可能会增加。那么，什么是最好的项目路线图？项目路线图应该来自哪里呢？如何通过项目控制，寻找优秀的项目路线图，进而使项目的竞争力领先？

案例1 项目路线图来自客户

于顾问与客户经理去拜访一家客户，只与客户高层沟通了10分钟时间。虽然时间很短，但是，于顾问认为双方传递的信息是巨大的，在短暂的沟通中，客户已经告诉我们要如何做了，项目的路线图已经具有初步轮廓。可是，随从的客户经理对此次交流的信息并不敏感。

启示：

客户内部的每一个关键客户都可能成为项目顺利运作难以跨越的高山，不要忽视他们，要尊重他们、重视他们，从他们的言行举止中，我们会得到重要的项目路线图信息。在许多项目中，依据客户现状水平及认识程度，就能初步理清路线图。有时，客户用言外之意告诉了我们，但许多销售人员并不理解。

案例 2　项目路线图来自我们的引导能力

很多客户经理缺乏销售经验和自信，也缺少业务知识。因此，当发现一个项目信息后，他们往往不知道下一步可以做什么，被动地跟随着客户要求走，如频繁进行产品演示，导致项目一直拖延。

启示：

当我们想成交但是客户不愿成交的时候，该怎么办？如何有效地引导客户朝着对销售有利的方面进行决策？我们要反思自己的项目运作和引导控制能力。

案例 3　项目路线图来自竞争对手

在一个项目中，竞争对手已经基本搞定了客户。这时，客户打电话要求我们也参加招标。时间非常紧急，如果按照常规的项目阶段进行运作，肯定是“陪太子读书”。我们是否要参加竞标呢？如果参加，我们怎样才能赢呢？

启示：

有时候，我们只在客户招标书发放时才知道该项目。在处于极为被动或不利的情况下，我们需要迅速行动，一举成功，我们需要考虑“非常”路线图，“非常”解决方案。

23.10 项目时间节奏的控制艺术

1. 注意欲速则不达现象

影响项目成功的一个重要要素就是时间进程。如果我们对它没有正确的认识，很容易产生急躁的情绪，急躁就会让我们做出不明智的选择，最终因急躁而失败。

我们要充分考虑项目进度、项目质量、项目制胜性的平衡。欲速则不达，不能为了缩减时间进程而盲目推进项目。

2. 根据项目的节奏，把握项目进程脉搏

大项目营销的双方更像谈恋爱，有时候需要积极主动，有时候需要控制节奏。因为在整个过程中，双方在需求、价格、服务等方面都讨价还价，一时的冒进会使自己处于不利的位置。

因此，要注意对项目进行快慢相间的控制。有时候，根据项目需求，积极主动创造调研和演示的机会，通过良好的演示或者客户考察达到项目目的；有时候，则要躲躲闪闪、拖拖拉拉、欲擒故纵。

23.11 商务控制过程中刚柔相济的控制

大项目运作过程中，应注意刚柔相济的控制，可借鉴推拉原则，考虑推进策略和拉引策略。

推进策略，是指针对客户内部部门和人员，一个一个去攻关，沿着大项目价值链等从上游到下游部门，或从下游到上游部门，一个环节、一个环节地进行信息传递和沟通，并

影响客户。在推进流程中，信息的传递和沟通不能是单纯的接力式，而应该在整个过程中发挥主导作用。

拉引策略，是指通过大型专题会议、样板用户宣传、广告、公共关系等形式直接作用于客户，唤起客户的兴趣和购买欲望，引导客户需求。

最现实且最有效的做法，并不一定只是其中一种，有时也需要整合两种策略，前拉后推、前推后拉、推拉同时结合。在进行推拉策略时，我们必须综合考虑一些因素，如根据项目方案或产品特性，其侧重点要有所不同；如在客户心理过程中不同阶段，要区别运用推拉策略。另外，刚柔相济的推拉策略必须要把握好时机，有机配合，协调运作。

23.12　如何实现项目的短平快？

如何缩短与大客户的签单时间？如何使项目实现短平快？以下是我们需要关注的内容：客户满意度决定成败；及时进行客户满意度测评和改进评估；识别项目满意度影响因素和客户满意度期望值；注重客户内部各角色的满意度管理；以“客户满意度改进”为核心，强化项目团队管理；科学处理和解除客户的不满、抱怨、担忧、疑惑、异议和投诉；构建和发展多层次的项目人脉关系；各个阶段精益求精，追求细节卓越；必要时不按常理出牌；巧妙展现优势；不见真佛不磕头；提高拜访频次，适当密集营销；上攻伐谋，进行针对性的高层接触营销；主动出击，步步为营，环环相扣。如图 23－2 所示。

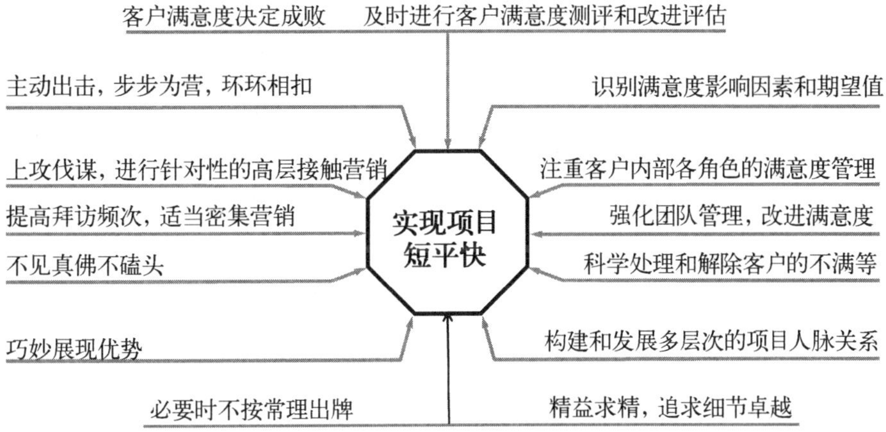

图 23－2　实现项目的短平快

1. 客户满意度决定成败

客户满意度决定项目进程和最终成功机率。客户内部的每一个关键客户都可能成为项目顺利运作难以跨越的高山，千万不要忽视任何一个人。我们要尊重他们、重视他们，特别要重视他们的满意度。关键的不满意客户会影响项目进展，阻碍项目进程，使项目节外生枝。

客户满意度代表了客户所期望的服务水平和实际提供的服务水平之间的匹配程度，是多个客户期望指标与实际获得值之间匹配程度按权重的组合。如果我们所提供的服务水平高于客户的期望值，那么客户的满意度就高；如果我们所提供的服务水平低于客户的期望值，客户就会不满意。此外，即使服务水平不断提高，由于客户的期望值提高速度更快一些，那么也会使客户的满意度降低。很多优秀产品和优秀公司的老客户逐步流失的原因也正在于此。

其实，客户通常情况下是基本满意的，但有时隐藏着一些不满，只是没有表现出来。我们需要仔细洞察这些隐藏的不满，然后针对性地解决。

有时，客户表示不满是不可避免的。客户不满，不一定是完全拒绝的意思，而可能是一种对购买有兴趣的表现。我们要有这方面的思想准备，这也是一种取得客户信赖的机会，我们要为此努力，消除客户不满，赢得客户满意。

2. 及时进行客户满意度测评和改进评估

客户满意度测评要根据项目进程进行评估。对于客户的不满意点，要及时制定改进方案。在进行客户满意测评时，通常包括以下内容。

(1)通过客户拜访机会的书面问卷调查，进行汇总分析。

(2)对客户投诉进行分析，找出目前存在的主要问题。

(3)召开客户经理座谈会，了解客户满意情况和存在的主要问题。

(4)在客户接触中，通过观察和客户反馈，估计客户的满意情况。

(5)其他。

3. 识别项目满意度影响因素和客户满意度期望值

我们要善于识别项目满意度影响因素，善于管理客户满意度期望值，为此，需要关注如下内容。

(1)找出影响客户满意度的原因，比如，产品及服务本身的质量、产品及服务与客户需求之间匹配的程度、价格等。

(2)分析我们可能提供的超过客户预期的部分，分析客户本身的期望值与我们项目的满足程度，准确地把握客户的期望值。

(3)影响调整客户期望值的因素。

(4)设计客户期望值满足策略，对期望值进行控制和评估。

(5)向客户展示增值利益。

4. 注重客户内部各角色的满意度管理

对于一个项目来说，有项目评估者、决策者、影响者、使用者、维护者、支持者、反对者等角色，要根据项目阶段不断评估各个角色的满意度，并制定相应的策略。如表 23－1 所示。

表 23－1　客户内部各角色的满意度管理

	公共需求	个人需求	满意度	满意度差距分析	改进措施
项目评估者					
决策者					
影响者					
使用者					
维护者					
支持者					
反对者					
其他					

5. 以“客户满意度改进”为核心，强化项目团队管理

我们要以“客户满意度改进”为核心，强化项目团队管理。为此，要注意以下内容。

(1)建立客户满意度测评指标体系。

(2)对客户满意度的改进过程，做出具体的实施策划和计划。

(3)设立客户满意度指标。

(4)每个团队主管对团队队员进行客户满意度考核。

(5)单位对每个主管进行客户满意度考核。

(6)部门经理对每个队员进行实战考试，做到人人过关。

(7)对客户进行引导，管理客户的期望值。

(8)管理部门投诉率。及时与客户沟通，提前发现问题和解决问题。

(9)主动服务，主动开展改进活动，提高客户满意度。

(10)收集客户意见，并反馈到相关部门，协调解决。

(11)其他。

6. 科学处理和消除客户的不满、抱怨、担忧、疑惑、异议和投诉

从项目开始，客户疑虑就会在整个销售过程中不断地产生。客户的疑虑等是否能够很快、很彻底地解决，往往决定项目的进程能否顺利。我们如何科学处理和消除客户的不满、抱怨、担忧、疑惑、异议和投诉呢？

有时候，客户不满、抱怨、担忧、疑惑、异议和投诉为我们提供了“销售”的绝佳机遇，关键在于我们如何处理，处理是否恰当。

第一，正确处理客户不满。

需要参考以下方法。

(1)表达同情心。

(2)表示歉意。

(3)探讨解决办法。

(4)征求客户意见。

(5)向客户表示感谢。

(6)客户讲的话都要恭敬地倾听。途中不要打断客户的讲话，要集中听，重点部分要充分理解，必须辨别不满现象及其原因。

(7)不能轻易与客户争辩，有时候争论取胜了，客户也失去了。

(8)尽早理解客户的意图和不满。

(9)对客户所产生的不满，要通过对话形式努力去解决。客户表示出不满后，需要妥善处理。作为一个成功的销售人员，不要欺骗客户而督促其采购，要让客户理解项目的价值，以及为得到这些价值是要付出成本的。最重要的是与客户的协调，而不是冲突。

(10)绝对不能与客户发生语言冲突，更不能说脏话。

(11)如果客户生气，我们要冷静，主动认真倾听客户讲话，让客户把想说的都说出来，并表示理解；同时转换谈话的内容，引导客户向前看。对于我们的不足，要及时道歉；识别客户的需求并马上联系督促，让客户确认我们在积极协调。

第二，科学地反馈客户提出的抱怨。

需要注意以下内容。

(1)仔细听取所提出的问题。

(2)站在客户的立场思考问题，充分了解客户现在想什么和做什么。

(3)分析客户不满的原因。

(4)与客户共同探讨解决问题的办法。

(5)在整个过程中及时与客户进行汇报沟通。

第三，回应客户担忧的问题。

我们必须注意以下内容。

(1)必须回应客户提出的所有担忧、问题和负面评论。

(2)如果需要汇报到团队高层领导者才能处理，要告诉客户我们汇报后才能协商和把解决方案告诉客户。

(3)对于敏感和难以回答的问题，不要避而不谈，否则会影响大项目推进的进度。

(4)回答必须就事论事，不带感情色彩，坦诚可信。

(5)最终的解决方案要让客户感到有信心和安全感。

第四，正确回答自己不懂的问题。

遇到客户提出的问题千万不要不懂装懂，因为有些项目涉及的专业理论比较深，有些专业术语也不好理解，而且我们最后面对的客户人员往往是专业、有丰富实践经验的人员，所以要抱着虚心的态度去推介我们的方案或产品。

第五，正确回答与客户异议的问题。

当和客户的观点有明显偏差时，也不要和客户据理力争。其实每个客户都想买到自己想象中的“完美”方案或产品，哪怕这个方案或产品根本就不太完美，但无论如何我们也应给客户一定的优越感，底线是我们要对自己的方案或产品百分之百的信赖。当然，这不是让我们说自己的方案或产品完美无缺，听不得半点建议。

第六，正确处理客户投诉。

必须注意以下内容。

(1)清楚分析客户的要求，抓住客户意见的重点，冷静地接受客户意见，虚心接受批评。

(2)记录客户的意见和建议。

(3)向客户道歉并且表示同情。

(4)仔细倾听客户投诉的理由，在客户倾诉中间，尽量不要打断其讲话。

(5)表示理解客户的感受，并复述和确认客户的说法。

(6)听完客户陈述之后，向其说明处理及反馈的时间。

(7)谢谢客户的建议，适当安抚客户。

(8)认真做好记录，上报组织并注明要求反馈的时间。

(9)如果能够现场答复处理，应该进行及时解决。

(10)对无法当场处理的客户投诉，应与客户约定答复时间，尽快与相关部门联系，按时答复。

(11)如果是客户原因导致投诉，如客户不理解我方政策，要耐心向客户解释。

(12)如果是我方错误，要追究原因，掌握客户心理。

(13)采取适当的应急措施，应当建立机制防止错误再次发生。

(14)化解不满：诚恳地向客户道歉，并且找出让客户满意的解决方法。

(15)改善缺点：以客户的不满为契机找出差距，甚至可以成立委员会来追查投诉的原因，以期达到改善的目的。

(16)为了挽回组织的信用与名誉，有时，除了安抚或赔偿客户精神和物质的损害之外，更要加强对客户的后续服务，使客户恢复原有的信心。

(17)对客户进行后续满意度调查，确认客户的满意程度。如果客户仍不满意，要采取进一步措施，保证客户满意和理解。

7. 构建和发展多层次的项目人脉关系

在项目过程中，针对组织体系，要把握好多层次关系的发展布局，要绘制和分析客户的项目组织结构图。将项目决策链上的关键人员关系维护好，将项目决策影响链上的关键人员关系维护好，将项目使用者角色链上的关键人员关系维护好，将项目技术专业链上的关键人员关系维护好。

8. 各个阶段精益求精，追求细节卓越

各个阶段目标都要追求卓越，特别是细节的最优化。在项目运作过程中，某一个关键点细节把握不好，会造成整个项目的被动冲击。

精细化特别要把握每一次拜访的沟通内容、提交的解决方案等资料、客户答疑的交付物、待人处事方式等。

9. 必要时不按常理出牌

必要时不按常理出牌，在此，我们要把握两个问题：什么时候可以不按常理出牌？如何做到不按照常理出牌？

什么时候可以不按常理出牌？当项目出现危机，需要信心保卫战时，当项目对我方非常有利时，当我方具有很充分的决定性的能够推进项目进程和决策时，可以考虑不按常理出牌。

如何做到不按照常理出牌？要找到能够影响项目推进进程和客户决策的方法，这个方法最好是独有的，竞争对手不具备的。

不按常理出牌一定要做好事前分析，一定要保证有效果，否则，可能为他人做了嫁衣。

10. 巧妙展现优势

巧妙展现优势，展现我们带来的针对性价值，巧妙暴露对手软肋，动摇客户对竞争对手的信心。在任何情况下，绝对不要在客户面前直接攻击竞争对手。但是，可根据项目情况具体问题，具体分析，可以直接宣传我们的长处，间接暗示竞争对手的短处。这时，一定要对竞争对手的弱点非常清晰，传达我们能给客户带来更大的价值。同时，注意表述要客观，避免引起客户的反感。

11. 不见真佛不磕头

在大项目运作过程中，竞争利器要沿着大项目的阶段进程慢慢亮出。否则，在最初接触时就将所有的东西全抛出来，一旦被竞争对手知晓和利用，很容易丢单。项目运作要保持“常新”，能够打动客户的关键东西，要在最后关头向最关键的人进行展示。

12. 提高拜访频次，适当密集营销

一般大项目周期都很长，可以在某个重要阶段寻找一个很密集的时间，投入优势的资源，做一系列的工作，争取让客户上上下下都认可我们，再按正常的进度，按部就班地进行。

在增加拜访频次，进行密集营销时，要精密策划大客户拜访计划，控制拜访效果。否则，容易产生忙中出错的后果。

13. 上攻伐谋，进行针对性的高层接触营销

不战而屈人之兵，善之善者也。上攻伐谋，其次伐交，其下攻城。在大项目营销过程中，一个一个部门去攻关不是最佳方法。

高层营销是快速推进的好方法。寻找支持自己观点并能对客户真正产生影响的中间人，对客户高层进行引导，将我们的声音传播上去，利用人际关系网络对高层决策者进行直接或间接影响。对高层决策者一定要进行价值营销，可以借助专家、新知识、新技术等，游说客户中的关键决策人物。

14. 主动出击，步步为营，环环相扣

我们既要主动扬长，又要合理避短，寻找短板自我超越。由项目团队深入开展“找短板”的自我反省、自我检查活动，挖掘团队成员在项目工作中存在的管理“短板”或低效、无效工作，针对问题，结合项目标杆经验制定改善和提升方案，并加以实施。

紧紧围绕问题、项目障碍和价值进行营销，强化客户信心和决心。对项目障碍进行重点突破，攻克在客户内外部的关键障碍。项目进程不要出现断节现象，项目节奏要快慢相间，项目控制艺术要刚柔相济。

23.13 案例分析：功到自然成

W 公司是一家煤炭开采公司，第一期投资 20 亿元人民币建厂，采购了 F 厂商 12 亿元的煤炭生产设备。但是，F 厂商的煤炭生产设备安装和试车并不顺利，价值 1 亿元的设备不合格，不得不在试车环节就更换了。

现在，W 公司要进行第二期煤炭开采的生产线的投资，本期投资金额比第一期多了 50 亿元人民币。W 公司第二期项目的主管人员召集包括 F 厂商在内的多家设备厂商进行调研交流，使各家设备厂商能够了解 W 公司第二期煤炭开采的生产线的投资情况和招标情况。

F 厂商的客户经理和咨询顾问都出席了本次调研交流会议。在调研后，F 厂商的咨询顾问李美丽对项目中出现的问题感到不安，她认为形势紧迫，竞争激烈，需要唤醒整个团队的重视。她起草了邮件，发给本项目团队领导曾总，邮件内容如下。

曾总：

您好。现将 W 公司项目的进展情况，向您汇报一下。

一、项目进程。

9 月 28 日上午，销售业务部张小峰、咨询方案部李美丽参加了 W 项目的调研。按照客户要求，在 10 月 18 日之前，需要提交一个初步方案，主要内容：调研范围和日程阐述、现状需求描述、设计理念、实施措施和具体方案等。据客户方负责人说，在 10 月份就会确定设备供应商。

二、项目形势分析。

目前，我们在此项目上处于很大劣势位置，主要原因如下：

1. 一个月之前发生的设备零件退货事件，会给本次招标减分。我们需要思考退货事件背后的原因是什么？

2. 客户对原有的设备生产线和售后服务抱怨很大。在调研沟通过程中，客户领导三次发出怨言。

3. 在调研过程中，竞争对手一直是6个人(包括技术顾问、应用顾问和客户经理)在现场跟踪，队伍整齐，显得对此项目很重视。而我们仅派两个同一专业顾问，显得势单力薄。

4. 在调研过程中，竞争对手销售人员一直在客户现场维护着各种关系。竞争对手都有些奇怪，我方怎么一直没有客户经理出现？实际上，我方的客户经理只是与客户见面后就走了。

三、项目策略分析。

因为目前我们暂时处于劣势，可以先延缓客户选型决策，推迟项目选型进度，等待和创造项目形势对我们有利的时机。

为了扭转不利局势，期望利用好样板用户年会时机，邀请客户高层，或者邀请客户关键人物参观成功用户。在此基础上，分析竞争对手各个方面的弱点，适时增强我们的优势，引导客户。

同时，我们可以评估一下，是否要跟进此项目。我们已经赢得第一期项目，第二期项目是要继续跟进还是要放弃？

如果说，我们下定决心要跟进此项目，就要真正重视起来，拿出一个必胜的姿态来！“具有必胜的姿态来运作项目”与“具有观望等待、被动应付、侥幸心理去运作项目”，其运作过程和最终效果是完全不一样的。千万不要似跟、似不跟，也不要报侥幸取胜心理！目前项目离全力以赴还有很大差距！期望销售人员也要拿出具体的行动千方百计来挽回目前的劣势！

我相信，一份耕耘一份收获。好好反思我们在项目中的不足，从销售和咨询的每一个细节做起，马上行动，主动出击，全力以赴！将我们团队的最佳能力和智慧发挥出来！

尽管，在此项目中我们面临着许多困难，但我们也会鼓起勇气，再次打一场漂亮的胜利！让我们共同努力！

谢谢。

李美丽

请思考一下，曾总会如何回复李美丽的邮件？

自我检测

依据本章的内容，请进行自我检测和自我反思，分析优劣势和差距。依据本章的内容，进行实际应用的分析与思考。

休闲时光

该休息一会了！

在大项目陷入困境时候，必须具有强大的精神和毅力，不能束手无策，不能束手就擒，不能无可奈何。要善于转换思路，发现新智慧，解决新问题，防范系统风险。

第24章

如何成为最成功的销售人员？

销售也是一种美，是一种让客户认可、尊重和信任的美。

销售的热忱会感染客户，销售人员对产品、方案的了解和实施能力以及对自己组织的信任和热忱的程度，决定着客户对我们的关注热度。

只有提高销售团队人员的单兵作战能力，只有销售人员从思想、意识、行为模式、实际操作方面转型为成功模式，我们的项目成功几率才会更大。

一个成功销售人员要扮演的 6 种角色，具备 16 种素质，避免犯 7 类错误。

一个销售人员的成长过程，就是不断修炼的过程。德与功夫(能力)必须同时一体修练，才能圆满。修德不练功，大项目一场空。练功不修德，大项目难成活。

24.1　销售要有激情和霸气!

销售人员要立志成为精英，在项目运作中要具有必胜的激情和统揽全局的霸气！但是，这种激情和霸气并不是轻轻松松得来的。那么，这种激情和霸气来自哪里呢？

(1)来自长期扎扎实实、认认真真的积累。

(2)来自长期千锤百炼、风吹雨打的洗礼。

(3)来自长期明察秋毫、一丝不苟的精神。

(4)来自扎根于内心深处的自信与实力。

(5)来自整个团队的全力支持和紧密团结。

(6)来自高目标追求：特别有能力、特别能吃苦、特别能钻研、特别能洞察、特别严要求、特别能细致、特别有美德、特别能团结、特别能创新、特别能攻关、特别能战斗、特别能奉献。

24.2　要日事日细、日清日评、日悟日高，造就成功习惯

“日事日细、日清日评、日悟日高”是指“日事日细，日事日清，日事日评，日事日悟，日事日高”，养成这样的习惯，可以有效提升个体绩效，打造单兵作战能力，如图 24－1 所示。

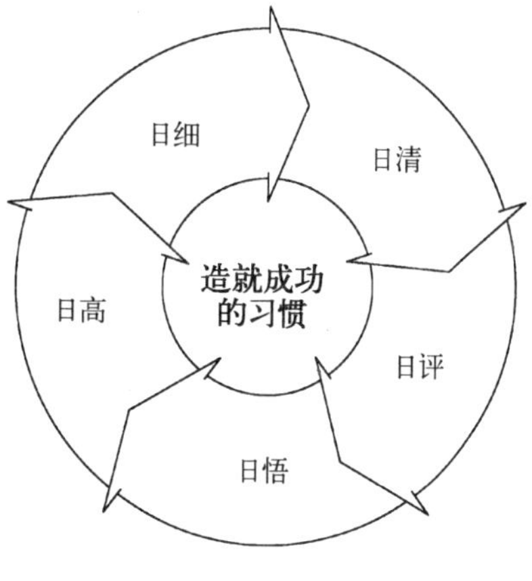

图 24－1　成功习惯

“日事日细”主要指每天做事情，要从一点一滴的微小细节做起，严格要求自己。

“日事日清”主要指每天的事情都要当天完成，每天的问题都要当天结清。“日事日清”要求我们必须养成良好的当天完成当天工作任务的习惯。

“日事日评”主要指每天都要自己评估自己的工作和学习情况等，找出自己的不足和改进方向，确定明天的工作标准。

“日事日悟”主要指每天自己反思自己，做自己的 SWOT 分析(优势分析、劣势分析、机会分析、威胁分析)，自己寻找事情的最佳实践路线图，同时，涉及到其他团队需要配合的事情，要积极想解决思路和方案，并进行协同。

“日事日高”主要指每天都要学习和创新，每天都提升自身能力，每天都有进步。

“日事日细，日事日清，日事日评，日事日悟，日事日高”是一个不断循环往复的体系，是造就成功销售人员和成功销售团队的有力武器。

24.3 销售人员应该扮演什么样的角色？

作为销售人员，一般需要扮演如下角色：项目领航员、情报员、解决客户问题的医生、难题解决者、关系维护者和推动者、资源整合者，如图 24－2 所示。其中，解决客户问题的医生和难题解决者的角色是一般销售人员难以做到的，也不是一般初级销售人员必须具备的能力，但是，销售人员要逐步培养这种能力。

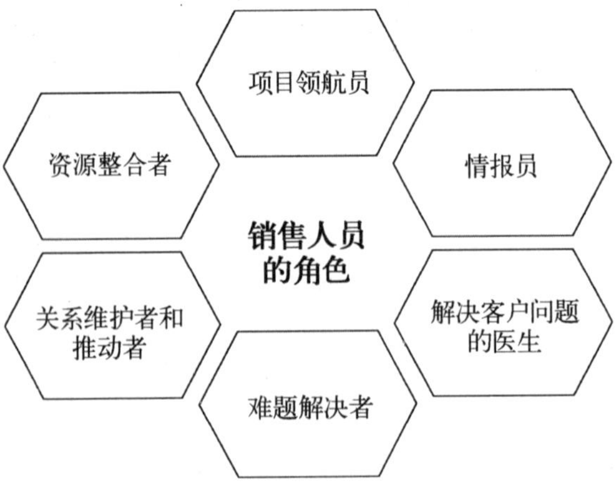

图 24－2　销售人员的角色

1. 项目领航员

销售人员要成为极为重要的“领航员”，能做到知己知彼。随着项目的不断发展，销售人员要成为真正意义上的智囊中心，能够料敌于先，洞悉项目的未来态势等，做到“神机妙算”。

2. 情报员

一个大型项目顺利进行，其中涉及了众多环节，哪怕任何环节出现一点小错误，也可能使整个项目前功尽弃，这就要求销售人员具有较高的综合素质和技术水平。每个大项目都含有大量的信息，信息竞争也是项目的重中之重。销售人员需要在项目中提供详尽和准确的信息，确保其信息的正确性和时效性。有时，一个信息的错误有可能导致整个项目行动的失败，尤其是关键信息。所以，销售人员要成为指挥作战的情报员。

3. 解决客户问题的医生

销售人员要将自己当作顾问而非只是销售员，把自己变成“销售医生”，在整个销售过程中为客户的最佳利益着想，做客户问题的诊断者、提议解决的整合者和引导者。销售人员要恰当地引导“专业医生”给客户检查、诊断、开处方，要能询问最有价值的问题，并把自己和其他竞争者区别开来。

“解决客户问题的医生”的角色并不是完全由某个销售人员自己去执行，而是要发动组织资源去帮助客户解决问题，成为客户问题解决的牵线人和代表人。

4. 难题解决者

销售人员不仅是客户的难题解决者，也是本组织内部的难题解决者。

好的销售人员能够广泛地获取信息和资源，有较强的逻辑分析和归纳总结的能力；在纷繁复杂的环境或情形中，能够理清头绪，抓住重点，找出各种可能的方案措施，形成合理的结论或决定，从而解决各种各样问题；还要善于思考，能够从教训中获取经验，发现潜在的问题。

5. 关系维护者和推动者

在项目运作过程中，销售人员不一定要八面玲珑、能说会道，但一定要善于与客户交流，培养自己的交际能力，成为客户关系的维护者和推动者。在客户内部，销售人员要善于发展和推进自己与决策型团队成员的关系。

6. 资源整合者

销售人员要善于利用多元资源，善于争取和利用组织内外部、项目内外部的资源，成为资源整合者。如，解决什么问题？该用什么层次人、财和物？什么时点用？如何运用？

24.4 销售人员最容易犯哪些错误？

作为销售人员，要避免犯以下错误：销售的本位主义、浮躁、抢功现象、不诚实、过分乐观而不敏锐、缺乏责任心、狭隘意识和胸怀。这些都是销售人员的负能量，会给自己、团队、大项目和本组织带来危害，害已害人。我们要抛弃负能量，积极与负能量的现象作斗争，培养和修炼正能量，如图 24－3 所示。

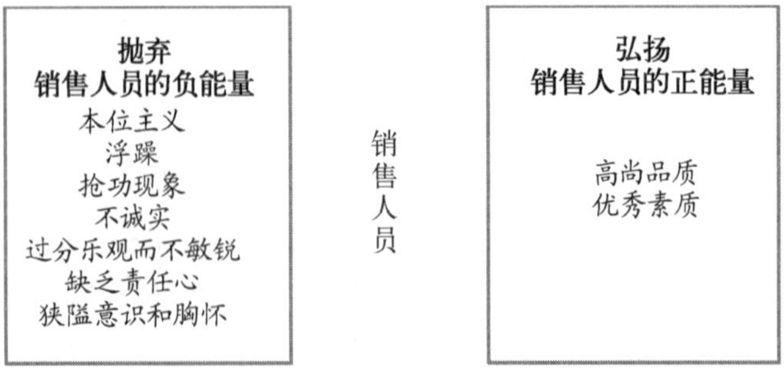

图 24－3　销售人员的正能量和负能量

1. 销售的本位主义

销售人员最容易犯的错误是本位问题，自以为是、误以为是、一厢情愿，按照自己的意愿一意孤行去运作项目。

无论是咨询人员还是销售人员，都需要多从他人角度和项目的全方位角度考虑问题。特别是要找到客户是如何想的，要真正了解客户的想法。

2. 浮躁

销售人员经常会出现浮躁现象，容易出现以下问题。

(1)做事情不细致，准备不充足，在客户现场发生问题时往往措手不及，防不胜防。

(2)认识不够，在关键时刻，战术能力的判断及相应的其他应变准备不足。

(3)胆怯，不愿意深入交流和确认。

(4)由于销售的知识能力，不敢面对客户需求。

(5)对客户需求描述的理解有重大偏差。

(6)其他。

3. 抢功现象

有些销售人员经常努力表现自己和挖掘自己在项目中的作用，忽视和贬低同事角色的作用。其实，任何项目上的成绩，其功劳都应属于团队成员，而自己应该扮演功劳的谦让者和项目团队的激励者。

4. 不诚实

有些销售人员在面对客户、咨询顾问、项目成员时，因为存在过多的虚荣心和自我保护心理而说谎话。说谎话容易向团队传达虚假的信息，因而使项目运行方向偏移。

项目只有基于“忧”去思考和准备，成功几率才最大。但是，有的销售人员喜欢报喜不报忧，夸大自己的工作效果，传达虚假信息，项目已经出现危险但是团队成员却自我感觉很好，不能将隐患化于在萌芽状态。

5. 过分乐观而不敏锐

销售人员往往自我感觉很好，自己认为在项目各个阶段做得都很好，但是，最后却遭遇丢单。过分乐观就容易思想麻痹，对许多信息失去警惕感，不能及时辨别和利用有价值的正面信息，也不能辨别和处理不利的负面信息。

6. 缺乏责任心

作为一个销售代表，责任心就是信誉，责任心决定着业绩。销售人员不能在项目团队内部推卸责任。请注意，销售人员才是项目领航员，如果项目出现问题，首要责任应该由销售人员承担。

7. 狭隘意识和胸怀

销售人员的狭隘意识包括自私、偏见、嫉妒、心胸狭隘，等等。一个销售人员意识越狭隘，心胸就越狭隘，就越不容易与项目团队成员搞好关系，也不能包容形形色色的客户，更不可能取得持续成功。自私是成功之路上的最大障碍，自私的心灵、意识、行为会被客户看得一览无余，产生反感。

我们要善于欣赏别人、开放自己，善于分享、善于奉献，善于包容别人、善于无私地帮助别人。

24.5 成功销售人员必须具备哪些素质？

什么是制约我们成功的因素？我们的弱点在哪里？我们的努力方向在哪里？我们如何加强人才管理，实现人才的转型？我们需要具备哪些素质？

回答这些问题之前，我们首先要了解：其实，真正能够阻碍我们成功的只有我们自己。赢别人先赢自己，自己要战胜自己。以下是一个成功销售人员应具备的素质，也是一个成功销售人员应具备的能力，主要包括：敏捷型素质、诚信型素质、守法型素质、自省型素质、业绩型素质、进取型素质、专业型素质、能力型素质、学习创新型素质、英雄型素质、合作型素质、服务型素质、自信型素质、魅力型素质、快乐型素质、无我型素质。一个成功销售人员具备的 16 种素质并不是割裂分开的，而是一体融合的，如图 24－4 所示。

图 24－4　成功销售人员必须具备的 16 种素质

1. 敏捷型素质

销售人员要具有敏锐的洞察力，要眼观六路、耳听八方，不能有一丝疏忽。打造敏捷型能力，需要注意以下内容。

(1) 对客户敏感。作为销售人员，要做个有心人，要关注客户的每一点变化，努力把握每一个细节。

(2) 对竞争对手敏感。善于捕捉竞争态势和影响竞争者的变化因素。

(3) 对项目敏感。能够把握项目的动态变化，能够解读项目的关键权力关系等。

(4) 善于了解和洞察他人的感觉和观点，主动关心别人并加以协助。

(5) 要具备准确和前瞻性的判断能力。

(6) 要具有调查研究能力，具有见微知著、以小知大、触类旁通、去伪存真、由表及里、透过现象看本质的分析、总结、提炼的能力。

(7) 具有对复杂问题和棘手局面的应急、应变和处置能力，具有对变化的快速应变能力。

(8) 克服优柔寡断的性格，具有科学的决策力。

2. 诚信型素质

诚信是决定一个人做事能否成功的基本要求，作为一个销售人员，必须抱着一颗真诚的心，诚恳对待客户和同事，只有这样，别人才会尊重你，把你当作朋友。打造诚信型素质，需要注意以下内容。

(1)诚实信用，通过自身的言行获取他人的信任与支持。

(2)良好的人品。

(3)实事求是。

(4)诚实客观地评价和评估自己。

(5)诚实客观地评价和评估项目进程。

(6)忠于雇主，不脚踏两条船。

(7)站在客户长期需要的基础上给予建议，而不是以销售成员本身能推销什么，或需要推销什么作为出发点。

(8)对从事的工作认真负责，一丝不苟；对于分配的工作任务具有强烈的主人翁意识。

(9)做事不怕困难，持之以恒，善始善终；对自己参与的工作事务勇于承担责任。

3. 守法型素质

销售人员因为有销售任务指标的压力，并且经常出差，远离家人和朋友，远离组织总部。同时，面对产品、市场的各种指标要求和竞争挑战，客户的挑剔要求等因素，工作情绪和状态难免会出现各种起伏和变化，容易陷入孤独、失落等扭曲心态，容易缺乏自律而陷入各种诱惑和错误中。

打造守法型素质，需要注意以下内容。

(1)销售人员要能够严格要求自己，能够自律。

(2)要善于抵御各种诱惑，及时调整自己。

(3)管理好每一次起心动念。每一次起心动念都要先进行细微观察，如果起心动念是不善的，就要及时反省和去除；如果起心动念是善意的，就要鼓励和坚持。

(4)自我管理情绪，要控制情绪波动和言行举止，在压力之下也能思维清晰。在遇到上级批评指责、工作压力、项目困境或是个人利益受到冲击时，能够克制、容忍、理智地对待，有耐心和韧劲，不因情绪波动而影响工作。

(5)勇于面对他人的不道德行为，即使他人不道德，自己也要讲道德。

(6)坚持原则，能信守承诺。

(7)从多种来源寻找新构想，善于以原创的方式解决问题。

(8)有适应力，对事情的看法要有弹性，随情况调整反应和策略。

(9)清正廉洁、遵纪守法，自觉维护法律，项目运作在法律允许的框架内。

4. 自省型素质

任何人都有自己的缺陷，都有自己相对较弱的地方。要善于反思，善于自省自悟。打造自省型素质，需要注意以下内容。

(1)养成勤于思考的习惯，每天都要对自己的工作检讨一遍，看看哪些地方做的好，哪些地方做的不好，为什么?

(2)给自己挑刺，经常检查工作中的不足，勇于承认错误，检查自己的讲法、自己的一言一行? 促使自己不断改进工作方法，了解自己的资源、能力与局限，能正确评估自身。

(3)不能急功近利。

(4)学会换位思考。

(5)要善于总结经验和分析教训。

(6)吸人之长，补己之短。

(7)不要想当然认为自己通晓一切。

(8)设计自己的知识更新周期，设定学习计划。

(9)面对别人的意见、建议要谦虚、谨慎。

(10)有做备忘录和及时总结的习惯。

(11)有自我分析和评价的习惯。

(12)有自我改进和完善的追求和动力。

5. 业绩型素质

销售人员的首要任务是销售，要用销售业绩说话。要具有务实的作风，注重成果，对自己的行为负责，尽全力去实现目标。一旦决定目标，就不要瞻前顾后，要勇往直前。

打造业绩型素质，需要注意以下内容。

(1)注重落实能力和操作能力，提高执行力。

(2)增强时间观念和效率意识，注重结果和绩效导向。

(3)注重从“纵向、横向、网状”三个角度推进执行。横向协调性执行，要注重理解支持、共识与合力；纵向贯彻性执行，要注重层层落实、指导、监督、检查；网状构建性执行，要关注执行机制的建立和资源的最佳配置。

6. 进取型素质

销售人员最常碰到的难题就是被拒绝，因此销售人员最需要具备的素质就是“用自己的热脸去碰他人的冷面”，而这背后靠的是一颗坚强的进取心，是不屈不挠、非常自信的进取精神。

打造进取型素质，需要注意以下内容。

(1)日事日细、日清日评、日悟日高。

(2)保持旺盛的工作激情。

(3)人才激励能力，包括：以成就作为驱动力，不断改进；许下诺言，将自己和组织的愿景结合，用团体的核心价值激励自己以达成目标。

(4)主动抓住机会，制定超过组织要求的目标，并以不寻常的方式感染别人；保持乐观心态，因希望成功而不是害怕失败而行动。

(5)吃一堑长一智，不重复犯错误。向错误学习，把犯的错误一一记下来，时常警示自己。

(6)独立的工作能力。销售人员的时间较为灵活，经常处于不受直接监控的状态中，所以必须具备管理自己、自觉工作的素质。

(7)热情是一种具有感染力的情感，能够影响和带动周围的人。销售人员要有高昂的热情。

(8)吃苦精神。大项目营销工作绝不是一帆风顺的，我们会遇到很多困难，但要有解决问题的耐心，要有吃苦、坚持不懈的韧性，要有百折不挠的精神。

(9)主动的心态。主动可以占据优势地位，项目的成功是靠主动争取来的。主动行动，不但锻炼了自己，同时也积蓄了力量。如果事事听别人来告诉，说明已经落后于人。

(10)进取心。进取心不强的人，往往都是安于现状，无所事事，不求有功，但求无过，对事情都不敏感、不热心。要确立奋斗目标，为之而积极努力创新。

(11)必须脚踏实地，不断推动计划前进。

(12)遇到问题和困难不是躲在某个角落黯然神伤，而是要勇于承担责任，采取措施弥补。

(13)进取拚搏精神。对待工作和事业积极主动，有强烈的进取心，追求不断进步，精益求精。

(14)面对困难、挑战和各种压力，能够努力奋斗，不屈不饶，有勇往直前、志在成功的勇气和精神。

7. 专业型素质

如果做得不专业，你的客户会轻视你，领导会怀疑你，员工会不服你。因此，你做事要有专业的意识和能力，这会让你更加自信，赢得更多的信任，从而赢得成功。

专业型素质就是指在整个大项目过程中，与客户的每一个接触点、每一次商务安排、每一次技术交流、每一个解决方案、每一个人员的出场都能够体现专业性特长，都能体现销售人员掌握专业知识的深度和广度以及职业素养性，都能体现出超越同行的独到之处。

我们要尽量成为客户业务的专业顾问，需要注意以下内容。

(1)必须对客户业务领域充分了解。

(2)准确把握和判断项目大局趋势。

(3)挖掘和诊断不同层次的问题和需要(如：最需要解决的问题、需优先考虑的事情、部门的问题和需要、个人方面的问题和需要)。

(4)展示在客户提高效率、降低成本和增加利润等方面可提供的价值。

(5)对客户提供在商业上有用的信息和建议。

(6)专业化的外观：保持清洁、适度、冷静；合适的服装，可以给客户信赖感；要时常携带记录本和笔，以便随时做记录等。

(7)专业化的态度。

(8)专业化的大项目知识。

(9)专业化的销售技术。

8. 能力型素质

能力是大项目持续成功的基础，大项目营销涉及面广，需要的是一生的不断学习和千锤百炼。因此，销售人员要锻造自己各个方面的能力，也只有能力才是自己立于不败之地的武器!

打造能力型素质，需要注意以下内容。

(1)非常熟悉所推销的方案或产品。

(2)对客户的情况非常了解。

(3)有高超的语言技巧，激励客户。

(4)有把握洽谈气氛的能力和技巧。

(5)有超人的说服能力。

(6)有极强的货款催收能力。

(7)成为销售策略的思想家。

(8)具有核心能力，在别人做不到的地方做到位，在别人最难做到的地方做得最好。

9. 学习创新型素质

不学习就会落后，学习力是成长进步的动力源泉；不创新就没有后劲，创新力是成长进步的活力生机。销售人员的竞争能力还反映在学习能力上，销售人员和各种层次的人打交道，不同的人所关注的话题是不一样的，只有具备渊博的知识、经验，才能与对方有共同话题，才能吸引对方。然而，职业经验和能力的积累与生命的成长一样，需要点点滴滴、日日月月的不断积累和消化，不可能一步登天。

打造学习创新型素质，需要注意以下内容。

(1)保持持续学习的心态和习惯。

(2)同事是老师，上级是老师，客户是老师，竞争对手是老师，人人是老师，事事是老师。

(3)要博览群书，建立天文、地理、文学、艺术、新闻、体育等多层次知识。

(4)学习强势知识。

(5)利用一切机会学习，吸收新的思想和方法。

(6)从错误中吸取教训，从错误中学习，不再犯相同的错误。

(7)持续不断地改进自己，不断挑战自己，追求卓越。

(8)能够将所学的知识转化为生产力。

(9)思想开放，善于观察，积极接受和评价新事物、新技术。

(10)善于不断地接触、吸收新知识、新技术，不断地充实自己、提高自己。

(11)在学习、掌握新知识、新技术的基础上，能够开拓思路，融会贯通，有新发现和新思想。

(12)思想和观念与时进步，不因遁守旧，有开拓、创造、革新的学习精神。

(13)能够开创新方法、新市场、新技术，并使之产生效益。

10. 英雄型素质

不要立志只做一般销售人员，一定要立志成为大项目营销的精英和大项目营销的英雄。打造英雄型素质，需要注意以下内容。

(1)要有一种英雄的勇气和霸气。

(2)别人运作不好的项目，要敢于运作并能够成功。

(3)无论竞争对手多么厉害，也不畏惧。

(4)英雄也需要智慧。

(5)敢于救项目于危难之中。

11. 合作型素质

个人的力量是有限的，即使是销售英雄，也要依靠整个团队的作用，才能克服更大的困难，获得更大的成功。因此，一个优秀的销售人员也是最会调动和发挥团队协作精神和团队能力的。

打造合作型素质，需要注意以下内容。

(1)要充分发挥和利用团队协作精神去运营项目。

(2)要充分发挥和利用团队特长能力去运营项目。

(3)要充分避免团队缺点。

(4)具有包容的心态。作为销售人员，会接触到各种各样的客户，接触到各种各样的合作伙伴，也会接触到有不同喜好的同事，有不同做事风格的同事。我们要学会包容，包容他人的不同喜好，包容别人的挑剔。

(5)尊重他人，能够有效地与各种各样的人合作。

(6)有拓展人际交往的能力，充分培育以项目为核心的人脉网络。

(7)建立建设性的团队信任关系，建立并维护高产出率的团队合作关系。

(8)具有处理各种复杂关系的协调力。具有对上、对下、对外、横向之间的协调能力，善于事前沟通，善于管理误解、分歧、摩擦和矛盾。

12. 服务型素质

大项目营销也是一种服务，要以服务为导向，以客户为中心，以客户问题解决和项目成功为目标，以团队进取和效率为保障，预测、了解、达成客户的需求，协助团队的项目目标达成。

打造服务型素质，需要注意以下内容。

(1)有客户服务意识，能够设身处地、换位思考。

(2)能够充分地理解客户的处境和需求，有效地与客户沟通交流，建立互惠互利的合作关系。

(3)从客户根本需求出发，调动一切潜在资源，为客户提供优质服务。

(4)能够合理有效地协调、平衡自身或组织与客户的关系，做到双赢。

(5)做客户声音的传播者。

(6)保证客户需求得到满足，保证客户得到最大服务。

(7)在组织内部，必须站在客户立场去推动项目。

(8)在客户和组织之间建立信任和信心。

(9)保证组织对待客户有礼貌和尊重。

(10)能够娴熟地解决问题。

(11)所有问题都必须尽快解决。

(12)不可对客户和组织之间存在的问题视而不见。

(13)保证业务关系为客户和组织双方都创造价值。

(14)关注成本、质量、交付物等关键要素。

(15)致力于提供优秀的客户服务。

(16)成为客户业务的帮助者。

(17)协调所有与销售和服务有关的活动，向销售团队寻求协助或指导，主动协调工作，以满足客户目前和将来的需要。

13. 自信型素质

自信是一切行动的源动力，信心是一种力量。首先，要对自己有信心，每天工作开始，都要鼓励自己，信心会使我们更有活力。

打造自信型素质，需要注意以下内容。

(1)具备积极的心态。积极的态度是自信、决心和乐观的组合，对事业成功将起惊人的催化作用。

(2)深信自己的价值和能力，不断激励自己去赢得成功。

(3)要对自己服务的组织充满自信。

(4)对我们的方案或产品充满自信。当然，该方案或产品一定是值得相信的。

(5)对自己的能力充满自信。

(6)对团队充满自信。

(7)对未来充满自信。

(8)坚信我们是将优良的方案或产品推荐给客户以满足需求的，我们的一切活动都是对客户有价值的。

(9)用热情来赢得客户的心。如果我们从内心深处对方案或产品和组织充满信心，那么客户也会被我们深深感染。

14. 魅力型素质

销售人员的言行举止都代表着组织的形象。如果销售人员的形象不好，不但会影响销售，也会影响组织的形象。

销售要用独特的人格魅力去影响客户。魅力型素质对销售人员来说是非常重要的，魅力型素质就是要建立具有魅力的销售团队，使销售团队成为智慧、正直、专业、自律等的化身。

打造魅力型素质，需要注意以下内容。

(1)提高项目管理能力。

(2)提升人格魅力。

(3)树立优秀的精神面貌，注重服装、发型、面部表情、肢体语言、感染力、自信等综合因素。

(4)注重仪表风度，做到仪表端庄、衣着整洁、举止文明。

(5)不断丰富的实践经验。

(6)提高口头表达能力。能将自己的思想、观点、意见或建议顺畅地用语言表达出来。表达时应注意逻辑性、准确性、感染力、音质、音色、音量、音调等。

(7)具备综合分析问题及解决客户问题的能力。通过客户需求分析，能够快速抓住客户问题的本质，并且说理透彻、分析全面、条理清晰。

(8)反应能力与应变能力强。对客户问题能够理解并准确、迅速地回答；对于突发问题要机智敏捷、回答恰当；对于意外事情的处理得当、妥当等。

(9)具备勤勤恳恳、精益求精、认真负责的工作态度 。

(10)具有团队的引领能力，要以身作则，具有发动组织与调动团队成员的积极性和创造性的能力。

15. 快乐型素质

销售应该是一种快乐的活动。打造快乐型素质，需要注意以下内容。

(1)心态决定成败，无论情况好坏，一个消极心态者是自己潜能的最大敌人。

(2)积极主动，为了实现目标，提高面对新的挑战和承担责任的勇气。

(3)要具有良好的心理素质，面对挫折不气馁。每一个客户都有不同的背景，也有不同的性格、处世方法，自己受到打击时要能够保持平静的心态，不断调整自己的心态，改进工作方法，使自己能够去面对一切责难。

(4)重视身心平衡。

(5)保持适度的体能运动和充分的休息及放松。运用某些方法，让自己再回复到充满活力、精神百倍的状态，将会对工作的满意度和持续性产生良好的效果。

(6)正确处理自己的抱怨。每一个组织在任何时候都会有所缺陷，绝对的公平是没有的，抱怨本身并不解决问题；要寻找产生抱怨的根源，通过正常渠道向组织提出合理建议，用行动来改变自己，正确地展现自己。

16. 无我型素质

销售的最高境界是无我型销售，只有很少一部分销售人员具备无我型素质。无我型素质一般具有如下特点。

(1)有一颗真诚为客户服务的发心。

(2)有一颗真诚为客户服务的爱心。

(3)有一颗真诚为客户服务的恒心。

(4)一心一意为大项目服务。

(5)一心一意为本组织服务。

(6)完全不思考、不计较个人的利害得失和荣辱。

(7)不求回报地全身心专注于工作。

24.6 不经历风雨，如何见彩虹？

我们都期望点石成金、快速成才，但是，点石成金的能力不是来自外面，而是来自销售人员自身的持续坚持和付出。持续坚持和付出并不一定马上取得成功，但是，放弃则肯定失败。

因为大项目涉及的因素很多，有些项目，尽管自己努力和付出，但是结果可能并不尽人意，有时任何努力都没有回天之力。重要的是，事情已然发生，要承认事实，认真分析、审视自己的受挫过程，多从自身找原因，克服自身存在的问题，善于总结分析，跌倒了快速爬起来。

宝剑锋从磨砺出，梅花香自苦寒来。一个坦然面对现实的人是进取的，一个把挫折当作磨砺的人是智慧的，我们要学会从困境、窘迫和失败中走出来，从挫折中寻求进步。

24.7　大项目营销成功格言

以下是成为最伟大销售员的成功格言，我们应牢记并时常激励自己：

(1)我做的事情是对客户最有价值的工作。

(2)我要为客户创造最独特、最有用的价值。

(3)我从事的是最伟大的职业。

(4)我要发挥最大的力量，打造出最好的业绩。

(5)每一天都是我成功的新起点，都是好的开始。

(6)我浑身充满力量和激情。

(7)绝不空等机会来临，我要主动出击、积极进取。

(8)只要是机会，我就全力以赴，把机会变成我的成功。

(9)我要充分依靠和发挥自己和团队的资源和综合实力。

(10)即使在困境和绝境中，我也不轻言放弃，我要见缝插针寻找突破。

(11)敏锐的洞察力、超越的智慧力、团队的引导力是我成功的关键。

(12)我每天晚上都坚持自我反省和检讨，总结和优化下一步行动。

(13)我最擅长从团队、客户和对手中汲取最新营养。

(14)我每天坚持学习、成长和进步。

(15)日事日细、日清日评、日悟日高，是我成长最快的习惯。

自我检测

依据本章的内容，请进行自我检测和自我反思，分析优劣势和差距。依据本章的内容，进行实际应用的分析与思考。

休闲时光

该休息一会了！

放弃所有的负能量心态！只拥有和保持正能量的心态！让自己从上到下充满无穷的正能量和力量！如果你德能兼修，不断拥有和升级正面的高能量，精力异常充沛，在提升自己正能量同时，也提升了周围人的正能量。

第 25 章

只有爱、美德和专业能力才能持续赢得客户

25.1　不要欺骗客户。

25.2　好产品、好服务和好方案永远是第一位的。

25.3　最高的营销技巧是没有营销技巧。

25.4　美德才是吸引客户最重要的东西。

25.5　只有真爱才能成功。

25.6　打造一流的专业能力。

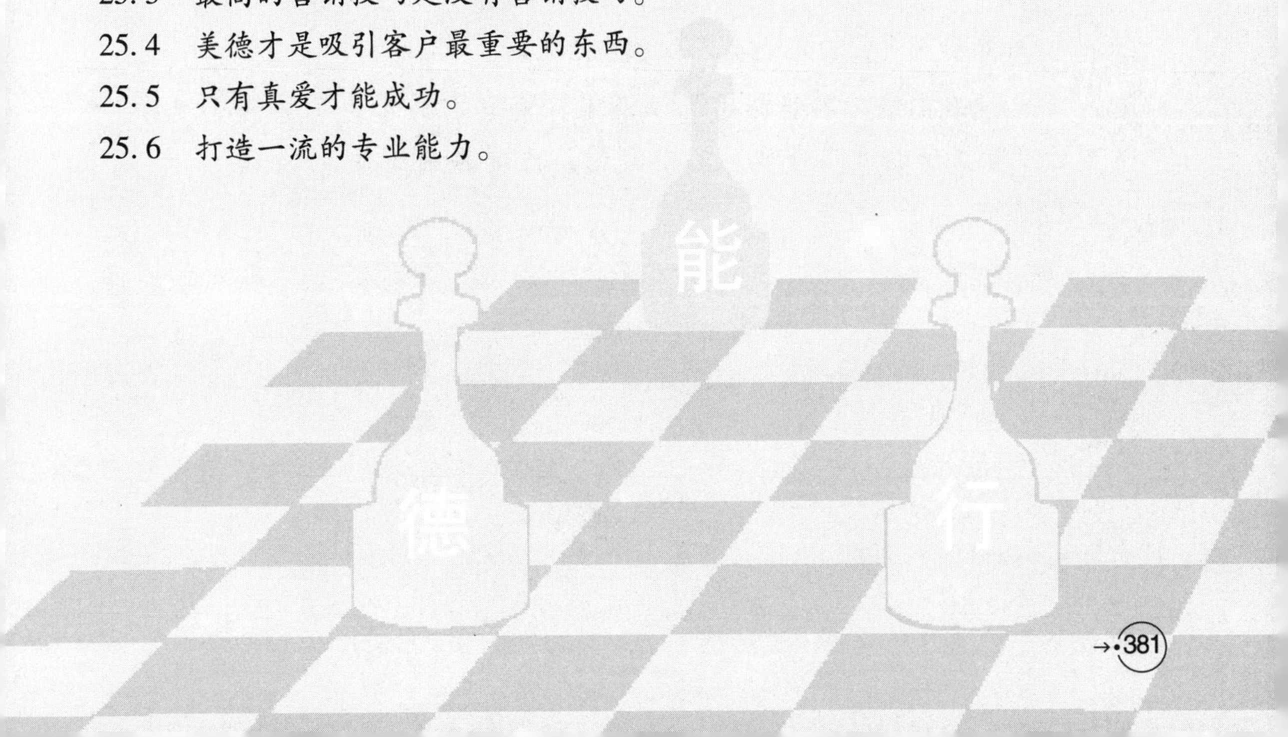

只有好产品、好服务、好方案、专业能力和美德等各要素的强强联合，才能发挥最充分的力量。因此，好产品营销、好服务营销、好方案营销、美德营销、专业能力营销是最高层次的营销，它们共同构成了“营销文明”，“营销文明”是营销追求的最高境界。

任何营销和销售的本质和源头都是爱，任何营销和销售取胜的秘密也是爱，任何营销和销售的手段、技巧等都是爱的衍生品。只有真正懂得爱，才真正懂得大项目营销之道。

大项目营销取胜的秘密是爱，大项目营销的本质是大爱之心。只有真爱客户，真心帮助客户获取价值，才能赢得客户的爱，才能获得项目成功。

要赢得大项目，不能带有欺骗之心，否则，即使侥幸赢得阶段性成功，大项目也会出现问题，给客户带来巨大麻烦和损失，自己也会承担相应后果。

我们绝对不能损害客户利益，要具有为客户着想的“责任和担当”精神，坚守诚信，持续赢得客户的持续信任。

25.1　不要欺骗客户

欺骗终会暴露，谎言不能长久。作为销售人员，总想着欺骗对方，试图在客户面前蒙混过关，恐怕是不太可能成功的。我们应该以诚恳、认真的态度和专业能力专注投入，来展现你自己，获得客户的认可。

欺骗客户就是欺骗自己。当客户认识真相时，就是客户转身离开时。老老实实做人，一心一意站在客户的立场上为客户服务，才是大项目能够立足的根本。

25.2　好产品、好服务和好方案永远是第一位的

产品、服务和方案质量高于一切。最佳产品、服务和方案本身就是最出色的广告，好产品、好服务和好方案的高质量实施交付能力，远比售后出现问题而反复服务更重要，最好的服务是项目交付后不需要更多额外服务。

如果没有好的产品、服务和方案，即使使用最好的营销技巧，能暂时“忽悠”住客户，最后仍然不能“交付”，谎言也会“暴露”的。

25.3　最高的营销技巧是没有营销技巧

许多人都在追求营销技巧的提升，其实，最高的营销技巧是没有营销技巧，最高的营销技巧是对客户的诚心诚意，最高的营销技巧是自身的美德。美德比一切营销技巧更重要，它才是营销取胜的最高级技巧。

我们不要试图要弄什么营销技巧而把客户当傻瓜，把客户当傻瓜的人，自己才是真正的傻瓜！不要将客户视为斗智的对象，忘掉所谓的营销技巧，尽量做到诚实、智慧、正直、专业、自律和诚信，时刻想着客户与组织的利益，始终能站在客户的角度去换位思考。否则，无论其营销技巧有多高超，营销能力多专业，沟通能力有多强，最终总会遇到失败。

25.4　美德才是吸引客户最重要的东西

在“人性管理”的章节，我们提出了“美德营销”的概念，提出最能吸引客户的就是美德。

想想看，如果你是客户，面对“美德”和“缺德”的销售团队，你将选择哪一个？“美德”的销售团队会让人感到踏实和信任，而“缺德”的销售团队会使人感到不可靠和不可信。

全心全意为客户服务就是美德的重要内容之一，也是大项目赢的重要保证。我们要设身处地、全心全意为客户服务。我们要以客户利益为中心，以帮助客户成功的诚心与行动，始终坚持从客户的利益出发，为客户着想，帮助客户获得成功。为此，我们不要急功近利，不要眼睛只盯着项目预算的大小。我们要想客户之所想，急客户之所急，为客户之忧而忧，为客户之乐而乐，全身心投入到大项目中去。

诚信是美德的重要内容之一，是客户非常看重的要素。诚信就是诚实、严守信用和承诺，言必行，行必果，履行义务和责任。我们每个人都要对自己的诚信负责，诚信是我们每个人内在的一种精神品质，诚信是赢得客户信赖的保证，诚信是大项目成功的重要保障。因此，我们诚信、诚信、再诚信！自己的诚信，会赢得客户的诚信，客户的诚信会逐步带来好的回报和进展，形成诚信的正循环，推进大项目顺利和稳步前进。

25.5　只有真爱才能成功

大项目营销可持续成功的源头是真爱客户。真爱是美德的重要内容之一。只有我们自身具备对客户的真爱，才能赢得客户的真心，客户才会回报真爱。我们要用真爱之心，去触动客户的爱心，去承载客户的需求，去换取客户的爱心，去赢得客户的信任。

许多企业口头上说，为客户创造价值，但实际上，规模大了之后，就以自我为中心了，忘记客户的需求。这些企业会对客户说，我的产品和解决方案是最好的，你应该选择我。这类企业失去了对客户需求的洞察意识，跟不上客户需求进步的步伐，以自我的现有能力为中心，自以为是，在不知不觉中偏离了正轨。

因此，真爱客户是赢得客户的关键，而不是眼睛盯着客户的投入预算，忘记了满足客户需求和为客户带来真正的爱心、爱行与价值。

爱得多深，爱的力量就有多大。只有追得上客户需求，才能成功；而追不上客户需求，迷失了自己，就会在不知不觉中走向衰败。真爱才能发现客户需求，才能跟得上客户需求变化的脚步，才能让客户产生信任和感恩。

种瓜得瓜，种豆得豆。善因才能得善果，用自己的真爱才能换取客户的真爱。时刻问自己我真爱客户吗？我是更爱客户的钱，还是更爱客户？即使假装爱客户，而骗取了大项目合同，在大项目交付过程中，你千方百计算计客户，只关心自己的需求，双方的合同交付将是一场痛苦的过程，其结果可能是一场悲剧与苦果。只有真爱客户，为客户创造源源不断的价值，你才能财源滚滚，把“真爱”放在心中，才能得到客户爱的回报。

25.6　打造一流的专业能力

光有爱心和美德还不够，还要具备客户所需要的专业能力才能获得客户的“芳心”。

任何一个大项目都离不开专业能力。专业能力是赢得大项目的本钱，是每个组织的必修课，也是每个组织的基本功。

能力不足是现在销售人员普遍存在的问题，也是亟待解决的难题。在许多组织中，不仅存在人员普通能力的不足，还存在特殊能力特别是专业能力的不足。并且，普通能力的严重不足会直接影响专业能力的建立和持续发展。这些能力不仅需要系统地建立，而且需要不断改进和提高。如果长期欠缺这些能力，将会影响专业能力的建立和成长，因为专业能力不仅是一种能力，更是一系列能力的集成体。

能力不足是组织急需解决的问题，每一个组织都要问自己：我们有哪些能力？现有专业能力是什么，处于什么水平？我的能力(普通能力和专业能力)能保证大项目赢吗？如何使专业能力成为核心能力？

每一个组织都要敢于正视能力不足的危险，每一个组织都要时刻注重加强能力建设，以有效化解危险。组织要持续赢得大项目，必须拥有自己的专业能力，必须实现基于专业能力的成长，必须不遗余力地培育自身的专业能力，必须不断强化大项目解决方案的设计、营销、交付和售后服务的专业能力。

建立大项目营销的专业能力，如图 25－1 所示。我们要认识和正视自身存在的问题，加大力量投入，合理配置人、财、物等资源，组织攻关，突破专业能力面临的瓶颈，将专业能力转化为核心能力，凭自身的实力取得可持续成功。

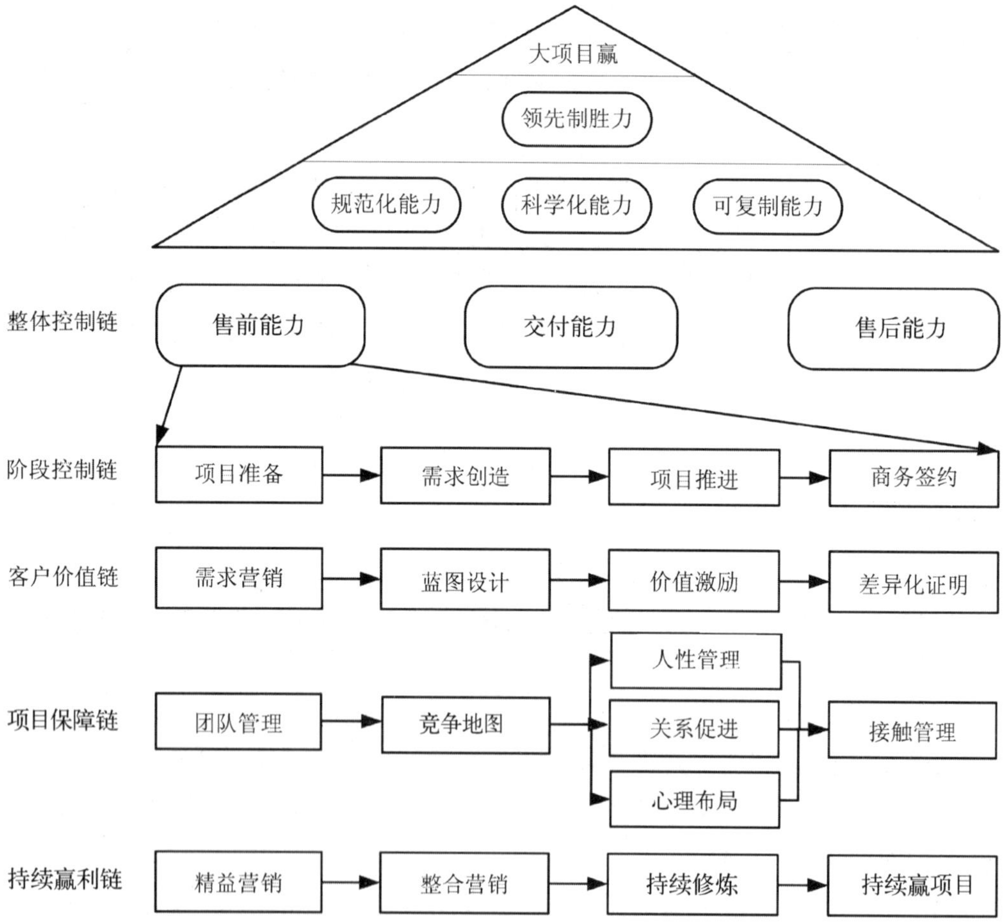

图 25－1　大项目能力建设版图

要赢得大项目，从整体上要建设大项目管理的规范化能力、科学化能力、可复制能力、领先制胜力。

要赢得大项目，还要具有整体控制链能力、阶段控制链能力、客户价值链能力、项目保障链能力和其他关键能力。

整体控制链能力是指一个大项目的全部过程的能力，其包括售前、售中和售后环节的能力。

本书主要探讨了大项目的售前环节的能力，大项目能否赢还取决于大项目的交付能力和售后能力，而这些均需要在售前营销中进行良好展示。

阶段控制链能力主要包括项目挖掘和识别能力、需求创造能力、项目推进能力、商务签约能力。

客户价值链能力主要包括需求营销能力、蓝图设计能力、价值激励能力、差异化证明能力。

项目保障链能力主要包括团队管理能力、人性管理能力、关系促进能力、心理营销能力、接触管理能力、项目评估能力和项目控制能力。

持续赢利链能力主要指大项目营销的一体化的集成运作能力，其主要包括整合营销能力、精益营销能力、持续修炼能力和持续赢项目能力等。

我们要打造一流的专业能力，并将专业能力逐步升级为核心能力。核心能力是我们追求的目标，但是，核心能力并不是轻易就建立起来的，必须经过艰难痛苦的磨砺才能建立。

核心能力是在别人意识不到的地方，能生根发芽；在别人做不到的地方，能做得最到位；在所有人最难做好的地方，能突破瓶颈而独占鳌头；在别人都习以为常的地方，能出奇制胜；在与别人一样的地方，做出不一样的东西。

自我检测

依据本章的内容，请进行自我检测和自我反思，分析优劣势和差距。依据本章的内容，进行实际应用的分析与思考。

休闲时光

该休息一会了！

一个人内心承载的太多，内心就容易处于紧张状态，身体就会紧绷绷。心开，心大，心中少私，心中有博爱，身体就容易放松下来。

第 26 章

大项目的持续修炼

26.1　打造最先进的大项目生态系统。

26.2　什么是竞争的最高境界？

26.3　如何修炼成最高境界？

赢得尊严、赢得信任、赢得大项目！

竞争的最高境界不是争强好胜，不是自私自利，而是“竞空”，是“无争”与“利他”。

百般算计，不如对客户一棵纯净而善良的心。大项目营销的理想境界体现的是德性、德量、德行、德能、德力，体现的是“无私、大爱、大善、大慈、诚信、正义、奉献、共赢、共生”，体现的是美德与厚德，体现的是先进的方法论，体现的是专业和高质量服务，体现的是营销文明，体现的是和谐而良性循环的大项目生态系统，体现的是所有利益相关者进入需求圆满满足的极乐世界。

这时，大项目营销修炼成无漏的金刚之体。也就是说，不仅大项目营销像金刚一样，是处处圆满而无缝可击的，而且，大项目实施交付与售后服务也是完美无缺而无可挑剔的，令客户心满意足和流连忘返。这时大项目营销力量才最大。

要达到大项目营销的理想境界，不是一件容易的事情。其需要大项目营销方法论的持续深入实践，需要大项目营销管理体系和运作实践的不断优化与升级。

不断修炼，精益求精、融会贯通、灵活运用、随机应变、必定成功！

26.1　打造最先进的大项目生态系统

大项目营销拼的是大项目生态系统与生态系统的竞争。大项目生态系统越优秀，成功的可能性越大。大项目生态系统体现的是综合的竞争力和大项目营销及交付的核心能力。

那么，什么是大项目生态系统呢？

大项目营销的成功是一个系统体系。大项目营销本身就是一个生态的系统，跨越大项目的售前、售中和售后过程。因此，想取得大项目营销的成功，就要建立最先进的大项目生态系统。

大项目生态系统是大项目生态平台。其建立了先进的利益相关者关系管理机制，各利益相关者能够和谐发展，持续共生，持续共赢。各利益相关者更像合伙人，利益共享，合理分工，紧密协同，为客户创造最佳价值。

大项目生态系统是大项目规模化发展平台。其能够不断吸引各类利益相关者的加入、发展、壮大和繁荣。因此，大项目生态系统能很快造就“大型项目组织”。

大项目生态系统是多项目的先进管理平台。其是大项目成功模式的持续复制和优化，极大化地发挥大项目营销的效能，造就了一个又一个大项目的持续成功。

大项目生态系统整合和充分发挥了大项目成功的各类成功因素。其最大化消除了大项目失败因素，形成了各要素具有严谨性和合理性的严密逻辑绞合关系，实现各职能管理的一体化贯通，建立了项目体系的立体性构架，形成了体系化作战能力，提升了大项目成功率，促进了大项目营销成功的良性循环。

大项目生态系统实现了项目全生命周期管理。其包括大项目售前、售中和售后管理，将项目分析、项目规划、项目实施、项目反馈、项目评价、项目监督、项目控制等看成是一个完整的一体化过程来加以管理，充分提高这一过程的管理效率和效果。

作为大项目营销团队的领导者，要重视大项目生态系统的建设。在一定程度上说，大项目营销的方法和技术决定着个别项目的成败，而大项目生态系统决定着大项目营销模式的效能和各类项目的可持续成功。大项目生态系统是大项目营销的成功基石，是大项目营销的制胜利器。

26.2 什么是竞争的最高境界？

竞争包括五个层次，其分别是竞弱、竞多、竞合、竞强、竞空。如图 26－1 所示。

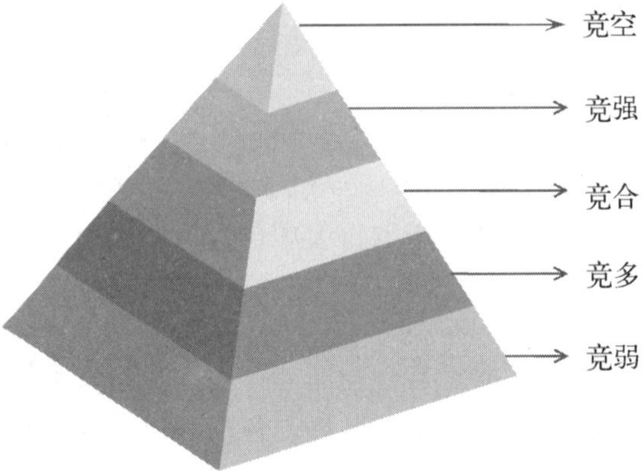

图 26－1 竞争分层

“竞弱”层次是指在一个初步萌芽的新市场上，竞争者数量很少，竞争者都很弱小，由此形成的竞争格局。

“竞多”层次是指在一个竞争领域上，竞争者数量较多，没有竞争者占据大的市场份额，差异化竞争的空间很小，竞争者之间处于完全同质化竞争的状态。

“竞合”层次是指在一个竞争领域上，竞争者之间各有自己的优势，也存在较大劣势，竞争者之间存在优势互补的合作。或者，在一个竞争领域上，竞争者都很强，谁也不能将对方彻底击败，为了保护自身核心利益和维护市场价格等方面的共同利益，多方竞争者采取既合作又斗争的方式，整个竞争处于均衡状态。

“竞强”层次是指在一个竞争领域上，存在寡头垄断现象，一强独大。

“竞空”就是无争（无竞争、无人来争和无人能争）的空无、独生、无敌、妙有、妙生、妙进的状态，这是营销追求的最高层次，是不战而屈人之兵的境界，也是大项目营销追求的最高境界。

为什么说竞争的最高境界是“竞空”？

因为，在“竞空”层次已经没有了竞争，而是我们的方案、产品和服务已经占据顶尖位置和空白区域，也没有了竞争对手，这时我们就是客户的唯一选择。

26.3　如何修炼成最高境界？

大项目营销的成功是一个系统工程，是一个持续的过程。只有不断学习、总结和实践，才能水到渠成，融会贯通，灵活应变，脱颖而出！

本书描述了大项目营销方法论。要赢得大项目，大项目营销方法论必须应用到位。应用到位需要八到位：认识到位，理解到位，悟性到位，智慧到位，能力到位，付出到位，行动到位，美德到位。如果任何一个不到位，就可能驾御不了大项目营销。

大项目营销就像修炼武功，大项目营销成功的轨迹与武功中修炼过程有着惊人的相似。

虽然练习武功的人很多，但是大部分人半途而费，有成就的人很少，这就是“修炼者多如牛毛，成道者凤毛麟角”。修炼武功需要付出非常艰辛刻苦的努力，具备坚韧的毅力、良好的悟性、科学的方法并花费大量的时间才能取得成功。

刚开始做大项目时，人们往往很困难，思维简单，知识和经验单一，但是经过风风雨雨、曲曲折折，才能一路走来，才会不可同日而语。

修炼武功必须从一招一式开始，进而学习几招几式，只有最后学完整个套路并长期练习才能进入高层次的武功境界。像修炼武功一样，在进行大项目营销时，可以尝试着由最初的一招两招打天下，到逐步发展为完整的“套路”，并逐步占领制高点，这时才能真正体会到登高望远、一览众山小的境界。

但是，此时也不要满足，要继续进取和创新，向最高境界挺进，逐步发展为几个“套路”，并日趋成熟和完善，成为有机整体，并且内功逐渐由弱到强。逐步实现由一招熟到运用套路赢得大项目，并创立和运用绝招赢得对手。到这时，你已经身怀绝技了。

武功最讲究精气神，而武功的修炼过程也是精气神的修炼过程。武功分为“精”“气”“神”三个阶段。最初的招式练习是为了炼精引气。随着内气的聚集，逐渐达到聚气通神的阶段，最终达到精气神的统一。

在大项目营销的修炼道路上，不断博采众长，融合提炼，自成特色。这时，才能逐步完成聚气通神，打通大周天。又继续修炼，逐步接近武功的至高境界。

武功功力到达最高层次，是不分武功门派和招式的，关键还看内功和德性如何。这时候，读万卷书，行万里路，大项目营销之道产生了质的变化，能力、德性和智慧最大化地施展出来！此时出手根本不拘泥固定的招数，意念就是招，任一出手都是招，此时无招胜有招，你神功傲视群雄，笑傲江湖，无敌天下。

这也将是大项目营销之道发挥的淋漓尽致的阶段，也是“智慧”和“技术 ”得到最佳融合的阶段，是“大项目神功”拥抱变化和灵活适应变化的阶段。只要达到了最高阶段，便能出手即是招，在大项目中随意组合变换成无穷招数和套路，为客户创造个性化、多样化价值。

这是未来的最高境界，是销售人员的个人品牌与组织品牌融为一体的境界，是一种无形境界（此时无形胜有形，这将是大项目营销的最高境界），是一种团队境界（卖的不是产品而是团队），是一种精气神最佳融合境界（方案、产品、项目、客户、个人与团队成功达到最佳融和），是一种圆满的境界，是站在巅峰、一览众山小的境界。

最高境界是全心全意为客户服务的境界，最高境界是无私和大爱的境界，最高境界是为客户创造最佳价值的境界，最高境界是让客户对你的产品和团队产生爱和不能割舍的境界，最高境界是让客户对你的解决方案专注入迷境界，最高境界是一种尊重对手而没有对手的境界，是一种无敌、无争、独生、妙有、妙生、妙进的境界。

最终，客户得到了持续成功，而我们也会得到客户的感恩回报！

再回头想，营销是什么？

这时我们才会体会到：

营销是一种成功和妙有的快乐；

营销是一种美，让人难以忘怀和割舍；

营销是一种无形的力量，让人热血沸腾；

营销是一种承诺，利他和为客户创新价值；

营销是一种幸福，为客户、团队和自己带来的幸福；

营销是一种品质，传递和交换着美好；

营销是一种智慧，使人生得到升华；

营销是一种理想，用未来赢得未来。

自我检测

依据本章的内容，请进行自我检测和自我反思，分析优劣势和差距。依据本章的内容，进行实际应用的分析与思考。

休闲时光

该休息一会了！

如何获得更多的大项目营销智慧？

心的大小，决定该智慧的大小。你的心有多大呢？

心的圆满，决定该智慧的圆满。你的心有多圆满呢？